中原作家群年谱丛书

徐洪军　主编

李佩甫

年谱

樊会芹　著

郑州大学出版社

图书在版编目（CIP）数据

李佩甫年谱／樊会芹著. -- 郑州：郑州大学出版社，2024.9
（中原作家群年谱丛书／徐洪军主编）
ISBN 978-7-5773-0012-2

I.①李… II.①樊… III.①李佩甫 - 年谱 IV.①K825.6

中国国家版本馆 CIP 数据核字（2023）第 220410 号

李佩甫年谱
LI PEIFU NIANPU

策划编辑	李勇军	封面设计	孙文恒
责任编辑	刘晓晓	版式设计	孙文恒
责任校对	孙精精	责任监制	李瑞卿

出版发行	郑州大学出版社（http://www.zzup.cn）
地　　址	郑州市大学路 40 号（450052）
出 版 人	卢纪富
发行电话	0371-66966070
经　　销	全国新华书店
印　　刷	河南瑞之光印刷股份有限公司
开　　本	890 mm×1 240 mm　1／32
印　　张	12.5
字　　数	262 千字
版　　次	2024 年 9 月第 1 版
印　　次	2024 年 9 月第 1 次印刷

书　　号	ISBN 978-7-5773-0012-2	定　　价	68.00 元

本书如有印装质量问题，请与本社联系调换。

"中原作家群年谱丛书"总序

程光炜

2011年秋冬之际，我到常熟理工学院林建法、丁晓原二位先生刚创办不久的《东吴学术》杂志做客。其间与建法先生谈起，能否在该刊开辟一个"当代作家年谱"栏目。一年后，在人大文学院再次跟他聊起此事，不承想，这个原本遥不可及的目标，已在他手里实现。如果我没记错，"中原作家群年谱丛书"的个别年谱的"简编"，就曾经刊载于这家杂志。但我不知道，这套年谱丛书的策划起意，是否与这件事情有关。

在当代文学史上活跃着一大批河南籍或者长期在河南生活、工作的作家，他们中的一些人已经在中国文坛上产生了重要影响，如姚雪垠、魏巍、李準、李季、白桦、张一弓、二月河、周大新、李佩甫、刘震云、李洱等。对于当代文学中的河南籍或者长期在河南生活、工作的作家来说，这套"中原作家群年谱丛书"对于他们生平事迹、生活道路、创作情况的介绍，对于他们不再以作品"制造者"，同时作为写作了这些故事的作者的"生活史"，出现在研究者和广大读者的视野中，是有很大的意义的。据我粗陋的印象，此前这些作家中的有些人，不仅从无一本"研究资料"，更谈不上"年谱"；所以，我想"中原作家群年谱丛书"的问世，对于河南当代文学研究，对于中国当代文学研究，切实提供了一批难能可贵的基础性的文献材料。

在文学批评之后，与文学史研究同步开展的作家传记、年谱和其他材料的整理，在近些年越来越受到当代文学研究界的注意，相关研讨会也此起彼伏。但是作为将这些工作进一步细化、深入化的年谱整理及研究，则是一项更为寂寞、艰苦和长期的基础性研究。由此可见本套丛书所经历的过程，作者所付出的努力，以及从初稿、统稿到出版的日日夜夜。

此前，信阳师范大学文学院就已经组织出版了两辑共23卷的"中原作家群研究资料丛刊"，现在又推出这套"中原作家群年谱丛书"，可以看出他们对中原作家群研究的逐步深入，这是特别值得肯定的地方，也借此机会向他们表示祝贺。

2023年11月3日记于北京

目　录
contents

1993 年　41 岁／136

1994 年　42 岁／140

1995 年　43 岁／147

1996 年　44 岁／153

1997 年　45 岁／164

1998 年　46 岁／169

1999 年　47 岁／174

2000 年　48 岁／190

2001 年　49 岁／198

2002 年　50 岁／204

2003 年　51 岁／207

2004 年　52 岁／218

2005 年　53 岁／223

2006 年　54 岁／228

2007 年　55 岁／235

2008 年　56 岁／247

2009 年　57 岁／253

2010 年　58 岁／258

2011 年　59 岁／264

2012 年　60 岁／270

2013 年　61 岁／283

2014 年　62 岁／289

2015 年　63 岁／297

凡例

一、在中国当代文学史，尤其是新时期文学史上，河南作家占有十分重要的地位。从1906年出生的著名诗人苏金伞，到1994年出生的知名作家小托夫，在中国文坛上产生过较大影响的河南作家有近40位。在十一届茅盾文学奖53位获奖作家中，河南作家占了10位。为了总结当代河南文学的实绩，为此后的当代河南文学研究奠定基础，我们编著了这套"中原作家群年谱丛书"。

二、本丛书之谱主均为河南作家。其判断标准是，该作家或出生于河南——这种情况在本丛书中占绝大多数，或长期在河南工作、生活，主要作品在河南创作发表——如二月河，或在文化血缘上与河南有着十分密切的关系——如宗璞。

三、每位作家编著年谱一册，以呈现该作家的文学活动为重点，兼及中国文坛、河南文坛的相关问题。

四、每册年谱一般包括作家小传、年谱正文、参考资料、附录、后记等五部分。

五、年谱正文一般包括本年度大事记、作家活动、作家研究相关文献。

六、年度大事记选取该年度与作家生活、创作有关联、有影响的，或者对中国文学有较大影响的事件录入。全国社会生活、文学活动资料很多，从严录入；河南省文学活动资料整理有限，尽可能详细；各位作家出生、求学、工作、生活地域的资料依据不同作家灵活处理。

七、作家活动。

1. 作家年龄使用虚岁，即出生当年为一岁，以此类推。

2. 引用文献和人物介绍均使用脚注。

3. 正文中如有需要解释说明的内容，则不使用脚注，而用"按"；如有多条按语，则用"按一""按二"标识。每个作家的具体内容由编著人灵活处理。

4. 为了更为直观地呈现作家的文学活动，一般在年谱相应位置插入一些图片。这些图片主要包括作家及相关人物照片、作品发表期刊照片、作品版本照片、作家参与活动照片、重要地标照片等。

5. 如有可以直接引用的文献，一般原文引用，以显示"无一字无出处"；如需要引用的文字太多、太长，则由编著人概述。直接引用文献包括两类，一类是公开发表文献，将注明出处；作家日记、书信等一手文献原文，引用次数较多的，可以不用一一标明。

八、研究文献。

1. 一般研究文献只列作者、题目、报刊、出版年月等信息，如果该文献比较重要，则视情况概述该文献主要观点。

2. 研究文献归属年份：一般作品的研究文献，放到该文献发表年份表述；重要作品的研究文献，为方便读者了解该作品的研究现状，一般在该作品发表、出版年份将其所有研究文献集中展示。

九、附录的内容可以包括但不限于作家的创作年表、作家佚文或稀见作品文本、比较重要的作家访谈等。

李佩甫小传

　　李佩甫，1953 年 11 月 5 日（农历九月二十九日）出生于河南省许昌市市场前街（今许昌市人民路）一个工人家庭。

　　许昌地处中原腹地，气候湿润，土地肥沃，适合人类生存。但正因为如此，许昌也是一块灾难深重、饱经祸患的土地，"逐鹿中原"即历史给予它沧桑过往的最好说明。平原上的人们无所依凭，又深受儒家文化的浸染，久而久之，形成了以退为进、以气作骨、小中求活、败中求生的民风民性。李佩甫深谙于此，他以 400 多万字的创作来倾情书写刻入骨髓的生命体验和认识。

　　李佩甫 1960 年入学，1971 年下乡，1974 年入许昌技工学校学习，1976 年进入许昌市第二机床附件厂上班，1979 年调入许昌市文化局（今许昌市魏都区文化广电和旅游局），1981—1984 年参加河南广播电视大学许昌分校汉语言文学专业的学习并获大专文凭，1983 年调入河南省文联，先后任《莽原》编辑部编辑、第二编辑室主任，《莽原》杂志社副主编，河南省作家协会第二届理事，河南省作家协会常务副主席，河南省文学院院长，河南省文联副主席及党组成员，河南省作家协会主席，河南省文联正厅级巡视员等职。又为中国作家协会会员、中国作家协会全委会委员、国家一级作家，享受国务院政府特殊津贴专家，中国作家协会第九届全国委员会委员，并获"全国五一劳动奖章""河南省省管优秀专家""国家有突出贡献专家""河南省十佳电视艺术家"等荣誉称号。

自 1978 年以来，李佩甫先后在《当代作家》《小说家》《中国作家》《人民文学》等国内知名期刊及人民文学出版社、华夏出版社等知名出版社发表、出版大量文学作品。总体来说，长篇小说有《生命册》《城的灯》《羊的门》《李氏家族》《金屋》《城市白皮书》《平原客》《河洛图》等 12 部，中篇小说有《无边无际的早晨》《学习微笑》《黑蜻蜓》《败节草》等 10 部，短篇小说有《红蚂蚱 绿蚂蚱》等 10 多部，还有《挺立潮头》《颍河故事》《难忘岁月——红旗渠故事》《红旗渠的儿女们》等影视剧本以及散文随笔多种，作品总计 400 多万字。曾获茅盾文学奖、庄重文文学奖、人民文学奖、全国"五个一工程"奖、全国"飞天一等奖"、"华表奖"、"百花奖"等奖项。长篇小说《生命册》入选"新中国 70 年 70 部长篇小说典藏"。部分作品被翻译到美国、英国、俄罗斯、日本、韩国、土耳其等国家。

"平原"是李佩甫的写作中心。在经历了 1978 年至 1985 年的探索期后，《红蚂蚱 绿蚂蚱》标志着李佩甫找到了创作领地，"平原三部曲"（《羊的门》《城的灯》《生命册》）的持续写作则将他的写作推向成熟。李佩甫的中原书写关注时代变革中人的精神状态，思考中原民心民性形成的原因，挖掘中原文化的本质，并将其推至国民性剖析的深广度。同时，李佩甫在历史与现实、城市与乡村的大时空书写中将对中原大地的冷峻批判和温情守望结合在一起，作品呈现出深切的人文主义情怀。

李佩甫的小说自 20 世纪 80 年代起即受到关注，截至目前，国内重要刊物《文学评论》《中国现代文学研究丛刊》《当代作家评论》《文艺争鸣》《南方文坛》《小说评论》《中国文学研究》《中州学刊》《文艺评论》《北方论丛》《扬子江评论》等已发表大量评论文章，出版有《李佩甫研究》（樊会芹编著，河南大学出版社 2015 年版）、《李佩甫评传》（孔会侠著，河南文艺出版社 2018 年版）专著两部。

1953 年　1 岁

6 月 15 日，中共中央政治局召开会议，明确党在过渡时期的总路线和总任务是"在十年到十五年或者更多一些时间内，基本上完成国家工业化和对农业、手工业、资本主义工商业的社会主义改造"。

9 月 23 日至 10 月 6 日，第二次中国文学艺术工作者代表大会在北京召开。河南代表苏金伞、李蕤参加会议。

11 月 20 日，《河南日报》发表李准的小说《不能走那条路》。

12 月 16 日，中共中央通过《中国共产党中央委员会关于发展农业生产合作社的决议》。

是年冬，许昌县建立初级农业生产合作社。

11 月 5 日　也即农历九月二十九日，李佩甫出生在河南省许昌市市场前街一个工人家庭，在大杂院里长大。

按：许昌市市场前街在 1966 年改称人民路。许昌市原属许昌专区。许昌专区下辖许昌市等 15 个县市。在后来的历史发展中，许昌市成为地级市，建制缩小，下辖魏都、建安两个区，禹州、长葛两个市和鄢陵、襄城两个县。李佩甫家庭所在地现属许昌市魏都区。

父亲李留春，老家是许昌县苏桥镇丈地村，"因为爷爷奶奶在我父亲很小的时候就去世了，父亲 12 岁就进城当学徒工"①，到许昌县城一个做鞋的作坊当学徒。新中国成立后李留春到许昌鞋厂上班。李留春一生做鞋兢兢业业。多年以后，李佩甫在文学创作取得巨大成就时，还深情地总结父亲的一生："我出身工人家庭，父亲是个鞋匠。我的父亲自十二岁进城当学徒，先是给老板打工，后来成了国营鞋厂的工人，六十岁退休，他干了四十八年。父亲生前曾给我做过一双皮棉鞋，二十二年了，这双皮棉鞋如今还在鞋柜里放着，我每年冬天都穿。应该说，父亲是个好鞋匠。"②

母亲杨琴香，老家是许昌县尚集镇蒋马村，离许昌县城有二十多里地的路程。母亲虽然不识字，但是一个有打算、很能干的女性。"母亲原也是这家工厂（父亲所在的工厂）的工人，后来成了一名在街道上打零工的家庭妇女。父亲的四十二块月工资不仅要养活我们兄弟姊妹四人，还不时要接济乡下的姥姥、姑姑等亲戚们，委实就十分吃力了。"③ 因为家庭经济紧张，母

① 与作家直接沟通中作家谈及的内容。
② 李佩甫：《鞋匠的儿子》，载《写给北中原的情书》（《李佩甫文集·散文卷》），河南文艺出版社，2020，第 140 页。
③ 李佩甫：《一件白衬衫》，《人民日报》（海外版）2019 年 9 月 28 日第 7 版。

亲就经常打点零工贴补家用。她编草毡子、缝鞋垫、刷标语，甚至连修配钥匙这一类的活儿都干。在李佩甫的回忆文章中，他不断地提到母亲夜里轧鞋垫的身影："那时候，为了养家，母亲整夜在一架缝纫机上给人轧鞋垫，轧一双鞋垫一分钱，母亲整夜要轧上一百双鞋垫，才能挣上一块钱。那时，夜半醒来，缝纫机的'咔咔'声每每在耳畔响着，昏暗的灯光下，母亲佝偻的身影印在墙上，灰嗒嗒的，就像是一头老牛。""当时的一块钱，在这样一个家庭里，是十分当紧的。经过了一晚的劳作之后，我的母亲，白日里还要站在街头给建筑工地织草苫子，织一个一米五长、七十厘米宽的草苫子，可挣五分钱。""这样的活计时有时无，好的时候，一天可挣七角五分钱。可以想见，那年月，母亲把全身的细胞都当手来用，四下里扒叉，才勉强护住了一家老小的生计。"① 同时，母亲还是一个很热心的人。亲戚朋友、街坊四邻，不管谁家有事，她都热情帮忙。邻里之间，她总是帮忙解劝各家矛盾，甚至大半夜去劝解吵架的两口子，从不觉得麻烦。老家来人，母亲都五斤、十斤地买面条、割肉招待他们。"李佩甫笔下的女性总是博大、浑厚、有力，也许来自母亲持家的印象。"②

李佩甫兄妹四人，他是家里的第二个孩子，上面还有一个大姐。在他和大姐之间，母亲还生养了三个男孩儿，但都不幸

① 李佩甫：《一件白衬衫》，《人民日报》（海外版）2019年9月28日第7版。
② 李佩甫著，何弘点评：《人面橘——何弘点评李佩甫中篇小说》，安徽文艺出版社，2018，第196页。

夭折，其中有两个是出生不久惊风死去，另一个是在 6 岁时生急病死去。当年家里穷，生孩子都是在家里接生，生在草木灰上，自己用剪刀剪断脐带，容易被感染。李佩甫也是出生在草木灰上，不久也惊风了。据说当时拾粪的老头已经来到他家门口，就等着孩子断气，带到城外乱坟岗扔掉。父亲实在无法忍受接连失去孩子的痛苦，咬咬牙借了 30 块钱，抱着孩子到医院打了一针青霉素，才救下了李佩甫一条命。

1954 年　2 岁

4 月 1—12 日，河南省文学艺术工作者第一次代表大会在开封举行。河南省文联正式成立。

4 月 28 日，中共许昌县委召开第四次党员代表会议，总结检查互助合作运动，制订五年发展互助组、初级社、高级社计划。

7 月，胡风向中共中央递交关于文艺问题的三十万字的"意见书"。

9 月 15 日，许昌市实行棉花、棉布统购统销，凭证供应。

是年，文艺界开始了对俞平伯《红楼梦研究》的批判。

是年　居住于许昌市市场前街。

因为是好不容易保下来的孩子，父母对李佩甫格外珍视。虽然家境并不富裕，父母也是想尽办法呵护他长大。可以说，父母把当地民间能为孩子祈福、保佑孩子平安长大的说法、做法几乎全都照做。首先就是给他认了好几个"干亲"，其中有一位是医生，因为李佩甫曾去他那里打过针，然后就认了这位医生为"干爹"。其次是给孩子扎耳洞戴耳坠、给孩子头后面留个小辫子等，父母做得很认真也很虔诚。只不过留辫子那个风俗随着李佩甫逐渐长大，他觉得男孩留辫子丢人就剪掉了。另外，对于孩子的取名，父母也很重视，专门找了个有文化的私塾先生给他取名为"李佩甫"。

1955 年　3 岁

4 月，随着河南省省会迁郑，河南省文联由开封迁往郑州。

5 月，河南省、市文艺界先后召开两次所谓"声讨胡风反革命集团"的座谈会。

7 月 31 日，毛泽东在省、市、自治区党委书记会议上作《关于农业合作化问题》的报告。

9 月 22 日，中共许昌县委召开县、区、乡三级干部会议，学习《关于农业合作化问题》的文件。此后，农业合作化运动在全县迅猛发展，到年底，入社农户占总农户的 95%，实现了合作化。

11 月 1 日，许昌市开始使用全国通用粮票和河南省流动粮票。

是年，批判"胡风反革命集团"运动在全国范围内展开。

是年　居住在许昌市市场前街。

按：许昌是个古城，地处中原，民风古朴，历史渊源深厚。

据传，上古时期贤士许由曾带部落隐居许昌，开启了在此刀耕火种的历史。许由是许昌冠以"许"之称谓的源头，这一富庶之地因此被人称为"许地"。后置县，称许县。东汉建安元年（196 年），曹操挟汉献帝迁都于此地，许县成为中国北方的政治、经济、文化中心之一。魏文帝曹丕以"魏基昌于许"改许县为"许昌"，遂沿用至今。"城虽小，却是有些历史渊源的。这里有满城的荷花，有一板一板走的木桥，有明代的'文峰塔'，且还是古时曹操'挟天子以令诸侯'的地方。"[①] 李佩甫曾到鄢陵县陈化店镇的许由墓去看过，2013 年还写了一部关于现代社会官员挂职锻炼的中篇小说《寂寞许由》。

李佩甫居住在地理位置很好的许昌市中心，家离许昌市春秋大剧院和电影院都很近，但是大杂院居民的日常生活也使他体会到老百姓生活的艰辛以及在这种艰辛中简单而又坚忍的生存意志。李佩甫曾回忆说："以前我在许昌市那个工人大院的时候，有两口子，两人都是玻璃厂的工人，整整打了一辈子架，晚上他们的骂声准时就会在半夜响起，我母亲整天去劝架。他们没一天快乐过，就这样活了一辈子，我有个小说《钢婚：一九九二的永恒》专写这个内容的。"[②]

---

① 李佩甫：《一件白衬衫》，《人民日报》（海外版）2019 年 9 月 28 日第 7 版。
② 樊会芹：《人生的行走 命运的叩问——与李佩甫谈〈生命册〉》，《信阳师范学院学报（哲学社会科学版）》2017 年第 2 期。

1957年 5岁

4月27日，中共中央发出《关于整风运动的指示》。

5月，根据中共中央《关于整风运动的指示》，中共许昌地委决定在全区范围内开展整风运动。7月以后，地直单位和各县市先后转入反右派斗争。

6月底，河南文艺界开始对"资产阶级右派"进行反击。

是年，许昌县红薯大丰收，210600亩平均单产582公斤，其中单产2500公斤以上的256亩。

是年 居住在许昌市市场前街。稍微长大些后，也开始到姥姥家停留时日。

姥姥、姥爷有两个女儿、一个儿子。两个女儿中李佩甫母亲是老大，儿子去世比较早，留下一个女儿。儿媳改嫁，孙女（也就是李佩甫的表姐）就跟着奶奶生活，她比李佩甫长三岁。表姐三岁时发烧，烧成了聋人。

"因为爷爷奶奶在我父亲很小的时候就去世了，所以我一直与姥姥家接触比较多"①，来往的都是姥姥这边的亲戚。尤其是小时候，姥姥家就成了李佩甫的去处。用他自己的话说就是："我出身于工人家庭，在小城市长大。但童年的记忆，还更多是乡下姥姥家的。"②

姥爷是一个农活把式。"我姥爷在乡下是一个能力很强的人，种瓜、扬场什么的各种农活都极好，解放前他很努力地挣了几亩地，还请了帮工，结果解放后被划为富农。姥姥眼睛半瞎儿，她给我说了很多民间故事、瞎话儿。虽然不识字，但在农村她喜欢听戏、看戏，各种戏文唱本唱词她都记得清清楚楚。虽然这些内容现在都忘了，不过我当年就是在这样的氛围里长大的。每天晚上睡觉时姥姥就给我讲，枝枝梢梢都很生动。"③于是，"我就终日在'瞎话儿'里泡着，熬那漫漫长夜。后来姥姥去了，'瞎话儿'却留着。那'瞎话儿，时常出现在梦里，一日日伴我长大。大了，就嚼这'瞎话儿'，嚼着嚼着就嚼出'味'来了"④。"姥姥的瞎话儿"给李佩甫以心灵的滋养，给他带来丰富的可想象的空间，是他文学思想的启蒙。尤其是那些玄幻故事给他深刻的影响，"我小说中的神秘性、传奇性主要来源于姥姥的'瞎话儿'"⑤。"姥姥的瞎话儿"也成为李佩甫后

---

① 樊会芹：《从"姥姥的村庄"到"文学的家园"——李佩甫访谈录》，《信阳师范学院学报（哲学社会科学版）》2021年第4期。

② 李佩甫、舒晋瑜：《看清楚脚下的土地》，《上海文学》2012年第10期。

③ 与作家直接沟通中作家谈及的内容。

④ 李佩甫：《找一块自留地》，《新闻爱好者》1990年第8期。

⑤ 樊会芹：《从"姥姥的村庄"到"文学的家园"——李佩甫访谈录》，《信阳师范学院学报（哲学社会科学版）》2021年第4期。

来创作的一个源泉、一个素材库和他文学的"自留地"："这时我明白人光有希望是不行的，应该有一块属于自己的土地。把希望的芽儿种在自己的地里，才能结真正的果儿，姥姥送了我一块'自留地'，文学的'自留地'。当我开垦这块'自留地'的时候，我的文学生涯才算开始"，"路是很漫长的。但我感谢姥姥，我庆幸我有了一块'土地'……"①

---

① 李佩甫：《找一块自留地》，《新闻爱好者》1990 年第 8 期。

1958年　6岁

1月18日，中共许昌县第一届第二次代表会议在枪杆刘县委党校召开。会议通过1958年"全面大跃进"的决议，从此许昌县进入"大跃进"的年代。

2月28日，周扬《文艺战线上的一场大辩论》在《人民日报》发表。

8月7日，毛泽东主席在河南省委第一书记吴芝圃陪同下到许昌视察。

8月，中共中央政治局扩大会议召开后，全国掀起大炼钢铁和人民公社化运动的高潮。

8月23日，许昌县将全县的高级农业社和乡合并为11个大公社，开始大办食堂，取消农户厨灶。

9月3日，中共长葛县委虚报粮食产量。于是，成群浮夸产量的"玉米卫星"出现。

10月，许昌地区掀起全民大办钢铁的高潮。

是年，户籍管理制度产生，限制农村和城市间的人口流动。

是年　居住在许昌市市场前街，也经常去姥姥家。

因为常去姥姥家，李佩甫对农村、农民生活的体会很深："农村也没啥吃的，大食堂时期，锅都收了。"① 不过，跟着表姐在"姥姥的村庄"里，在姨家、舅家串门，在田野里跑来跑去，饿了到地里找点吃的，日子贫穷但也有自由快乐。正是因为童年很多时日农村表姐的温情陪伴，李佩甫与表姐感情甚笃，他在相隔 24 年的时间里以"表姐"为原型写了两篇小说——《黑蜻蜓》和《麻雀在开会》，李佩甫和表姐就是小说中"小脏孩儿"和"二姐"的原型。"《黑蜻蜓》中的二姐是有原型的，我借用了一个表姐的故事。"② 《麻雀在开会》中，表姐的称谓甚至就没有改变。

按：本年河南发生大饥荒，饥荒严重的时间持续到 1962 年。而饥饿则在整个 20 世纪 50 年代末到 60 年代一直存在。出生于 20 世纪 50 年代的李佩甫对此有着刻骨铭心的历史记忆，其涉及这个时期生活的小说无一不写到饥饿的内容。

---

① 与作家直接沟通中作家谈及的内容。
② 樊会芹：《从"姥姥的村庄"到"文学的家园"——李佩甫访谈录》，《信阳师范学院学报（哲学社会科学版）》2021 年第 4 期。

1960 年　8 岁

春，许昌市饥荒严重。城镇居民口粮标准降至每人每月 26
斤，农村社员每人每天原粮 7 两至 1 斤（有的社队还保证不了）。

7 月 16 日，苏联政府单方面撕毁中苏签订的合同与协定。

7 月 22 日至 8 月 13 日，第三次中国文学艺术工作者代表大
会在北京举行。河南代表杜希唐、常香玉、谢瑞阶和李凖等参
加会议。

8 月 14 日，中共中央发出《关于开展以保粮、保钢为中心
的增产节约运动的指示》。

8 月底　开始在家附近的许昌市古槐街小学上一年级。

整个国家处在困难时期。李佩甫周末经常到姥姥家去。他
多次谈到上小学时每周六下午他走很远的路到姥姥家，为的是
能吃上四顿饱饭。"那时候很小啊，七八岁，我工人家庭，吃不
饱啊，7 两口粮，现在如果 7 两够吃了，有肉蛋什么的，那时候
什么也没有，油都吃不上，在农村我曾经有次一顿吃了 7 个蒸

馍，现在我一个也吃不了。这一代作家都有饥饿的记忆，那时候确实是吃不饱。曾经有一段时间跟着我父亲在工厂搭伙，我不够吃，我父亲也不支援我。我今天多吃了半个馍，明天就得饿回来，滋味也不好受的。"[1] 农村也很穷，没啥吃的。到了农村，一说到"饿"，表姐就说："上地吧！上地吧！"然后就到地里扒个红薯什么的烧烧吃。"当年吃饭，就是亲戚领到地里，偷几块红薯，掰几块玉米，烧一烧，外边焦了，里边还不熟，吃得一嘴黑。"[2]

"姥姥家在离许昌县（现建安区）20多里地的一个村庄，小时候我的时光基本是在那儿度过的，尤其是寒暑假就一直住在那儿，夏天也经常穿着小裤头，和村里的孩子一起去割草。我所受到的乡村生活熏陶基本上是早年的。"[3] 在农村，如果说姥姥的村庄给李佩甫提供了一片广阔新天地的话，那么表姐就是领他去见识这广阔天地的领路人。尤其是在饥荒年代。李佩甫有多次跟着表姐去地里找东西吃的经历。虽然日子艰难，但这种特殊的经历也让他体会到了土地的博大包容和农村人的纯朴厚道。姥姥村庄的生活成了李佩甫早期对农村的印象：宁静，温馨，美好。"当年在姥姥的村庄，我在村子里跑来跑去，见人都喊舅，感受到的是生活的新奇和亲人们胸怀的宽厚，所以

---

① 　与作家直接沟通中作家谈及的内容。
② 　金涛：《让认识照亮生活——河南省作协主席李佩甫谈新作〈生命册〉》，《中国艺术报》2012年4月9日第7版。
③ 　樊会芹：《从"姥姥的村庄"到"文学的家园"——李佩甫访谈录》，《信阳师范学院学报（哲学社会科学版）》2021年第4期。

《红蚂蚱　绿蚂蚱》的乡村记忆是很温馨的。"① 实实在在的农村生活给了李佩甫鲜活的童年记忆。"姥姥的村庄"成为李佩甫后来创作取之不尽、用之不竭的源泉。

按：李佩甫"平原意识"就是在从小到大的生活中日积月累形成的。不管是城市，还是乡村，中原人生存的苦难、坚忍、纯朴、厚道都给他留下深刻印象。多年以后，李佩甫对平原有精辟的概括和总结。"我的平原意识是慢慢形成的。找到自己的写作领地之后，我更加有意识地去思考我所生活的这片土地。这里一马平川，四季分明，雨水丰沛，植物丰茂，可以说是'插根棍子都可以发芽'的地方，是历史上中华民族世世代代赖以生存的中原腹地，也是儒家文化浸润最深的一块土地。这个地方一是适宜于人生存，二是灾难深重。这块土地和人的关系唇齿相依，我的《无边无际的早晨》后来改为电影，名字就叫《老娘土》。在这块土地上生活的人们可以用 16 个字概括：吃苦耐劳，坚忍不拔，不择手段，生生不息。"② "我熟悉、热爱这个地方。一个作家只有在最熟悉、最有感情的领域写作，才能出好作品。曾有一段时间，我像狼一样在城市里走来走去，我的领地在哪儿？多年后我找到了，这就是平原。"③

---

① 樊会芹：《从"姥姥的村庄"到"文学的家园"——李佩甫访谈录》，《信阳师范学院学报（哲学社会科学版）》2021 年第 4 期。

② 樊会芹：《从"姥姥的村庄"到"文学的家园"——李佩甫访谈录》，《信阳师范学院学报（哲学社会科学版）》2021 年第 4 期。

③ 金涛：《让认识照亮生活——河南省作协主席李佩甫谈新作〈生命册〉》，《中国艺术报》2012 年 4 月 9 日第 7 版。

1962 年　10 岁

6月12日，河南省文化局、河南省文联联合召开省会文艺界全体人员会议，杜希唐在会上传达了《文艺八条》。

8月2—16日，农村题材短篇小说创作座谈会在大连召开，邵荃麟主持会议，强调要重视对中间状态人物的描写。

9月24—27日，中共八届十中全会召开，会议把社会主义社会一定范围内存在的阶级斗争进一步扩大化和绝对化。

是年　在许昌市古槐街小学上三年级。开始阅读外国文学作品。

李佩甫从小特别喜欢阅读。虽然父母并不识字，家里也没什么书，只有一本陈年的老皇历，但他非常喜欢读书，经常找书看，农村的表姐也经常给他四处找书，哪怕是书都烂得没头没尾，哪怕是一个小纸片，他都愿意看。他所看的第一本书就是在姥姥家读的《说岳全传》，然后就是当时允许的"三红一创"（《红岩》《红日》《红旗谱》《创业史》）等书籍。

三年级的时候，因为班里的一个男同学，李佩甫有了看更多新鲜书（外国作品，尤其是苏俄小说）的机会。这个男同学的爸爸是清华大学的毕业生，家里藏书很多。但他爸爸因被打成右派，常常被几个老太太监督着"劳动改造"，还常常被训斥，所以男同学的爸爸就认为读书是有害的，于是就把书锁起来，不让孩子看。但孩子常常为了换一些糖果、馒头之类的食物偷偷把书拿出来给其他小朋友看。父亲发现就打一顿，但孩子还是抵挡不住食物的诱惑。小时候，李佩甫最早水平较高的阅读，就得益于这个同学。李佩甫常常用螺丝糖、酸杏或者蝈蝈笼换书读。最初读的时候，有很多字不认识，他就连蒙带猜。换书一般就是三天，时间紧，白天还得上课，李佩甫就晚上点灯读。父母虽然不识字，但是对他读书却很支持，也不管他看什么书，只要是书就行，这样给了他很大的自由空间，保护了他的阅读兴趣。

按：李佩甫记忆最深的一本书是《古丽雅的道路》。"是呀，很多年过去了，我已记不得这本书的任何内容了。可我却记住了那诗意的生活，那蔚蓝的天空，金色的草地，那穿着'布拉吉'的小姑娘……""在我模糊不清的、在时间中多次被修饰篡改过的记忆里，这本书是有颜色的，它五光十色，一下子就把我带进了一个'天堂'，一个小城市贫寒家庭的工人儿子眼中的'天堂'。我得说，在我干渴的童年里，这是一本有气味的书。我一下子就闻到了书中的气味：甜点的气味，'大列巴'的气味，果酱的气味，还有沙发、桌布和羊绒地毯的气味……是的，这气味一下子就把我给征服了。虽然我那时候从未吃过面包，也不知道什么是'大列巴'，然而，在中国最饥饿的年代里，我却'吃'到了最鲜美的精神食粮。""是的，当我读过这本书之后，一切全都忘记了，书中的每一个字都随着时间消逝了，我甚至忘记了这本书的具体内容。可我却记住了两个字，这两字不是书里的，是我从书里的字里行间读到的。那就是：高尚。"①

在回忆早年读书的文章《从读书到写书》中，李佩甫再次提到当时的读书体验："都看了些什呢？记不清了。大约是'三红一创'什么的，还有些十九世纪的俄罗斯文学吧。后者自然是看不大懂，有很多字还不认识，只隐隐约约地知道点意思。况且有时间的锤子在屁股上敲着（那小子限的时间太短），只有囫囵吞枣了。不过，从那时候起，我就喜欢上了文字的东西，那东西让人产生一种奇妙的感觉。看书的时候，仿佛有什么在心灵上筛过，一些细碎的阳光一样的东西在滚滚滋润着，那些时间是非常美妙的。有时候，我觉得书简直是我的思维启动器，它使我的神思常常会飘得很远很远……""后来我慢慢被文字征服了，是文字启动了我，使我开始了文学生涯。"②

---

① 李佩甫：《古丽雅的道路》，载岛石主编《60 年中国人的阅读心灵史》，中国书籍出版社，2009，第 55 页。

② 李佩甫：《从读书到写书》，载张理阁主编《书人夜话》，汕头大学出版社，1997，第 17—18 页。

1965 年　13 岁

9 月，许昌县东半部"四清"运动开始。1966 年"四清"运动即将结束时，因"文化大革命"开始而停止。

11 月 10 日，姚文元的署名文章《评新编历史剧〈海瑞罢官〉》在上海《文汇报》发表。

11 月 29 日，周扬在全国青年业余文学创作积极分子大会上作了题为《高举毛泽东思想红旗，做又会劳动又会创作的文艺战士》的报告。

是年　在许昌市古槐街小学上六年级。

因参加许昌市国庆庆典穿白衬衫"正装"一事与母亲发生冲突。李佩甫 2019 年写《一件白衬衫》回忆此事，为年少时的幼稚和任性羞愧不已。①

---

① 李佩甫：《一件白衬衫》，《人民日报》（海外版）2019 年 9 月 28 日第 7 版。

1966年　14岁

5月4—26日，中共中央政治局扩大会议召开。会议通过《中国共产党中央委员会通知》（简称"五一六通知"）。8月1—12日，中共八届十一中全会召开，作出《中国共产党中央委员会关于无产阶级文化大革命的决定》。这两次会议的召开，是"文化大革命"全面发动的标志。

8月，许昌市城乡机关、学校纷纷成立红卫兵组织，红卫兵走上街头，散发传单，张贴大字报，采取搜查、抄家、查封、勒令等"造反行为"和"革命行为"。

9月，全国学生"停课闹革命"，实行"大串联"。

是年冬，河南和全国一样，因"文化大革命"开始，一切文学团体陷入瘫痪状态，中止正常活动，文学期刊停刊。

7月　小学毕业。刚毕业就赶上"文化大革命"，初中一开始就停课，停到1968年。

秋　和小伙伴儿出去"串联"，到兰考，途经洧川、开封。

按一：李佩甫在关于长篇小说《平原客》的创作谈中谈到了这一事："35年前，我刚当上红卫兵。渴望一次'长征'，想出去一趟。从我老家许昌到开封，这么走了一路。第一站走到了尉氏的洧川，当时在洧川中学住，我一个12岁的孩子，人生第一次吃面包。洧川中学传达室卖面包，一排一排，五分一个，我花两毛钱买了四个。我在洧川中学的教室里吃了四个面包，这是我长这么大第一次吃面包。对于面包味道的记忆，35年后，出现在了我的小说《平原客》中。"①

按二：此次外出"串联"得到许昌市教育系统一个联络站的支持，给每个外出"串联"的学生一些钱做路费。关于这一外出"串联"的时间笔者和李佩甫核对过，以1966年这个时间为准。

---

① 董海燕、葛莹莹：《李佩甫：文学创作的空间——以〈平原客〉的创作筹备为例》，《时代报告》2018年第4期。

1967 年　15 岁

1 月 1 日，《人民日报》发表社论《把无产阶级文化大革命进行到底》。

1 月，中共许昌地委、许昌专署及各县市党政机关、团体纷纷成立各种名目的造反组织，开始夺权，各级党政机关工作不能正常进行。

2 月，河南省文联被解散。

5 月，"中央文化革命小组"成立文艺组。

6 月 17 日，中国第一颗氢弹空爆试验成功。

是年　"文化大革命"进行中。亲眼看见学生批斗老师、贴大字报、学校女校长被邻班学生兜头倒了一盆子糨糊、社会上给右派剃阴阳头等情景。

按：李佩甫在访谈中提及当时的社会情形："我一个同学，她父亲是资本家，'文革'期间，红卫兵冲到她家，剪她母亲的头发，一群人围着看热闹，比这更厉害的事都有，我都是亲眼所见。那是一个疯狂的时代，年轻人都很狂热，整个一片'红海洋'，大家都戴着个红袖标，很骄傲。"①

①　樊会芹：《人生的行走　命运的叩问——与李佩甫谈〈生命册〉》，《信阳师范学院学报（哲学社会科学版）》2017年第2期。

1968 年　16 岁

1月4日，戚本禹接见首都文艺系统群众时，传达了江青关于文化、宣传、教育等单位"要搞好文化大革命"的讲话。从此，河南掀起了向文艺"黑线"开火、向文艺界的所谓"牛鬼蛇神"冲击的风暴。

5月23日，于会泳在上海《文汇报》发表《让文艺舞台永远成为宣传毛泽东思想的阵地》一文。文章第一次公开提出和阐释了"三突出"口号："在所有人物中突出正面人物来，在正面人物中突出主要英雄人物来，在主要人物中突出最主要的中心人物来。"

6月，许昌地区"清理阶级队伍"运动开始。

12月22日，《人民日报》发表毛泽东的指示："知识青年到农村去，接受贫下中农的再教育，很有必要。"全国掀起知识青年上山下乡的高潮。

8月　复课上学。当时1966级、1967级、1968级三届学生同时复课上初中一年级。李佩甫被分配到许昌市一中上学。

按：许昌市一中当时是许昌市最好的中学。原本上初中是要考试的，根据分数决定所上的学校。不过这一年是分配，就地上学。李佩甫家离许昌市一中近，就被分配到这里。

1970年　18岁

5月，中共中央转发国家计委军代表《关于进一步做好知识青年下乡工作的报告》，要求各级领导加强对下乡知识青年工作的指导。

10月15日，国务院向各地发出通知，高等学校开始招生试点，用"群众推荐、领导批准和学校复审"的办法，从工农兵中选拔学生。

是年，许昌县教育改革办公室成立。中小学改为春季招生，高初中均由三年制改为二年制，小学改为五年制。

7月　两年制的中学毕业。

秋　开始办理下乡的各种手续。

1971 年　19 岁

9 月 13 日，林彪及其妻子叶群、儿子林立果等人出逃，在蒙古人民共和国温都尔汗附近坠机身亡。

10 月，全国开始"批林整风"运动。

10 月，许昌地区逐级传达中共中央关于林彪事件的有关文件，开展"批林整风"运动。

12 月 17 日，《河南日报》全文转载《人民日报》短评——《发展社会主义的文艺创作》。

3 月 4 日　下放到离许昌市四五十里地的苏桥公社侯王大队当知青。

在知识青年下乡时代，除了独生子女和身体不好的不下乡，其他知识青年都要下去。当时李佩甫和他的同学可以去两个地方，李佩甫首选的是河南郏县的"广阔天地大有作为人民公社"，已经和同学们约好，但是母亲嫌远，不愿意让他去，把户口本藏了起来。后来李佩甫的同学都去了郏县，他只能去了比较近的苏桥公社侯王大队。侯王大队离家比较近，和父亲老家、母亲老家是一个公社。

侯王是一个有着 3000 人口的大队，有 10 个小生产队。当时到侯王的知青人多，于是就成立了第 11 队，叫"新建队"。知青们刚开始住在老百姓家里，后来就自己盖房子住，村里请匠人，知青当小工，盖的是"里生外熟"（外面是砖，里面是土坯）的房子，有食堂、住处、厕所等。盖房子的钱是国家、县里、村里各出一部分。"我中学毕业后 1971 年下乡当知青，在农村生活了 4 年半，当过生产队长。这段经历又增加了我原来对乡村的认识。我下乡的那个村庄是苏桥公社侯王村。这个村子很大，有 10 个生产队，当时我们 70 多个知青包括来自郑州的和许昌的单独编成一个新建生产队。我们和农民一样的生活，什么活都干，住的房子都是我们自己盖的，走的时候，我们种的树都有碗口那么粗了。这个乡村记忆也是很深刻的"，"那个年代当知青，生活很苦但也非常单纯，就是'时刻准备着，不知道干什么'。当时社会提倡'奉献''牺牲'，提倡'一不怕苦，二不怕死'，所有的人都被这种精神笼罩着，所有的年轻人都在奉献、都在牺牲，虽然并不清楚为谁。从大的方面来说应该就是为共产主义牺牲吧，愿望还是很美好的"。[①]

李佩甫身体素质好，干活儿老实，能吃苦，当时知青和农民一起劳动，一样每天记工分，10 分为最高分。在知青队中，

① 樊会芹：《从"姥姥的村庄"到"文学的家园"——李佩甫访谈录》，《信阳师范学院学报（哲学社会科学版）》2021 年第 4 期。

李佩甫为4个拿10分队员中的1个。据葛道吉①回忆："从他的身体外表印象你不会相信十八岁时他能单臂一气连举九十次当时的加重平车下盘。你更不相信他一顿能吃下二斤油炸糖糕外加两碗汤。然而那是事实，同时代的人没有不服他的，任凭你使尽吃奶力气想把他的手腕扳倒，他的眼神告诉你：没门儿!"②

按：河南郏县的"广阔天地大有作为公社"，指的是郏县的大李庄乡。因该乡在全国开了青年知识分子参加农村工作的先例，得到毛泽东主席的肯定，作出了"农村是一个广阔天地，在那里是可以大有作为的"的批示，从而掀起全国知识青年上山下乡的热潮。1968年7月，大李庄乡改为"广阔天地大有作为公社"，9月接收郑州首批71名知青，是中国知青上山下乡的发源地，亦成为当时知识青年心中的圣地。

是年底　当选为知青队生产队队长。

---

① 葛道吉（1957—　），男，河南济源人。1985年在《济源市志》任编辑。1993年调入《济源日报》，历任副刊编辑、副刊部主任、主任编辑，《济源文学》主编。著有散文集《太阳和月亮》《黄河的第三条岸》等。

② 葛道吉：《又见李佩甫》，载《太阳和月亮》，大众文艺出版社，2001，第208页。

1972 年　20 岁

5月16日，《河南日报》发表以《文艺必须坚持为工农兵服务的方向》为题的短评。

5月，浩然的长篇小说《金光大道》出版。

6月，许昌地区先后恢复各公社党的委员会。

11月19日，《河南日报》全文转载《人民日报》发表的宇文平的长篇文章《数风流人物还看今朝——批判周扬一伙的"写中间人物"谬论》。

夏　带着知青连夜拉车送烟包，回村途中饿了，到公社食堂借了100个馍。

按：李佩甫在舒晋瑜①的采访中谈及此事：

"许多年过去了，我至今仍然记得，我（或者说我们队）曾

---

①　舒晋瑜（1973—　），女，山东桓台人，1993年参加工作，《中华读书报》编辑记者。著有《深度对话鲁奖作家》《中国女性作家访谈录》《深度对话茅奖作家：1—11届》等。

经欠公社食堂一百个蒸馍！记得那是一个夏天的晚上，我领着知青队的十几位'男劳力'拉着十几辆装满烟包的架子车往一个四等小站（临近公社所在地）的货场送烟包。我们村离这个车站有几十里远，每辆架子车八九百斤重。等我们拉到货站，卸下烟包时，已是午夜时分了。天黑路远，我们一个个累得疲惫不堪，饿得肚子咕咕乱叫。于是，就有人出主意说：咱上哪儿弄点饭吃？月明星稀，都下半夜了，只有狗叫声，哪里有饭吃？马上又有人出主意说：去公社，公社有食堂！于是，我们十几个知青，拉着架子车，在凌晨时分，敲开了公社的大门，一群饿狼到公社要饭来了！大门敲开后，一位食堂管理员说：干啥？这是干啥？我们十几个人居然虎汹汹地说：饿了。给点饭吃。那人说：这都啥时候了，哪儿还有饭？我说：剩饭也行。他说：剩的也没有。有知青说：馍，有馍吗？那人迟疑了一下，说：馍倒有，凉的。我们欢呼说：凉的也行。他不想给，说：要借，得打欠条。我说：行，我给你打条，到时村里还你麦。就这样，我们从公社食堂借出了一百个蒸馍。那天夜里，我们十几个人十几辆车一个拉一个穿成一串，边走边吃边唱，风凉凉地吹着，十分惬意！

"回到村里，我立即找到管经济的老农队长，诉说借蒸馍的事。我说，我打了借条，必须还。他说：嗯。还。我知道了。此事，我一直很不安，见面就催他，整整催了一年……催急了，最后他说：公家的，不用还。就这样，到了也没有还。这是一个很质朴的老人，可他是'对'的。"①

深秋 带领知青在入冬之前拉煤，因为知青队食堂、豆腐房、牲口屋都得用煤。拉煤一来一回得两三天，一般是去走一天，到地方住一夜，是住"干店"，再回来。出发前带的有队里给的面、馒头和大葱，路上饿了就吃干馍，到住的地方了就用面换农民的面条做着吃。

按：干店，是20世纪90年代以前一些农村、乡镇的路边店。一般店里的设施比较简单，有时甚至是大通铺，条件比较差，不过价格也便宜。

当知青期间，李佩甫有两大爱好。一是特别爱打篮球，"那是当知青的时候，喜欢打篮球，很想当篮球运动员。我个子是一米七八，但是报名还差两公分"②，篮球运动员的梦想破灭。不过，打篮球还是他的日常爱好。"他青年时特爱打篮球，练就了他的刚毅、机敏和不服输的特性"③。二是坚持阅读。当知青期间，即使生活很累，李佩甫只要不外出，每天晚上坚持读书到深夜。

---

① 李佩甫、舒晋瑜：《看清楚脚下的土地》，《上海文学》2012年第10期。
② 樊会芹：《从"姥姥的村庄"到"文学的家园"——李佩甫访谈录》，《信阳师范学院学报（哲学社会科学版）》2021年第4期。
③ 葛道吉：《又见李佩甫》，载《太阳和月亮》，大众文艺出版社，2001，第209页。

1973 年 21 岁

3 月 10 日，邓小平复出主持工作。在他的努力下，4 月 3 日，国务院批转科教组《关于高等学校 1973 年招生工作的意见》，对两年前开始实行的采取推荐和选拔工农兵上大学的规定进行了修订，增加了"文化考试"的内容，试图恢复用知识选拔人才的制度。

5 月 20 日，中共中央工作会议在北京召开，讨论了"批林整风"问题。

12 月 18 日，《河南日报》头版全文转载了《人民日报》12 月 15 日发表的初澜的文章《要重视文化艺术领域的阶级斗争》。

4 月 25 日之后　许昌知青国家补助（粮食和补贴）由原来的几个月增加到一年。

按：原因是"李庆霖事件"。1972 年 12 月，福建莆田一名知青的父亲李庆霖给毛泽东主席去信，反映知青下乡存在的衣食住行等问题。1973 年 4 月，毛泽东主席复信："李庆霖同志，寄上三百元，聊补无米之炊。全国此类事甚多，容当统筹解决。"之后，周恩来总理组织12个调查组，调查解决知青问题。2023年李佩甫回忆起此事，还能把毛泽东主席复信内容一字不差地背出来，可见当时这一事件给他的印象之深。

冬 在看露天电影时与一本地青年因为磕磕绊绊打架。"打架"这件事使他对农民有了新的认知。

按一： 李佩甫在《带豁口的月亮》中忆及此事。

"二十五年前的那个夜晚，我们三个百无聊赖的知青，一块去邻近的村落里看电影。""那场电影看得很不顺心，因为小安的脚被人踩了。""那时从城里下来的知青，二十啷当岁，身上都有一种说不出的躁气，走出来身上的血乱蹦，一个个都刺刺的，总想跟人打架。小安的脚被他身旁的'黑大个'踩了一下，两人吵了几句。"电影散场，"小安小增，在黑暗中，目光如炬，几乎是同时问道：打不打?!""这时候，我已被挤到了死角里。电影已经散场了，再没有推托的理由了。""打！这话是我说的。""说话间我们就冲向了那条洒满月光的土路。天已黑透了，月光像是豆腐做的，很软，四周花嗒嗒的，像是在梦里一样。""很快就是一场混战，三对一……在朦胧中，我看见那个'黑大个'一头栽到路边的沟里去了，当他从沟里爬出来的时候，我看见他栽了一脸血！当时，我心里一寒，以为农民会群起而攻之。他们有二三百人呢！那时候他们要是大喝一声，一起围上来，准能把我们撕成碎片！可那天晚上的月光是沉默的，那也是我有生以来第一次看到月光的豁儿，月光就像是被咬了一口的烂黄瓜，他就烂在了那个'黑大个'的脊背上！'人民'也是沉默的，走在那条土路上的'人民'迅速地四散开去，一言不发。我们追到哪里，哪里的'人民'就成了沉默的羔羊，很快就躲到一边去了，没有一个人站出来帮他。就这样，我们三个'狼崽子'就像冲进了羊群一般！""到了第二天，有人从邻近那个村落里捎话过来，说那个村已经集合了三百多个基干民兵，要来报复。而且放出风说，只要是侯王'青年队'的，见一个扎仨窟窿！于是，整个'知青点'都慌了，人们心里就捏着一把汗……""三天，那可以说是战战兢兢的三天……""三天后，他们没有来。""一晃二十五年过去了。我几乎把乡下的日子全忘记了。可我仍然记得那天晚上的月光，那月光是打了补丁的。""那里补着两个字：善良。"①

　　幼时，在"姥姥的村庄"，李佩甫感受到的是农民的宽厚善良，此时，他看到的是农民宽厚善良之下的怯懦、麻木、自私。这件事让他对中原民性的思考认识更深一层。

　　按二：四年半的知青生活经历给了李佩甫第二次对乡村的生活记忆。李佩甫乡土写作的深入、人物形象塑造的深刻离不开这段时间生活的积累。知青生活给予李佩甫的是对农村生存真相的透视。生活在农民中间，感受和以前在姥姥家不同。以前作为外甥，回到"姥姥的村庄"，感受到的更多是舅们、姨们的关爱和照顾，是乡村温情的一面。而知青时期和农民同吃同

---

① 李佩甫：《带豁口的月亮》，《中国青年》1999年第10期。

住，让他切实体会到了农村生活的单调乏味和农民生活的各种苦累。另外，十七八岁的年龄已经稍谙世事，也看到了和幼年孩子眼中不一样的农村世界——复杂的世态人情。正是这一阶段的深入体验和洞察，李佩甫的乡村写作也从《红蚂蚱 绿蚂蚱》的温情书写走向《金屋》的复杂与深刻。

除了对普通民众民性的认知和了解，他也见识到了农村领头人一类人物的做派、魄力和管理老百姓的权术。当时李佩甫做知青队队长，和农村的这些村干部、支书接触比较多。他经常跟着大队书记（当时叫"革委会主任"）到公社开会，"那时我接触了一个公社的几十个大队支书，他们各有特点"①。这些人是农村的特殊群体，他们往往有超出普通农民的胆识和谋略，在管理中恩威并施，对农民的命运有一定的掌控力。李佩甫笔下后来出现了两类村干部：一类是像三叔、蔡国寅那样比较仁慈、宽厚的干部；一类是像呼天成、杨书印那样擅玩心术的干部。村支书形象不仅成为李佩甫笔下一个重要人物系列，而且最后还出现了经典的村支书形象呼天成。

按三：再一次受到民间文化的影响。"我小说中的神秘性、传奇性主要来源于姥姥的瞎话儿，不过也不仅仅如此，也来源于各种民间传说。我当年干过一件'傻事儿'……一个老农告诉我，有一种功夫可以练，练成了有过顶之力。我就照他的话挖了一个坑，天天练。早中晚1天3次，3次都跳过了，就再挖

---

① 李佩甫、舒晋瑜：《看清楚脚下的土地》，《上海文学》2012年第10期。

深一点，想练成了就能一跃而起扣篮，后来坑深到胸口时就跳不出来了——那也不可能跳出来。不过老农说古人确实有跳出来的，我就相信了，……因此可以说我深受民间传说的熏陶。民间传说其中也有传统中国文化的内涵，人类生活还是需要神性的。"①

---

① 樊会芹：《从"姥姥的村庄"到"文学的家园"——李佩甫访谈录》，《信阳师范学院学报（哲学社会科学版）》2021年第4期。

1974年　22岁

1月，中共中央转发《林彪与孔孟之道》的材料，"批林批孔"运动在全国展开。

1月28日，许昌城乡开始"批林批孔"。

3月16日，《河南日报》发表了本报评论员文章《深入批林批孔　击退修正主义文艺黑线的回潮》。

夏　由下放所在地的苏桥公社推荐回城上学。结束知青生活后到许昌技工学校上学，学车工。许昌技工学校当时叫河南省第八技术学校，学制两年。

李佩甫上学期间做学校团支书，负责办黑板报，所以也常常写些文章。

按：从当知青到上学，这期间李佩甫的阅读一直没有间断。"文革"期间，学校图书馆都被抢了，学生中间流散了很多书，凡是能读的李佩甫都借来读。从农村回城后，他办了四本借书证——许昌县图书馆借书证、许昌市图书馆借书证、许昌地区图书馆借书证、工人文化宫图书馆借书证，又订了很多报纸。可以说，自从体会到阅读的乐趣，他一直保持着热切的阅读习惯。李佩甫说，"这是第一个阅读期，是乱读、野性阅读阶段"①。阅读提高了李佩甫的知识水平、认识能力，"我要说的是，正是书本改变了我人生的走向，也由此改变了我的生活轨迹"②。阅读使他从大杂院里走了出来。

---

① 与作家直接沟通中作家谈及的内容。

② 李佩甫：《古丽雅的道路》，载岛石主编《60 年中国人的阅读心灵史》，中国书籍出版社，2009，第 54 页。

1975 年　23 岁

1 月 8—10 日，中共十届二中全会召开。会议讨论了四届人大的准备工作，选举邓小平为中共中央副主席、中央政治局常委。

8 月上旬，许昌地区南部舞阳、郾城等县遭受特大洪水的袭击，全县人民群众大力支援救灾工作。

8 月 14 日，毛泽东发表关于《水浒》的讲话。随后，全国展开"评《水浒》"运动。

12 月，《红旗》杂志发表文章《教育革命的方向不容篡改》，署名"北京大学、清华大学大批判组"。全国展开"反击右倾翻案风"运动。

8 月　写第一个作品——长诗《战洪图》。开学后登在学校墙报上。

按：李佩甫在创作谈《找一块自留地》中谈到《战洪图》的创作背景：

"那是夏天，夏天里我病了，害的是疟疾，浑身发冷，盖两床被子还冷，终日躺床上望天儿，天是很热的，热得躁，热得不祥。于是发了洪水，淹了许多县份，乡人都到城里逃难来了。那时街道上组织各家各户烧汤烙馍给难民送饭吃，家人、邻人就一挑一挑地把饭送到街上，那场面是很感人的。我躺床上没事儿做，就写了一首名为《战洪图》的长诗。我不会写诗，一激动就写了，瞎写。夏天过去了，技校开学了，就上学。国庆节学校要出墙报，因我是班里的组织委员，让我写点什么，我不愿再费事，就把那《战洪图》拿出来交差。后来就登在了墙报上。同学们看了竟说不错。一位老师看了，对我说：'写得可以，你给刊物寄寄，说不定会用呢。'那时觉得刊物是很神圣的，就撑着胆子寄了，我盼着回音，可一个月过去了，两个月过去了，一直没有回音。我焦急地又问那老师，那老师说：'不退稿就有希望。'于是就一直希望下去……

"人有了盼头就活得有劲。那希望很缥缈，很遥远，却总牵着你。"①

自 8 月开始，就尝试各种写作，自此从未间断。

---

① 李佩甫：《找一块自留地》，《新闻爱好者》1990 年第 8 期。

1976年　24岁

1月8日，周恩来逝世。

3月下旬至4月5日，北京、南京等地爆发悼念周恩来，反对"四人帮"的群众运动。4月5日，首都群众在天安门广场的悼念活动被错误地定性为"反革命事件"。

7月6日，朱德逝世。

9月9日，毛泽东逝世。

10月6日，"四人帮"被粉碎。延续十年之久的"文化大革命"结束。

是年初　去许昌市图书馆借书。偶遇许昌市青年作家张长安。

听到张长安与图书馆管理员的对话，才知道张长安是作品快要发表了，来图书馆找本书，核对一些资料。这本书是《河南文艺》杂志社的杜道恒①编辑推荐让看的。李佩甫透过书架的间隙，满心羡慕地看着这个身着黑棉衣、头戴鸭舌帽的青年作者，也默默记下了他所说的《河南文艺》的杜道恒编辑，心里也有了把自己写的文章寄出去的念头。②

由春至夏 不间断地练笔写作。后来，将感觉还不错的一篇文章寄给《河南文艺》。

7月 技校毕业，分配到许昌市第二机床附件厂当车工。

按：李佩甫在访谈中提及这一经历："我曾经在一家生产'牛头刨床'的工厂里当过四年车工。开过各样车床。那时候，中国制造工业所有的技术标准都是上世纪50年代从苏联照搬过来的，设备很落后，叫'苏标'：有c618、c620、c630、c650等等。在工厂里有'紧车工、慢钳工、吊儿郎当是电工'的说法。开车床一天站八小时，很紧张，一按电门，机器高速旋转，起步就是每分钟三千转，得两眼紧盯，搞不好，一刀过去，零件就废了！我是业余时间写小说的，那时工厂三班倒，有白班、前夜、后夜，所以还有一点点时间……"③

10月 去郑州改稿子。

按：寄出稿子三个月后收到去郑州改稿子的公函。这件事

---

① 杜道恒（1936—2020），男，河南南阳人，1963年8月从郑州大学毕业后到《奔流》编辑部工作，先后任评论、小说、散文编辑，1984年8月离开《奔流》筹办《专业户报》，1985年9月任《故事家》主编。先后发表中篇小说、短篇小说、散文、文学评论及新故事理论、期刊编辑学等方面的论著50多万字。

② 李佩甫：《文学启蒙者》，载《写给北中原的情书》（《李佩甫文集·散文卷》），河南文艺出版社，2020，第135页。

③ 李佩甫、舒晋瑜：《看清楚脚下的土地》，《上海文学》2012年第10期。

李佩甫印象深刻。"很多年过去了，我仍然记得我被挂在火车车窗上的情景。"本来火车到小站许昌是该上人的，但是车里人太多车门不开，李佩甫就从车窗爬进去，结果棉衣被挂在车窗的钩子上，火车开了，人一急，背上的衣服撕开个三角口子就爬了进去。"我是带着介绍信（那时出门必须有介绍信）、背着衣服上撕破的'三角口子'进省城的"，到省城后他住在《河南日报》招待所里，在杜道恒编辑热心的帮助下改稿子，八千字的稿子，八天改了八遍，昼夜不息，一遍一遍改，脑子都改糊涂了。晚上杜道恒编辑贴心地送来电影票想让他放松放松，但李佩甫根本没心情看。这篇文章改到最后也没改好，"编辑老师很诚恳地告诉我说：据我多年的经验，编辑咋说你咋改，改不好。我记住了他这句话"，① 然后仓皇地逃离了郑州。1976 年那篇稿子最后主编那里没有通过，最终没有发表。

---

① 李佩甫、舒晋瑜：《看清楚脚下的土地》，《上海文学》2012 年第 10 期。

1977 年　25 岁

7月，中国共产党第十届中央委员会第三次全体会议在京举行，会议通过《关于王洪文、张春桥、江青、姚文元反党集团的决议》。

8月12—18日，中国共产党第十一次全国代表大会在京举行。会后，十一届中央委员会举行第一次全体会议，选举华国锋为中央委员会主席，叶剑英、邓小平、李先念、汪东兴为中央委员会副主席。

10月5日，中央政治局会议讨论并原则批准教育部《关于1977年高等学校招生工作的意见》。12日，国务院批转了这个意见，决定从本年起，高等学校招生采取自愿报名、统一考试、择优录取的办法，恢复"文化大革命"中被废弃的高考制度。

10月，全国"短篇小说创作座谈会"在北京由《人民文学》编辑部组织召开。会议是转折年代重建文学秩序的第一步。

春　又写了一篇短篇小说给《河南文艺》寄去。

一周之后，没有收到回音，作为文学"发烧友"，李佩甫急着想听听意见。他按捺不住激动的心情将稿子手抄一遍，趁周末赶到郑州想亲自交给杜道恒编辑，不巧的是，杜老师出差了，只能让别人转交。大约半个月后，杜道恒去许昌，约见了李佩甫。当时正在上班的李佩甫接到许昌县文化馆的刘向阳[1]打来的电话："杜老师来了，住在县委招待所，他想见见你。""三句话。就这三句话，让我兴奋得有些发晕。站在厂区大院里，抬头看天，就觉得天空布满了绸缎，一天的柔软。"[2] 见面后，杜老师给了他很多鼓励，对他的写作给予极大的肯定。李佩甫深知文章发表得通过层层关卡，他继续写作，后来又给《河南文艺》寄去一篇稿子，这个稿子在杜道恒的指导下经过认真修改，最终通过了三级审查，并确定发表在《河南文艺》1978 年第 1期上。

冬　第一部短篇小说《青年建设者》出发刊预告。

按：时隔多年，李佩甫依旧对此印象深刻："1977 年的一个冬日下午，我正参加厂里举办的一次篮球比赛。中间休息时，有人拿着一张报纸跑来告诉我说：你的小说发表了，目录上有！当时，我很兴奋，下半场比赛时，每投必中！这就是精神作用了。还记得当晚下班时，厂工会主席给了我一把钥匙，那是工

---

① 刘向阳（1954—　），男，祖籍山东，出生于许昌。1976 年调入许昌县文化馆从事创作，后调入许昌文联任主席。发表作品有小说《永不停息的战斗》《永远年轻的人》《苏娅之死》《红唇》《私奔》等。

② 李佩甫：《文学启蒙者》，载《写给北中原的情书》（《李佩甫文集·散文卷》），河南文艺出版社，2020，第 136 页。

会办公室的钥匙。那时我住集体宿舍。这就是说，每晚下班后，我有了一个看书写字的地方。"①

是年底 受邀参加河南省文联举办的全省短篇小说座谈会。

按：虽然李佩甫当时还没有作品发表，但他的短篇小说《青年建设者》已经确定在《河南文艺》上刊登，所以也在被邀请之列。这对他也是一个极大的鼓励。

---

① 李佩甫、舒晋瑜：《看清楚脚下的土地》，《上海文学》2012 年第 10 期。

1978 年　26 岁

3 月 18—31 日，全国科学大会召开。邓小平在开幕词中强调科学技术是生产力，指出为社会主义服务的脑力劳动者是劳动人民的一部分。大会制定了《1978—1985 年全国科学技术发展规划纲要（草案）》。

5 月 11 日，《光明日报》发表文章《实践是检验真理的唯一标准》，经《人民日报》转载，全国展开关于真理标准问题的讨论。

5 月 27 日至 6 月 5 日，中国文学艺术界联合会第三届全国委员会第三次会议在北京举行。会议宣布中国文学艺术界联合会、中国作家协会等协会恢复工作，《文艺报》复刊。

12 月 18—22 日，中共十一届三中全会在京举行，提出"解放思想，实事求是，团结一致向前看"的方针。

12 月 30 日，河南省直文艺单位、团体为受林彪、"四人帮"残酷迫害的文艺工作者举行平反、昭雪大会。

12 月，安徽省凤阳县梨园公社小岗村生产队 18 名农民将集体耕地承包到户。中国农村经济体制变革由此开始。

冬，许昌地区筹建河南广播电视大学许昌分校，1979 年 3 月经河南省教育厅批准，正式成立并开始招生。

1 月　处女作短篇小说《青年建设者》刊《河南文艺》1978 年第 1 期。

《河南文艺》1978 年第 1 期封面　　《青年建设者》首页

5 月　短篇小说《在大干的年月里》刊《河南文艺》1978 年第 5 期。

10 月　短篇小说《谢谢老师们》刊《河南文艺》1978 年

第 10 期。

按一：李佩甫在《文学启蒙者》中回忆道："应该说，正是在杜道恒老师的指导下，我在 1977 年创作的三个短篇习作，才分别在 1978 年的《河南文艺》第一期、第五期、第十期发表了。"①

按二：最初这三个短篇还比较稚嫩，主人公选取的都是工厂里的年轻技术人员，塑造的是"大干快上"社会环境中思想觉悟较高的奉献者形象。这三篇小说体现了李佩甫早期的思想朝向，那就是愿意为社会为国家无私奉献的精神追求。不过这三篇小说也有明显的公式化特征。

按三：早年的工作经历成为李佩甫创作初期的主要内容。这一时期有关城市题材的小说大多以年轻工人为主人公，这里面有作家熟悉的生活。"他的处女作《青年建设者》，便是做工人时的业余作品。小说中那位方志云姑娘和她的工作的单位——第二机床厂，以及几次提到的'五一路'，却又巧极，都是实实在在的真正。当时李佩甫就在第二机床厂作工，而这家工厂也确在五一路上。"②

曾凡③也说到这一点："就李佩甫个人来说，他是从'写自己

① 李佩甫：《文学启蒙者》，载《写给北中原的情书》（《李佩甫文集·散文卷》），河南文艺出版社，2020，第 137 页。
② 庄众：《琐记李佩甫》，《百花园》1988 年第 5 期。
③ 曾凡（1954—2010），男，原名王增范，河南新密人。1982 年任职于河南省社科院文学研究所，从事文学研究，曾任《文学论丛》《跨世纪》编辑部主任、副总编、总编。随笔《旁观者》入选《2007 中国最佳随笔》（辽宁人民出版社 2008 年版）。

最熟悉的人和事'步入文坛的。他的处女作《青年建设者》从主人公到细节甚至一条街道的名称都是实实在在的'本色'。"①

是年底　被借调到《奔流》做见习编辑。这是第一次借调到郑州。

按：因为1978年在《河南文艺》上连发三个短篇小说，李佩甫被河南文艺界前辈注意到，然后就借调他来《奔流》杂志社做见习编辑。同时被借调来的还有南阳地区文化馆的夏挽群②。两个人同住在省委招待所里。三个月后，李佩甫回工厂继续上班。

---

①　曾凡：《李佩甫和他的小说》，《人民日报》1989年6月6日第6版。

②　夏挽群（1946—　），男，河南南阳人，1978年调南阳市文化局工作。1979年任《奔流》杂志编辑。发表有小说《红石青松》《谁主沉浮》、报告文学《造福者》等。

1979 年　27 岁

5 月 4—7 日，河南省文联在郑州举行了常委会扩大会议，决定恢复河南省文联及所属协会的活动。会议由河南省文联主席于黑丁主持。

10 月，李準的长篇小说《黄河东流去》（上集）由北京出版社出版。该书下集于 1985 年 1 月出版。1985 年 12 月，《黄河东流去》获第二届茅盾文学奖。

10 月 30 日至 11 月 16 日，中断了 19 年的中国文学艺术工作者第四次代表大会在北京召开。河南代表任访秋、南丁、青勃、乔典运①等参加会议。这是"反右""文革"之后，全国文艺界"返春"的聚会。

春　应《郑州文艺》征稿启事写小说《小小老百姓》。

---

① 乔典运（1930—1997），男，河南南阳人，1948 年毕业于陕县师范简师部，后任《西峡报》编辑、西峡县文联主席、河南省作家协会副主席。发表有《村魂》《满票》《冷惊》等作品。

按：《郑州文艺》于 1978 年 1 月 30 日正式复刊。为了推动工作，1979 年 1 月 5 日，《郑州文艺》1979 年第 1 期登出"庆祝建国三十周年小说征文评奖活动"启事。

10 月 5 日　短篇小说《小小老百姓》刊《郑州文艺》1979 年第 5 期。

12 月　《小小老百姓》获奖，参加《郑州文艺》举办的"小说征文"研讨会。会上，《郑州文艺》的编辑向李佩甫约稿（就是后来的短篇小说《疑问》）。与会人员还有孙方友①、张斌②、鲁枢元③等。

按一：庄众④在《百花园》1988 年第 5 期的"作家世界"栏目《琐记李佩甫》中回忆："最初认识李佩甫是 1979 年。那时《郑州文艺》（《百花园》前身）搞征文。李佩甫尚在许昌，写了篇《小小老百姓》来应征。评选会上，头次见李佩甫，瘦瘦的，黑黑的。开会时老是坐在墙角角里，扎在人堆堆中，默默地听别人讲话。只有眼闪着光。"

---

①　孙方友（1949—2013），男，河南淮阳人。河南省文学院专业作家、《传奇故事》杂志编辑。著有《陈州笔记》系列和《小镇人物》系列等作品。

②　张斌（1934—　　），男，又名老张斌，河北乐亭人。河南省文联专业作家、河南省文学院一级作家。发表有长篇小说《一岁等于一生》、《跳出痴城》（与李莫合著）、《至爱无敌》等。

③　鲁枢元（1946—　　），男，河南开封人。1981 年夏调到郑州大学中文系任教。1984 年加入中国作家协会，现为黄河科技学院教授、生态文化研究中心主任。出版《创作心理研究》《生态文艺学》等专著。

④　庄众（1949—2006），男，1982 年毕业于郑州大学中文系，先后任河南省文联文艺理论研究室副主任、河南省电影电视评论学会理事等职。与王世声、宗树洁合著《银幕面对的世界——电影观众学研究》一书。

按二：奚同发①在《百花园》2020年第12期《李佩甫：一个工人与〈郑州文艺〉的结缘》中回忆：

"四十年过去，李佩甫对自己这两篇小说（指此时在《郑州文艺》上发的《小小老百姓》《疑问》）的记忆已很是模糊，但对投稿的事却记得十分清楚。之前给《河南文艺》投稿时，还需要政审——杂志社收到他的稿件，会给他的工作单位发来政审纸函，由单位党委盖章后返回杂志社。1978年以后，投稿政审的程序取消了。所以，给《郑州文艺》投稿时，他是直接用信封寄给杂志社的。当时，投稿邮寄信件是免费的，只要把信封的一个角剪去就行。后来，他的小说不仅在《郑州文艺》发表，还获得了《郑州文艺》的小说奖。

"回忆当年领奖的往事，李佩甫笑着对笔者说：'那时候，我还是工厂里的工人，穿衣吃饭都马虎，不讲究，许多细节也不懂，傻傻的。一听说要来郑州领奖，我穿着工厂的工作服就来了。工作服上还有一块没洗干净的机油。可孙方友就不一样了。他当时还是农民，如果穿得好了吧，担心别人说他"烧包"；如果穿得不好，又怕别人看不起。于是，他选择了穿当时很时髦的绿军装，还戴着军帽，这样既体面也没人说啥。无论是获奖还是发稿，都是我当时文学创作的重要延续，而且在那些年产生了各种影响，对自己后来的创作肯定是有极大的鼓舞和帮助的。'"

---

① 奚同发（1967— ），男，笔名清溪，陕西白水人。《河南工人日报》总编助理、郑州小小说学会副会长。著有小说集《最后一颗子弹》《雀儿问答》等。

是年底　调入许昌市文化局任专业创作员。

从郑州回许昌之后，许昌市文化局一位姓于的干部想让他到文化局上班，李佩甫也很愿意去。但是李佩甫所在单位是工厂，和文化局不属一个系统，不好调动。10 月，李佩甫去《奔流》杂志社送刚写的报告文学《有这样一个厂长》，见到老乡段荃法①。段荃法听说了他的事后很热心地帮忙，给一位熟识的许昌市委副书记写了封信。年底，李佩甫调入许昌市文化局。

按：对于走上文坛，李佩甫经常感念命运对他的眷顾："我这几十年，有很幸运的部分。1974 年到 1980 年左右，我先上技校，尔（而）后在工厂当工人，开过各种各样的车床。1978 年，我在省级刊物上发表了三个短篇小说，到了文化局，成了专业的创作人员。每个人都会有他最适合干、也能够干的事情。有的人一生都未必找得到，我很幸运，很早就找到愿意做的事情。"②

是年　在《小西湖》杂志发两个短篇小说：《品质》（1979 年第 2 期），《两个年青人》（1979 年第 3 期）。

按：《小西湖》是许昌市文化局办的一个杂志，编辑是齐飞、丁心灵，李佩甫参与筹划。

---

① 段荃法（1936—2010），男，河南舞阳人，历任中共许昌地委宣传部干事，许昌专署文化局创作组长，河南省文联第二、第三届委员，河南省作家协会秘书长、副主席，《莽原》主编。著有中短篇小说集《雪英学炊》《天棚趣话录》等。

② 舒晋瑜：《李佩甫：上网写字不能叫创作》，《中华读书报》2012 年 4 月 25 日第 18 版。

1980年　28岁

1月25日，张一弓①中篇小说《犯人李铜钟的故事》在《收获》第1期发表。该小说于1981年5月25日荣获全国中篇小说奖（1977—1980年）。

4月29日至5月10日，河南省文学艺术工作者第二次代表大会在郑州召开。

5月31日，邓小平发表关于农村政策问题的重要谈话，首次公开肯定了小岗村"大包干"的做法。

5月，中国作家协会河南分会第一次代表大会召开。

6月，叶文玲的成名作《心香》在《当代》第2期发表。该小说荣获1980年全国优秀短篇小说奖。

9月至11月，中国作家协会河南分会在郑州举办"河南首届文学讲习班"。

11月10日至12月5日，中共中央政治局连续召开会议。

---

① 张一弓（1934—2016），男，河南新野人。曾任河南省作家协会主席。著有小说《犯人李铜钟的故事》《张铁匠的罗曼史》《远去的驿站》等。

同意华国锋同志辞去中央委员会主席、中央军委主席的职务，选举胡耀邦同志为中央委员会主席，邓小平同志为中央军委主席。

5月10日　报告文学《有这样一个厂长》刊《奔流》1980年第5期。

按：李佩甫回忆："《有这样一个厂长》写的是我父亲所在的工厂，是国营鞋厂。这个鞋厂名字叫'许昌鞋厂'，当时我采访了厂长，这个厂的变革在许昌很有名。"① 这一报告文学是和同窗好友杜永化②一起做的采访。

8月5日　短篇小说《疑问》刊《郑州文艺》1980年第4期。

9月至11月　参加中国作家协会河南分会举办的首届高级研修班，上课地点在郑州市纬五路原河南省教育学院。

按一：首届高级研修班是刚当选的中国作家协会河南分会副主席南丁③借筹办大型刊物《莽原》举办的学习班。南丁上

---

① 与作家直接沟通中作家谈及的内容。

② 杜永化（1953— ），男，河南登封人。1981年毕业于许昌师专，先后担任许昌二高教师，许昌魏都区广电局编辑、副局长、局长。1993年调入《漯河内陆特区报》任经济部主任、总编助理、广告部主任等。发表小说《绿太阳》《她从乡下来》、报告文学《南街之路》等。

③ 南丁（1931—2016），男，原名何南丁，原籍安徽安庆。历任《河南日报》编辑，河南省文联编辑、专业作家、主席、党组书记。1980年筹办《莽原》期刊时任中国作家协会河南分会副主席。代表作品有《检验工叶英》、《尾巴》、《南丁小说选》、《南丁文集》（五卷）等。

任之后，积极发展河南的文学事业。首先就是创办一个发表中篇小说的大型刊物，以弥补《郑州文艺》《奔流》发表短篇小说的不足。其次以为新刊物组稿的理由开办河南省首届高级研修班，也为首届文学讲习班，培养作家队伍。有张一弓、刘思谦①、杨东明②、南豫见、张宇③、赵富海④、孙方友等三四十人，班长是张斌。学习时间三个月。这个班后来被称为河南文坛的"黄埔一期"。由此，一大批文学爱好者依托于当时河南的《奔流》《莽原》等杂志，或以创作者的身份或以刊物编辑的身份加入河南新时期文学的发展队伍中，成为日后河南重要的文学力量。

按二：李佩甫在班上学习的过程中，就已经参与到筹办大型文学刊物《莽原》的工作中。当时筹办《莽原》的年长编辑是南丁、段荃法、徐慎⑤，年轻编辑是李佩甫、杨东明、肖正义、李九思。

---

① 刘思谦（1933—2022），女，河南偃师人。曾任河南大学文学院教授、博士生导师，著名文学评论家。出版《"娜拉"言说——中国现代女作家心路纪程》等专著。

② 杨东明（1950—　），男，湖北武汉人。历任信阳地区文化局创作员、《莽原》文学编辑、河南省作家协会副主席。著有长篇小说《造山时代》《再生之门》等。

③ 张宇（1952—　），男，河南洛宁人。作家，曾任河南省作家协会主席，著有小说《活鬼》《软弱》《疼痛与抚摸》《表演爱情》等。

④ 赵富海（1945—　），男，山东临清人。1986年毕业于郑州大学中文专科。2004年任郑州市作家协会副主席，出版《老郑州——商都遗梦》《我的花石纲》等。

⑤ 徐慎（1933—1993），男，河南临汝（今河南汝州）人，1949年毕业于开封中学，曾任河南省电影电视家协会秘书长及副主席。著有中篇小说《鸡鸣镇风云——彭雪枫的故事》《锁不住的春光》《红军洞》等。

12 月　首届高级研修班结束后参加河南省文联安排的出省采风活动，去云南、四川、上海等地采风。12 月 22 日在昆明参与中国作家协会云南分会举行的座谈会。

是年　李佩甫进入阅读的第二个阶段，阅读了大量的各种风格流派的西方文学作品，主要是 18 世纪、19 世纪、20 世纪的作品，更加开阔了眼界。

按：这是一种不同于以往的阅读体验："当时只有一个信念：张开所有的毛孔吸收西方的、前人的文学经验。那是中国文学与世界文学接轨的一个时期，那时我们一方面阅读交流，一方面相互谈各自的'构思'……常常是彻夜不眠，读到一本好书异常兴奋。那时候，各种风格流派的作品都是谈论的话题。这是中国作家的补课时段，《百年孤独》《不能承受的生命之轻》《追忆逝水年华》《喧哗与骚动》《尤利西斯》《弗兰德公路》……都是我们讨论的篇目。当时我们都很吃惊，原来小说也可以这样写呀?！但是真正意义上的消化和吸收是需要时间的。尤其是从文本意义上说，我们的时间还远远不够。但是，标尺已经拉起来了，已经接轨了。有了参照系，有了全方位的了解。从某种意义上说，封锁已经打破，中国文学已经插上了翅膀。能不能飞起来，就看各自的造化了。"[1]

---

① 孔会侠：《情感是写作的灵魂——对话李佩甫》，《江南》2016 年第 5 期。

1981 年　29 岁

春，许昌地区各县市推行农业生产家庭联产承包责任制。

3 月 27 日，茅盾去世。遵从茅盾先生遗嘱，中国作家协会主席团以先生名字命名，设立茅盾文学奖，奖励全国范围内出现的优秀长篇小说。

5 月，由河南省文联主办的大型文学期刊《莽原》创刊。

6 月 27 日，中共十一届六中全会通过《关于建国以来党的若干历史问题的决议》，对新中国成立 32 年来党的重大历史事件特别是"文化大革命"作出正确总结，实事求是地评价毛泽东的历史地位，科学论述毛泽东思想作为党的指导思想的伟大意义，为社会主义事业和党的工作指明了前进的方向。

7 月，张一弓的短篇小说《黑娃照相》在《上海文学》第 7 期发表，并获 1981 年全国优秀短篇小说奖。

11 月 24 日至 12 月 5 日，中国作家协会河南分会在郑州召开小说创作座谈会。

1月1日　采风途中。在重庆。

1月12日　采风结束，李佩甫回到郑州。然后回许昌结婚。

是年初　第二次借调郑州，到《莽原》做编辑。

按一：1981年年初，李佩甫在许昌市文化局上班，同时收到两封信。一封是1979年已经调过来的夏挽群的来信，夏挽群此时当上了《奔流》的副主编，很兴奋，写信邀请李佩甫来《奔流》做编辑。同时，河南省文联负责《莽原》杂志的老乡段荃法也写信希望他来郑州参与筹办《莽原》。李佩甫选择去了《莽原》。同时借调来郑州的还有许昌市文化局的刘向阳，刘向阳去了《奔流》做编辑。

按二：李佩甫早期在《莽原》做编辑经历了三个主编，第一个是南丁，第二个是庞嘉季①，第三个是段荃法。一开始李佩甫就是参与《莽原》的筹备工作，但是因为工作关系转不过来，就回去了。段荃法任主编的时候，又一次请李佩甫来《莽原》

《莽原》创刊号（1981年5月）

---

① 庞嘉季（1925—2016），男，江苏南京人。1949年肄业于上海暨南大学新闻系。历任《河南日报》编辑，《翻身文艺》《河南文艺》《奔流》《莽原》等杂志副主编、负责人。曾任河南省作家协会常务副主席，为河南作家队伍的成长与发展作出突出贡献。

做编辑。后来，也就是1981年后李佩甫基本上就在《莽原》上班，只是工作关系没有转过来。

2月10日　短篇小说《夜长长》刊《百花园》1981年第1期。

10月　中国作家协会河南分会在郑州举办"河南省第二届文学讲习班"。李佩甫的名字在第二届文学讲习班名单里面，但因为在《莽原》做编辑，所以并没有去上过课。

11月10日　短篇小说《憨哥儿》刊《奔流》1981年第11期。

11月21日　短篇小说《二怪的画》刊《莽原》1981年第3期。

是年　开始参加河南广播电视大学许昌分校汉语言文学专业的学习。

1982 年　30 岁

1月1日，中共中央批转《全国农村工作会议纪要》，肯定包产到户等各种生产责任制都是社会主义集体经济的生产责任制。

1月，张一弓的中篇小说《张铁匠的罗曼史》发表于《十月》第1期。该小说获中国作家协会第二届（1981—1982年）全国优秀中篇小说奖。

9月1—2日，中国作家协会河南分会第一届全体理事会议第二次会议召开。9月8日，中国作家协会河南分会成立三个工作委员会，即文学创作委员会、文学评论委员会和儿童文学委员会。

12月6日，首届茅盾文学奖揭晓，获奖作品是周克芹的《许茂和他的女儿们》、魏巍的《东方》、莫应丰的《将军吟》、姚雪垠的《李自成》（第二卷）、古华的《芙蓉镇》、李国文的《冬天里的春天》六部长篇小说。

1 月　儿子出生。

2 月 10 日　短篇小说《多犁了一沟儿田》刊《奔流》1982 年第 2 期。小说初步显露出道德评价的倾向。

6 月 18 日至 7 月 10 日　作为《莽原》杂志社编辑，筹备并参加了中国作家协会河南分会和《莽原》编辑部在信阳鸡公山风景区一号楼联合举办的第一次笔会。与会作家有徐慎、宋之栋、王振洲、张斌、樊俊智、孙建英、傅振乾、王奎山、陈创、孟应灵、杨东明等。这次会议为今后举办笔会积累了经验。

9 月 1—2 日　参加在郑州召开的中国作家协会河南分会一届二次理事（扩大）会议。

9 月 10 日　短篇小说《我们锻工班》刊《奔流》1982 年第 9 期。

10 月 21—25 日　参加由中国作家协会河南分会新成立的文学创作委员会、文学评论委员会联合召开的座谈会。会议讨论如何深入贯彻党的十二大精神，开创文学创作和评论的新局面。与会作家、评论家还有于黑丁、南丁、张一弓、吉学沛、张宇、孙方友、鲁枢元等。

12 月 10 日　短篇小说《十辈陈轶事》刊《奔流》1982 年第 12 期。

按：《十辈陈轶事》后收入河南省文联图书编辑部编的作品集《他喜欢谁》（中国文联出版公司 1986 年版）。

1983 年　31 岁

3 月 7 日，中国文联主席周扬在中共中央党校召开的纪念马克思逝世一百周年学术报告会上作报告《关于马克思主义几个理论问题的探讨》，引发了全国范围内有关"人道主义""异化"问题的争鸣。

8 月 5 日，南丁任河南省文联主席兼党组书记。

11 月 10 日，中国文联召开在京部分文艺工作者座谈会，讨论贯彻党的十二届二中全会精神，以及"清除精神污染"问题。

2 月 21 日　书信体中篇小说《小城书柬》刊《莽原》1983 年第 1 期。

按：《小城书柬》收入河南省文联图书编辑部编的作品集《生命的原色》（中国文联出版公司 1985 年版）。《小城书柬》后被河南电视台改编，并在河南人民广播电台广播。

5 月 24—26 日　参加张宇作品研讨会并发言。张宇作品研讨会是中国作家协会河南分会举行的首次文学新人作品研讨会，集中讨论了青年作家张宇的作品。与会作家、评论家还有于黑丁、鲁枢元、耿恭让、段荃法、徐慎等。

6月21日　参加《百花园》编辑部召开的小说创作座谈会，与会人员就如何提高郑州市小说质量展开讨论。

7月10日　日记体中篇小说《青春的螺旋线》刊《奔流》1983年第7期。

9月5日　短篇小说《蛐蛐》刊《长江文艺》1983年第9期。小说写的是20世纪80年代初农村电工蛐蛐不为金钱和权势所动，在村里有钱的、有权的人物之间巧妙周旋，最后却先给孤寡老人王婆装上电灯的故事。小说以此表现人物的心灵美。

按一：《蛐蛐》被《新华文摘》1983年第11期转载，并获1983年《长江文艺》佳作奖，是李佩甫第一篇产生社会影响的作品。后依次收入《青年文学》编辑部编《青年佳作1983年优秀小说选》（中国青年出版社1985年版）、曹增渝主编《河南新文学大系（1917—1990）·短篇小说卷（二）》（河南大学出版社1996年版）。

按二：《蛐蛐》将人物的美和乡间的美融为一体，呈现出诗意的特征。当时评论家乐平①就指出了这一特点："《蛐蛐》透露出一种新的美学气息，是李佩甫小说创作的新突破。作者没

---

① 乐平（1956— ），女，原名樊洛平，河南洛阳人。郑州大学二级教授、中国作家协会会员。中国世界华文文学学会学术工作委员会主任委员、河南省台湾研究会副会长，主要从事中国当代文学、台湾文学及海外华文文学的研究。著有《当代台湾女性小说史论》《台湾女作家的大陆冲击波》《冰山底下绽放的玫瑰——杨逵和他的文学世界》等。

有把生活表面化，他潜入生活的底流，透过山村安电灯的小小风波，敏锐地揭示了农村实行责任制之后的新矛盾，同时也赞美了新的时代风尚，人与人之间团结互助的新型关系。小说写得很美，杏园里葱茏的绿意，蛐蛐纯真、善良的心灵，以及他对小枝朦胧、美妙的恋情，都笼罩上一层诗意的光辉。"①

按三：李佩甫早期创作的这些小说主要是展现时代变革中的新风尚以及生活于其中的人们心理的变化，揭示真善美的单纯主题，并力求在"小事"中挖掘生活的内涵。

11月8日至12月8日　参加由中国作家协会河南分会在郑州举办的青年作家读书班。孙方友、兀好民、卢晓更、刘文新等23名青年作家参加了学习。这次读书班旨在提高文学新人的马列主义文艺理论素养。

是年底　正式调到《莽原》编辑部做文学编辑。

按一：李佩甫踏实、认真、努力的工作态度得到大家认可，而小说《蛐蛐》的发表，更让文联的同事和领导对他刮目相看。南丁曾经说过："李佩甫写小说已经十年。起步时没有什么惊人之笔，在中原这一群年轻的作家当中，并未引人注意。朴实诚恳，谦逊好学，倒是块做编辑的好材料，就调至《莽原》编辑部工作"，"这期间，读到他的《蛐蛐》，与他起步时的虽有真情但总显拘谨的习作相比，就颇有点儿灵气儿，就觉得对这个李佩甫应当另眼相看了"。②

---

①　乐平：《李佩甫小说漫谈》，《奔流》1984年第10期。
②　南丁：《李佩甫与他的小说》，《文艺报》1988年4月16日。

李佩甫曾回忆调入河南省文联的过程："1983年我写过一个叫《蛐蛐》的小说，在《湖北文艺》①上发的，后来被《新华文摘》转载了。那时有一个老作家叫徐慎，说你去见见南丁（时任作协副主席，负责筹办《莽原》），说南丁比较喜欢你的文字，你去见见他。我一听是让我见一位我十分敬仰的前辈，也不熟悉，心里发怵，就没好意思去。一次、两次，如是者三。再后来他专门让作家张斌领着我去了，我那时候比较喜欢现代派的文字，坐下来后由于紧张，胡说八道了一通，也不知道说了些什么。没过多久，在文联楼上开会时，南丁先生就递给我一张表，上调表，让我参与筹办大型文学刊物《莽原》，说要把我调过来，到《莽原》杂志社当编辑。这对我来说是个难得的机会。那时候在省城我没有任何关系，就是几篇小说，改变了我的生活轨迹。就这样，1983年我正式调入《莽原》，1987年我去做专业作家了。"②

按二：何弘③在《人面橘——何弘评点李佩甫中篇小说》中指出李佩甫见南丁时所讲内容："李佩甫曾讲过他初次找南丁时大谈魔幻现实主义的往事。"

按三：李佩甫初到郑州一直在招待所住。刚开始是在河南

---

① 《蛐蛐》发表于《长江文艺》1983年第9期，此处应为李佩甫误记。
② 孔会侠：《情感是写作的灵魂——对话李佩甫》，《江南》2016年第5期。
③ 何弘（1967—　　），男，河南新野县人。历任河南省作家协会副主席、河南省文艺评论家协会副主席、河南省文学院院长等。现任中国作家协会网络文学中心主任、中国作家协会网络文学委员会副主任。著有《生存的革命》《探险者——何弘文化文学论集》等。

省委第一招待所，这个地方住的时间比较长，然后是《河南日报》招待所、文化厅招待所、省文联招待所，在招待所都是两个人一间屋。因此写作都是晚上提着包到办公室（白天上班），成名作《红蚂蚱 绿蚂蚱》就是在办公室写成的。后来以团结户的方式分到文联一处三室一厅的房子（这个房子是原来作家李准住的房子）。三户人家一套房，每家一间，客厅是公共厨房，放三家炊具。这个房子住了有两三年。大约在1985年才分到了省文联2号楼一个一间半的小居室，后来2号楼整栋楼往外接一间房，就成了2间半住房。

按四：到郑州最初的那几年，李佩甫是一个招待所一个招待所地换，一个床位一个床位地换，在大城市，有一种漂泊之感，孤独之感，所以喜欢散步，有时和同住一个屋的同伴儿一起走，比如夏挽群、钱继扬，有时一个人走，甚至走到郊外。在文化厅招待所住时对面有省体育馆，就围着体育馆走。"三十八年前，我独自一人，提着一小捆书来到了省城"，"那时候，我是刚调来的。借住在省城的一家又一家招待所里（因为各种原因，不时需要搬动）。每天傍晚，下班后，很孤，就习惯性四处游走。说是散步，其实就是夜幕的掩盖下，漫无目的地走，一直走到郊外。有时，很像是一匹独狼"。① 陈继会②在评论李佩甫创作时也提到这一点："他终于由一位基层业余文学作者，因创作成就突出而借调为一家省城文艺刊物的编辑。无'家'无'室'，孑然一身住在文联的招待所内，其间的艰难与坎坷（物质的精神的）可以想见。我想，那时他的灵魂大约非常孤独，也非常充实。"③

---

① 李佩甫：《第四人称写作》，《小说选刊》2019 年第 1 期。

② 陈继会（1952— ），男，河南南阳人。1976 年毕业于郑州大学中文系并留校任教，1995—1998 年任《郑州大学学报》编辑部主任、主编。现为深圳大学文学院教授、博士生导师。著有《二十世纪中国小说文化精神》等。陈继会是除杜田材外对李佩甫早期创作进行追踪评价的另一位评论家。《永恒的诱惑：李佩甫小说与乡土情结》是最早点出李佩甫小说中"乡土情结"的一篇论文。

③ 陈继会：《永恒的诱惑：李佩甫小说与乡土情结》，《文学评论》1993 年第 5 期。

1984 年　32 岁

3 月 26 日，改革开放继续往前推进。天津、青岛、上海、宁波、广州等 14 个沿海港口城市开放，与深圳、珠海、厦门、汕头 4 个经济特区及海南岛连成由北到南一线，成为对外开放的前沿地带。

10 月 20 日，中共十二届三中全会在北京举行。会议明确了改革的基本目标和各项要求，将"对外开放"定为基本国策，第一次提出了"社会主义商品经济"的概念。

11 月 14—20 日，河南省第二次青年文学创作会议在郑州举行。

12 月，中国作家协会举行第四次代表大会。

1 月 6—10 日　参加中国作家协会河南分会与《奔流》《莽原》编辑部在郑州联合召开的小说创作座谈会。与会作家、评论家有刘向阳、张宇、王不天、丁琳、张斌、张一弓等。

按： 会议讨论并提出作家创作要做好三件事：一是要清除

精神污染，发挥文学在社会主义精神文明建设中的作用，二是要反映时代精神，三是要提倡农村题材的创作。

4月17—22日　参加中国作家协会河南分会在洛阳召开的农村题材小说创作座谈会。《文艺报》副编审吴泰昌、《当代》编辑刘茵、《钟山》编辑李春光、《芳草》主编李蕤和中国作家协会河北分会副主席刘真也应邀参加了座谈会。与会作家、评论家有郑克西、张一弓、孙荪①、张宇、刘思谦、乔典运、田中禾②、孙方友等。

按：与会作家、编辑讨论认为，要想写出文学新人，作家们就要以各种方式扩大自己的视野，到生活中去，熟悉生活、熟悉新人，感受时代的气息，研究20世纪80年代的新农民，以便尽快把全省农村题材写作推向新的高度。

5月　短篇小说《森林》刊《奔流》1984年第5期、第6期合刊"河南业余作家作品专号"，并附创作谈《这里会出现森林》。是年，《森林》获"1984年《奔流》佳作奖"。

按一：李佩甫回忆《森林》的写作缘由："写《森林》的原因是南丁老师刚当上'文联'主席，下乡深入生活，就带着我（我也是刚调到郑州）和张有德去周口走走看看，得到的体

---

① 孙荪（1943—　），男，原名孙广举，河南永城人。1965年毕业于河南大学中文系。曾任河南省文学院院长、河南省文艺评论家协会主席。著有散文集《瞬间解读》《鸟情》《生存的诗意》、理论批评集《让艺术的精灵腾飞》等。

② 田中禾（1941—2023），男，原名张其华，河南唐河人。历任河南省文联副主席、河南省作家协会主席等。著有长篇小说《匪首》《十七岁》等。

验感受就写了个关于联产承包责任制、农业经济改革的短篇。"①

按二：在创作谈中，李佩甫写到了自己对当时社会变革的真实感受："不久前，我到乡下去，去到一个过去很穷现在又很乱的地方。但我感觉到这里正发生着巨大的变化，这变化像核裂变一样，动摇着、冲击着那过了很久很久又将要过很久很久的'日月'。我看到、听到的许多事情，叫人吃惊，叫人害怕，又叫人喜悦……于是，我想研究一下中国解放后的第三代农民。他们要奔的'日月'不同于爷那辈儿，也不同于爹那辈儿。这'日月'是要变的，从他们开始。""没有故事，没有情节，也许这更像是一幅素描。我只是想要描摹出三条有血性的硬汉子，三个在荒凉的山梁上创造着未来的拓荒者的内在情绪，从而表现出掌握了自己命运的人的创造力的爆发。"②

9月8—14日　中国作家协会河南分会和许昌地区文联在禹县（今禹州市）联合召开李佩甫作品讨论会。与会作家、评论家有青勃、何南丁、段荃法、颜慧云、徐慎、周建平、何秋声③、邢可、庄众、刘向阳等。

按：1983年到1985年，是李佩甫创作的困顿期。"20世纪80年代中期，可以说我吃了一肚子'洋面包'，肚子一直很胀，

---

① 与作家直接沟通中作家谈及的内容。

② 李佩甫：《这里会出现森林》，《奔流》1984年第5期、第6期合刊"河南业余作家作品专号"。

③ 何秋声（1936—2022），男，湖南人。1978年年底调至郑州市委《郑州通讯》编辑室从事通讯工作。1981—1983年担任《百花园》杂志社主编，提出"小小说"这一问题名称并推出国内第一个"小小说专号"，后任《莽原》杂志社主编。

1984年9月在禹县召开的李佩甫作品讨论会合影（后排右四为李佩甫）

却没有消化的能力。是的，那时候，每天晚上，我像狼一样地在街头徘徊，漫无目的地走，不知道该往哪里去。那时候我已经知道文学不仅仅是写好一个故事的问题了，敢说'创作'的，必然是一种创新，或是'人人心中有、个个笔下无'的东西。这需要一种独一无二的表述和认知方式。可你是个笨人，你并不比别人聪明，你凭什么呢？有一段时间，转来转去，走着走着，我会走到省体育馆，那是个大院子，大院子有大锅式的屋顶。大锅旁是用钢丝网围起的一个溜冰场。那个溜冰场上有很多年轻人在滑旱冰。在这个旱冰场上，有一个最受注目的人。他有一个无限重复的、让围观的人耻笑的动作：'燕飞'……他是个男人，却一次次地以女性的姿态'燕飞'……人人都知道他'飞'不起来，可他想'飞'，飞得怄忟。我真的很害怕在文学创作上也会成为飞不起来的'四不像'。'洋面包'很好吃，可我却长了一个食草动物的胃。这就是我当时的痛苦。"①

针对这种情况，中国作家协会河南分会和许昌地区文联组织召开了李佩甫作品讨论会，帮他分析问题，寻找出路。会议指出李佩甫已经取得的成绩，认为他的小说在农村题材和城市工业题材之中，能够较为成功地塑造出有个性的社会主义新人形象，人物具有阳刚之美，作品语言简洁、诙谐有韵味等，他的作品体现了河南20世纪80年代青年作者的共同特点。当然，大家也指出了他的局限和不足：有些作品存在着概念化的缺点；有的作品中细节不够精确而影响了整个作品的真实性。正是因为作家生活视野还不够开阔，致使他不能去发掘生活中的重大题材，去反映当前变革中尖锐、深刻的矛盾斗争，造成他的一些作品缺乏撼人心魄的力量。而且，也正是生活视野的限制，使他至今仍是一个"本色演员"，只能写与他个人气质相同或相通的人物，而不能去成功地塑造他的生活圈子之外的人物形象。会议促进了李佩甫创作的转变。他在这些恳切诚挚的评点意见中，在这些一点一点的刺激中，逐渐明白了自己漫长文学之路的方向。"1984年许昌开我的作品讨论会，那是个界线。那半年非常痛苦，是一种很清醒的痛苦。知道毛病，却无法改变。《森

---

① 李佩甫、舒晋瑜：《看清楚脚下的土地》，《上海文学》2012年第10期。

林》仅是一次不成功的试笔，并没有根本性的变化。那次讨论会加速了我的'内省'，就像是自己审判自己。"①

10月10日　乐平评论文章《李佩甫小说漫谈》刊《奔流》1984年第10期。

按：这是学术界最早发表的关于李佩甫创作的两篇评论之一。乐平首先指出李佩甫创作的"两幅笔墨"："既为农村青年一代画像，也为城市青年立传"，其次梳理了李佩甫早期写作"质朴美—诗意美—粗犷美"的发展过程，最后点到作家面临的新突破，人物单纯，缺乏立体感，有些人物之间还有相似性。"在生活积累和艺术积累达到一定程度时，期望作者能越出小巧范围，创造出大手笔之作，为中原问题再添硕果。"

10月15—30日　参加《奔流》杂志社在南阳举办的淅川笔会，会后游览武当山。

11月14—20日　参加了河南省第二次青年文学创作会议。会议的中心议题是：认真落实胡耀邦同志关于"大鼓劲、大团结、大繁荣"的指示，总结交流河南省文艺创作和培养造就文学新人的经验，为繁荣河南文艺创作，振兴河南文坛而努力。与会作家、评论家有应邀而来的古华、成一、陈继光、李建刚、范若丁等，还有河南省的于黑丁、何南丁、叶文玲、张一弓、张宇、张有德、乔典运、刘思谦等。

按：河南省第一次青年文学创作会是1956年11月10—17

---

① 庄众、曾凡、李佩甫：《象征的金屋与〈金屋〉的象征——一次没有结束的讨论》，《小说评论》1989年第6期。

日召开的，距离第二次青创会 28 年。

11 月 21 日　杜田材①评论文章《深情地咏叹生活的变革——李佩甫小说创作评述》刊《莽原》1984 年第 4 期。杜田材认为李佩甫小说的写作特色就是鲜明的时代特色，小说"透露着时代的转机，及时抒写了人民群众创建新生活的热烈追求"，不过尚嫌稚嫩，"对新时期现实生活的反映是一种'露天'开掘"，"作品的风骨气韵内蕴未臻深邃，秀润稍嫌拘谨。现实的画面感较强，历史的纵深感稍差。如若挑剔的话，佩甫对具体生活题材还不善于作历史学的纵向比较和社会学的横向剖析，在艺术表现上未能写出人情世相的微妙理路"。

按：杜田材是对李佩甫早期创作进行追踪评价的一位评论家。其评论除了最早的这篇论文，还有《创新：宽阔而狭窄的路——从李佩甫近作说到创作的突破》（《奔流》1987 年第 4 期）、《思辨理性的追求与表现——评〈送你一朵苦楝花〉》（《莽原》1989 年第 3 期）。《深情地咏叹生活的变革——李佩甫小说创作评述》于 1985 年获"首届（1984 年度）莽原文学奖"。

是年　第一次去北京组稿，拿到《北京文学》编辑、作家刘恒的小说《狼窝》。

按一：《狼窝》后刊于《莽原》1985 年第 1 期，获"第二届（1985 年度）莽原文学奖"。

---

① 杜田材（1938—　），男，河南扶沟人。曾任《郑州大学学报》编辑部编审。在《光明日报》《小说选刊》等十余种报刊发表论文、短评数十篇。著有理论著作《泥土的诗韵——河南现代文学语言审美阐释》。

按二：李佩甫是《莽原》编辑部负责看小说稿件的编辑，主管北片也就是河北、北京、内蒙古和东北三省的稿子。他经常出去组稿，通常去找当地作家或原来在《莽原》投稿的文字功底比较好的作者进行组稿。1984 年李佩甫第一次去北京组稿，《北京文学》的编辑、作家刘恒到车站接他，后来给了他一部刚写好的稿子《狼窝》。

按三：除了去北片组稿，李佩甫也经常到家乡各县约稿和参加文学活动，经常去自己比较熟悉的许昌县、襄城县、禹县、鄢陵、临颍几个县走走看看，寻找文学的感觉。

按四：从 1983 年到 1987 年，李佩甫做了五年编辑，感觉受益匪浅："那时候，一本编辑手册，成了我正规训练的方式，都快翻烂了。我觉得当编辑对我有很大影响。一个是行文的规范，编辑要校对，每个字、标点符号，原来我的标点很不规范。二是看人家的稿子能增加对文字理解的宽度。做编辑很有必要，在作家之前还是当当编辑，有很大好处。"[1]

是年 从河南广播电视大学许昌分校汉语言文学专业毕业。

本年度重要论文：

乐平：《李佩甫小说漫谈》，《奔流》1984 年第 10 期。

杜田村：《深情地咏叹生活的变革——李佩甫小说创作评述》，《莽原》1984 年第 4 期。

---

① 孔会侠：《情感是写作的灵魂——对话李佩甫》，《江南》2016 年第 5 期。

1985 年　33 岁

1 月 6 日，新的一届中国作家协会理事会举行第一次全体会议，巴金当选为中国作家协会主席。

5 月，田中禾的短篇小说《五月》在《山西文学》第 5 期发表。该小说于 1988 年获中国作家协会第八届（1985—1986）全国优秀短篇小说奖。

7 月 6 日，《文艺报》发表阿城的《文化制约着人类》一文。"寻根文学"兴起。

7 月，张宇的中篇小说《活鬼》在《莽原》第 4 期发表。

12 月，第二届茅盾文学奖揭晓。张洁的《沉重的翅膀》（修订本）、李准的《黄河东流去》、刘心武的《钟鼓楼》三部长篇小说获奖。

是年，张一弓的《春妞儿和她的小嘎斯》荣获第三届（1983—1984）全国优秀中篇小说奖。

1 月 20 日至 2 月 17 日　参加在郑州召开的中国作家协会河

南分会一届三次理事会扩大会议。会议着重讨论了"关于克服'左'的影响""关于创作自由问题""关于繁荣我省的文学创作问题"和"关于作家待遇问题"等方面的问题。

10月1日 短篇小说《车上没有座位》刊《广州文艺》1985年第10期，获《广州文艺》1985年"朝花奖"。

按：《车上没有座位》是受许昌市襄城县一位业余作家邀请在襄城县大陈闸村所作。

10月10日 中篇小说《小小吉兆村》刊《奔流》1985年第10期"河南作家小说专号"。《小小吉兆村》是李佩甫早期创作比较成熟的一部小说，虽然故事容量不大，但是情节发展自然完整，人物形象塑造也较为突出。小说主要是写农村年轻人山根四处借钱买来跑运输的车掉进南北潭之后，各种借给他钱的人的不同反应以及其中折射出来的人心复杂：乡信贷员的推卸责任，兆成老汉的老实厚道，堂嫂的精明算计，新任村支书吉学文的热情单纯，老支书吉昌林的老谋深算。尤其是吉昌林，是李佩甫笔下第一个村支书形象，其行为心理已经初具此类人物的性格特点。小说对复杂人性的开掘迈开第一步。在李佩甫创作中，如果说《蛐蛐》呈现的是乡村诗意美、人性美的话，那么《小小吉兆村》就涉及了乡村的人性丑恶。李佩甫的写作在摸索中逐渐向乡村贴近。

按：《小小吉兆村》被收入中国作家协会河南分会编辑的小说集《活鬼》（中原农民出版社1986年版）。小说集《活鬼》精选了1985年河南反映农村生活的七部中短篇佳作。其他还有张一弓的《流星在寻找失去的轨迹》、张宇的《活鬼》、乔典运的《满票》、田中禾的《五月》、李克定的《斗羊》、段荃法的《活宝》。

12月10—14日 参加河南省文联在郑州召开的小说创作、评论工作座谈会。这次座谈会是为传达、贯彻省党代会、省委常委扩大会和中国作家协会工作会议精神，提高思想认识、繁荣文学创作，迎接第二届黄河笔会和全国青年文学创作会议而举办的。

是年 妻子调来郑州。

1986年　34岁

1月1日，中共中央、国务院发出《关于1986年农村工作的部署》（简称1986年中央1号文件）。文件指出，我国农村开始走上有计划发展商品经济的轨道。

7月，河南省举办首次青年文艺评论读书会暨笔会。

9月，河南省城市文学研讨会在郑州举行。

10月7—18日，第二届黄河笔会在河南举行。

1月5日　短篇小说《红蚂蚱　绿蚂蚱》刊《莽原》1986年第1期。《红蚂蚱　绿蚂蚱》是李佩甫的成名作，小说以儿童的视角写了"姥姥的村庄"里的人和事，对豫中平原人性、人情、民风民俗进行了充分的展现，呈现出浓郁的中原特征。李佩甫倾注了满腔的深情和温暖的回忆在他生活过的中原大地，小说真切感人。找到写作领地的李佩甫很兴奋，在小说开头引用了泰戈尔的一句话来表达内心的欣喜之情："旅客在每一个生人门口敲叩，才能敲到自己的家门；人要在外边到处漂流，最后才能走到最深的内殿。"从《红蚂蚱 绿蚂蚱》开始，李佩甫开启了他的中原书写之旅。

按一：《红蚂蚱 绿蚂蚱》是作家在创作上苦苦寻找之后质的突破："很多个晚上，我穿越大街小巷，像狼一样在各个街头徘徊，想写好作品，想找好素材，想找好方向，这种状态持续了很多年。我是苦苦追寻了很多年之后才找到写作的资源。"① "《红蚂蚱 绿蚂蚱》的写作是我

《新华文摘》1986 年第 3 期转载《红蚂蚱 绿蚂蚱》

在创作路上苦苦寻找的结果，当时突然觉得我童年的生活是不是可以用？虽然那时候只写了一种生活的原生态，但鲜活的童年记忆与找到方向后的创作一下子结合起来了，作品一发表全国很多选刊都选了。"② "《红蚂蚱 绿蚂蚱》里，有我对那片土地透骨的热爱。不用想，日子会跳出来。那种天然的熟悉，一风一雨、一草一树非常熟悉。所以我说，过程是不可超越的。写出好小说必须找到熟悉的生活源泉，找到一口井。我的源泉

---

① 舒晋瑜：《李佩甫：上网写字不能叫创作》，《中华读书报》2012 年 4 月 25 日第 18 版。

② 樊会芹：《从"姥姥的村庄"到"文学的家园"——李佩甫访谈录》，《信阳师范学院学报（哲学社会科学版）》2021 年第 4 期。

就是平原，我在这里长大，无论是四季变化、植物生长、人的生命状态都是我最熟悉的。世界各国的作家，最后都要有自己熟悉的土地，才能走向极致。"①

"这篇作品最早的名字叫《我童年的小木碗》，后来在创作完成时，经一个文友的指正才改名为《红蚂蚱　绿蚂蚱》，应该说是我回忆写作的开始。"②

按二：《红蚂蚱　绿蚂蚱》发表之后，在全国反响很大。作品先后被《新华文摘》1986年第3期、《小说月报》1986年第3期以及《小说选刊》《中篇小说选刊》等7家选刊、选集转载，并被翻译到美国。《红蚂蚱　绿蚂蚱》依次收入阎纲等编选《一九八六年中篇小说选（第一辑）》（人民文学出版社1988年版）、王世雄编《人世奇闻——新今古奇观》（华岳文艺出版社1989年版）。《红蚂蚱　绿蚂蚱》中的《选举》一节被收入邢可选编《1985—1987全国优秀小小说选（中）》（山东文艺出版社1989年版）。

小说在1988年获"第三届（1986—1987年）莽原文学奖"。在1987年的全国中短篇小说评奖中，《红蚂蚱　绿蚂蚱》本来在短篇组内评奖名次很靠前，但是后来有异议说篇幅长而被拿到中篇组内，结果差一票没评上奖。

---

① 舒晋瑜：《李佩甫：上网写字不能叫创作》，《中华读书报》2012年4月25日第18版。

② 刘宏志、李佩甫：《"平原"与小说——李佩甫文学访谈》，《河南师范大学学报（哲学社会科学版）》2018年第3期。

按三：《小说月报》转载《红蚂蚱 绿蚂蚱》之时，同期刊出的还有《莽原》杂志主编何秋声的文章《豫军从中原大地突起》。何秋声概括河南文坛创作情况，对李佩甫创作作出了较高评价："一是几位颇具潜力的后起之秀，如青年作家李佩甫，近期发表的《红蚂蚱 绿蚂蚱》及《小小吉兆村》，把他的创作推向一个新里程，构思的精巧，描写的精致，语言的精美，使他的小说艺术臻于完美的境界。"

《1986年河南小说创作述评》中也指出："新春伊始，《红蚂蚱 绿蚂蚱》就一新众人耳目，再经《小说月报》《新华文摘》转载，一时蜚声文坛。""可以说李佩甫在这一年从观念到手法完成了一次可贵的自我变革和自我超越。"①

《小说家》的编辑小风在关于李佩甫印象记中说道："1986年年初，他在《莽原》丛刊发表了系列短篇《红蚂蚱 绿蚂蚱》，小说写了一个村庄十个普通农民的命运，文笔之细腻，感情之深沉，文章之精致，足以显示出其扎扎实实的艺术功力和其对乡村、对人生、对民众那种深沉、执着的感情。……我听到了许多文人朋友的赞扬，一位颇有名气的作家一连读了两遍这篇小说，给予了高度的评价。"②

学者杜田材也认为，"作品（指《红蚂蚱 绿蚂蚱》）把作者的创作水平提高到了一个新的层次，以思想意蕴的深厚和

---

① 蜀沙：《1986年河南小说创作述评》，载河南省社会科学学会联合会编《河南省社会科学年鉴（1987）》，河南大学出版社，1989，第385—386页。

② 小风：《老实人，却不是弱者——李佩甫印象》，《小说家》1987年第6期。

艺术表现的飞灵引动了文学界搜寻的视线。这组作品不仅是佩甫迄今最具光泽的艺术徽章，也是我省 1986 年度小说创作的可喜收获之一"。他认为《红蚂蚱 绿蚂蚱》是李佩甫继《小小吉兆村》等创作后的"突破"，指出"李佩甫在行进……在发现生活中塑造着自己的艺术个性"①。

3 月下旬 参加《莽原》杂志社在民权县组织的笔会。与会作家、评论家有孙方友、张一弓等。

10 月 7—18 日 参加在河南郑州举行的第二届黄河笔会。与会作家有韶华、马烽、孙谦、张炜、郑义、南丁、张一弓、田中禾等。

10 月 第一部长篇小说《李氏家族的第十七代玄孙》刊《小说家》1986 年第 5 期"头题"。当时这部小说并未完成，只写了约十万字，来郑州组稿的《小说家》副主编和责编看了之后就决定以"头题"在第 5 期发表。

按：《红蚂蚱 绿蚂蚱》写出之后，李佩甫并没有继续"姥姥的村庄"的书写，而是开始了长篇小说尝试。一位朋友读了《红蚂蚱 绿蚂蚱》喜悦惊叹不已，"对着李佩甫说，你再也写不过这篇作品。李佩甫听了，好几天不安稳，想了阵子，让妻子把门反锁上，待在房子里一个月，写了一篇格局更大、人数更多、时空更阔的长篇——《李氏家族的第十七代玄孙》。人

---

① 杜田村：《创新：宽阔而狭窄的路——从李佩甫近作说到创作的突破》，《奔流》1987 年第 4 期。

'犟'了，是只走自家的路的"①。他在"姥姥的瞎话儿"的基础上，再加上对乡村生活的熟悉，于是就创作了气势恢宏的长篇小说《李氏家族的第十七代玄孙》。写作时，李佩甫的创作状态极好，每天写八千字，有时还写到一万字。这是李佩甫的第一部长篇小说，显示了他创作的才能和气魄。

12 月 31 日　在人民大会堂参加全国青年文学创作会议（第三次青创会）开幕式。本次会议由中国作家协会、共青团中央和中华全国总工会联合召开，是对新时期以来青年文学创作的一次深入回顾、总结和探讨，也是对当时青年创作队伍的一次检阅。河南 11 名青年作家、诗人、评论家出席，有张宇、齐岸青、郭萍、赵玄、易殿选、王中朝、王增范等。会议持续至 1987 年 1 月 6 日。

是年底　参加河南文联组织的采风团，去新乡参观一个富裕的回民村。在那里，整齐高大的楼房和床上层层叠叠的被子这种物质的富裕给让人感受到的是浓烈的金钱的气息。未来的社会走向哪里？现实的情绪感受以及对乡村农民快速富裕的思考，让李佩甫酝酿成 1988 年的长篇小说《金屋》。

是年　作为《莽原》负责北片组稿的李佩甫接到老作家杨沫女儿的电话，说杨沫又写了一部小说，是《青春之歌》的姊妹篇《芳菲之歌》。李佩甫马上去北京把稿子拿回来，认真看了之后觉得作品没有脱出以前的写作模式，婉言谢绝了。李佩甫

---

①　庄众：《琐记李佩甫》，《百花园》1988 年第 5 期。

当时年轻气盛，做编辑只看稿子质量，其他不考虑。及至年长，他回想这件事，感觉做法不成熟，说起来觉得遗憾："如果是现在这个年纪，现在的心态，可能会考虑得多一些，就不会这样，杨沫也是一位老作家、老同志。"

是年 多次到郑州市管城区十八里河镇的女子劳教所采访。

是年 任《莽原》编辑部第二编辑室主任。

1987 年　35 岁

1 月 21 日，中国作家协会召集在京部分文艺工作者，就坚持四项基本原则、反对资产阶级自由化思潮问题进行学习座谈。

9 月 22—24 日，中国作家协会河南分会、河南省文联创作研究室在郑州联合召开乔典运创作研讨会。

10 月 25 日至 11 月 1 日，中国共产党第十三次全国代表大会在京举行。会议阐述了社会主义初级阶段理论，提出了"一个中心、两个基本点"的基本路线，制定了"三步走"的战略，并提出了政治体制改革的任务。

3 月　纪实小说《女犯》刊《莽原》1987 年第 2 期。

按：李佩甫曾说："是的，我采访过一个女犯劳教所，那里关着许多女孩子。我在一个监管大队长的陪同下，与许多女孩子谈过话，重点让她们讲各自的经历。"①

---

①　孔会侠：《情感是写作的灵魂——对话李佩甫》，《江南》2016 年第 5 期。

3月 在襄城县王洛村开始《李氏家族的第十七代玄孙》（续篇）的写作。

按一： 之所以去这里，是因为当时襄城县一位作家朋友约李佩甫到襄城县写作，于是他请了一个月的创作假去。在王洛村，李佩甫住在粮店里，写了一个开头。因为去的时候有点早，天还很冷，而这里没有暖气，高强度写作下身体受不了，后来生病就又回到了郑州，原来那个开头也觉得不满意就废掉重新写，又写了约八万字。

按二： 除了这次和在襄城县大陈闸村写《车上没有座位》那次，李佩甫其他的创作都在郑州。

6月6日 参加《莽原》《奔流》编辑部举行的座谈会。会议邀集省会部分作家，就扩展创作题材、反映新时代主旋律等问题进行了座谈。与会作家、评论家有郑克西、段荃法、张斌、刘思、吴萍等。

夏 长江文艺出版社编辑周百义①专程到郑州向李佩甫约稿。李佩甫几个月后答应给他一部两万余字的中篇小说，但后来李佩甫又觉得对稿子不满意，想再充实充实，就又往后推了时间。这个稿子其实就是长篇小说《金屋》的雏形。周百义心里也很惴惴，因为自从李佩甫的《红蚂蚱 绿蚂蚱》刊出后，

---

① 周百义（1954— ），男，河南商城人，武汉大学中文系毕业后分配到长江文艺出版社任编辑，1995年任该社社长，2004年任湖北长江出版集团总编辑。

其作品也是很抢手。①

8月14日 参加河南省文联举行的座谈会。会议就河南省的文学创作及理论研究如何更好地适应改革开放的伟大时代，推出高质量的反映改革开放的优秀作品进行讨论。与会作家、评论家、文学期刊编辑有于黑丁、南丁、耿恭让、黄培需等。

9月22—24日 参加由中国作家协会河南分会、河南省文联创作研究室联合在郑州召开的乔典运创作研讨会。与会作家、评论家有张一弓、孙荪、黄培需、陈继会、杜田材、刘思谦、曾凡、刘学林②、段荃法等。

11月 在杨晓杰③的采访中谈到自己的创作想法和追求。

按： 本次采访是杨晓杰以河南作家们对改革时代农村生活的审美思考为中心而展开的访谈，访谈对象有张一弓、乔典运、张宇、段荃法、郑彦英、李佩甫等善于表现农村生活的作家，访谈内容以《河南作家的思考：深入农民魂》为标题发表在《河南作家通讯》1987年第2期，并刊于《文艺报》1987年12月5日。关于李佩甫的采访内容如下：

"李佩甫先咧嘴一笑，又换上一副严肃相说，文学是灵魂的

① 周百义：《记青年作家李佩甫》，载《书旅留痕》，湖北人民出版社，2004，第265—266页。

② 刘学林（1947— ），男，河南封丘人。曾任河南省作家协会副秘书长。著有长篇小说《醉境》《遥远的仇恨》、中篇小说《乡事》、短篇小说《品茶》等。

③ 杨晓杰（1933—1996），男，河南长葛人。先后在三门峡市粮食局、报社、河南电台工作，后调入河南省作家协会。曾任河南省作家协会副秘书长、河南省杂文学会秘书长、《大河》诗刊主编。出版诗集《国魂》等。

折射。写变革中的农村生活，要深入农民魂上，这路子走对了。因为改革的一个关键，是国民灵魂的净化，素质的提高。所以我想研究一下古老中原文化的心理积淀，找一个合适的地盘，寻力度，找支撑我们这个民族的脊梁。我认为，一味讥笑农民，说他们愚昧、落后、缺乏现代意识是不公正的，要在看到这一面的同时，更看到农民魂中有好的、积极的一面，否则就无法解释我国五千年文明史上产生过那么多的优秀人物。我想，在创作中有人审恶、审丑，有人审善、审美，是可以殊途同归的，都能起到净化或强化农民魂的作用。我这个人是'恶'不起来的，因此我想寻找一块属于我的土地，把这块土地上的生活客观、公正地托出来。所谓'托'生活，也有个方向，就是写人生的悲壮，游戏人生我干不了。总之，我想在熟悉的生活里，托起一块沉重的泥土，写出宏大的人生，也许暂时做不到，可这是我的追求。"

《李氏家族第十七代玄孙》单行本封面（百花文艺出版社1987年版）

11月 长篇小说《李氏家族第十七代玄孙》单行本由百花文艺出版社出版。《李氏家族第十七代玄孙》是一部从历史和现实两个角度全景式反映家族发展演变的小说。作品从历史层面书写了李氏家族的缘起和家族发展中的辉煌、劫难及挣扎，又从现实层面书写了李氏家族后人在改革开放中不同道路的选择、拼搏，两条线索交相呼应，巨大的时空反差中展现了李氏家族众多人物纷繁复杂的多彩人生。《李氏家族第十七代玄孙》的结构也是以后李佩甫小说双线结构的源头。

按：《李氏家族的第十七代玄孙》有多种版本变迁。《小说家》1986年第5期发表之后，1987年第6期又发表续篇。1987年11月，百花文艺出版社出单行本，改动之处是题目中去掉"的"字改为《李氏家族第十七代玄孙》，内容主要是1986年原作与1987年续篇的结合。1999年4月，百花文艺出版社再版此书，又一次更名，改为《李氏家族》。这次版本和1987年版相比的改动是，《李氏家族》补充了作者1998年所写的中篇《败节草》的内容。2001年6月，长篇小说《李氏家族》转由长江文艺出版社再版，是当时四卷本《李佩甫文集》中的一卷。2015年9月，《李氏家族》又由河南文艺出版社再版。2020年8月，《李氏家族》收入15卷本的《李佩甫文集》中。

12月　《李氏家族的第十七代玄孙》（续篇）刊《小说家》1987年第6期。

同期还有两篇关于李佩甫的评论文章：一是小风的作家印象记《老实人，却不是弱者——李佩甫印象》，一是亦文的作品论《从〈红蚂蚱〉到〈李氏家族〉——第一个读者的话》。

按一：《红蚂蚱　绿蚂蚱》《李氏家族的第十七代玄孙》发表后的文坛反响，除期刊的转载之外，还在于关于李佩甫的评

论明显增多——有关李佩甫的早期评论除了 1984 年杜田材的
《深情地咏叹生活的变革——李佩甫小说创作评述》和乐平的
《李佩甫小说漫谈》两篇，其他都是从 1987 年开始。

《文艺报》1987 年 1 月 17 日刊发张宇的《实实在在的李佩甫》

　　按二：比较重要的作家印象记有张宇的《实实在在的李佩
甫》（《文艺报》1987 年 1 月 17 日）和小风的《老实人，却不
是弱者——李佩甫印象》，两篇文章详述李佩甫个人气质，不仅
点出了李佩甫性格的老实内敛，也指出了李佩甫在看似"弱"
的表象下倔强不服输的劲头儿。在《李氏家族的第十七代玄孙》
的创作中两人都预感到了李佩甫有大追求、创作有大发展的趋势。

张宇在《实实在在的李佩甫》中说道："在我的印象中，李佩甫是个实在人。他当过农民，一月能吃九十斤粮食，拉一千斤重的架子车上坡不用挂牲口也不用人推，双手抓住架子车底盘举重，一口气能上百次，一身的腱子肉，身体壮得像头牛，并也像牛那样老实干活，从不调皮捣蛋。但一旦惹恼了他，又是个拼命三郎，掰手腕打架都是把好手"，"他的为文也有点像他的为人。最初发表的小说《二怪的画》《多犁了一沟儿田》《十辈陈轶事》《森林》等，都有一股初生牛犊的味儿。作品的格局大都比较小，但生活气息浓厚，感情炽热，读过它们，马上能让你联想到刚刚从田野里掰下来的生土块块。特别是小说的语言，很早就给我留下很深的印象。没有一点书生气，也不耍花枪，大都是短句子，一句一句都实实在在，活像刚从地里挖出的新鲜红薯，一疙瘩一块，又洋溢着田野的新鲜气息。像他的倔脾气一样，句子常常写得很有点别，又有点怪，揪着你的目光不让你读快，能给你造成这样一种阅读的感觉。他的小说语言，能让你想到老树的枯枝，那么棍棍棒棒。那时候我就有预感，这人看着老实，绝不好惹，早晚要成气候"。

小风的《老实人，却不是弱者——李佩甫印象》中说道："提起李佩甫，知道他的人全说他老实。他给我留下的印象，也是老实。""1984年底，我参加了河南省青年创作会，会务组的房间里，有一个黑黑的、高高的、瘦瘦的青年人，他就是李佩甫。""'他叫李佩甫，是我们的编辑，人很老实。'《莽原》杂志的主编向我介绍着。""我冲他笑了笑，他也笑了笑，笑得不太自然；我无言，他也无语。'这个人确实老实'，我的脑子里闪过一个念头。好在当时屋里人很多，否则气氛会是十分尴尬的。""一口气看完了这部小说（指《李氏家族的第十七代玄孙》），我的灵魂受到了震颤，佩甫在我脑海里的印象，可绝非'老实人'这三个字所能够概括的了。他写的是全景全息式的农村，写的是'人类生命的力'，没有对人生的深刻的体验，没有对历史的深刻的思索，没有驾驭大的题材的艺术才气，尤其是没有那种俯瞰人生的强者精神，肯定是写不出这种气势宏大、深沉厚实的作品来的。从这部作品中，我看到了佩甫的'力'，看到了他的坚韧之志和刚毅之气，看到了他创作的前景。从这一天起，一位腼腆的、生活圈子有点窄的、过于老实而显得有点'弱'的作者的形象在我脑海里抹去了，我开始用另一种目光审视起佩甫来。""从'老实的弱者'，到'脚踏实地的强者'，这是我对李佩甫认识的一个过程。"

与《红蚂蚱　绿蚂蚱》众口一词的赞誉和褒扬相比，《李氏家族的第十七代玄孙》收到了正、反两方面评价。除了以上分析，评论家们也指出了作家在创作探索中的不足。张宇指出小说"吸收了结构现实主义和魔幻现实主义的表现手法，既给人新鲜感又给人生硬感，不那么谐（协）调。甚至对于神秘的远祖过于神秘了些，使人觉得有些地方很玄乎"①，杜田材则认为

① 张宇：《实实在在的李佩甫》，《文艺报》1987年1月17日。

"《玄孙》的突破和进展，还基本上停留在题材的外延方面，而对生活内涵的开掘，较之《红蚂蚱 绿蚂蚱》来说，还存在着明显失落"①。

按三：关于《李氏家族的第十七代玄孙》的文学评论除了本年论文外，比较重要的还有林焱的《现实与神话的二重走向——评〈李氏家族的第十七代玄孙〉》（《当代作家评论》1989年第1期）和陈继会的《善与恶的悖论：〈李氏家族〉的历史哲学——读〈李氏家族第十七代玄孙〉札记》（《小说评论》1990年第2期），两篇论文均提到这部作品的双线结构和"神性写作"的特质。

是年底 辞去《莽原》编辑部第二编辑室主任的职务，调入中国作家协会河南分会任专业作家。

按一：找到创作方向之后，李佩甫有强烈的创作欲望。他找到当时的河南省文联主席南丁，想要辞去编辑工作专心创作。"他近年来家几次小坐，话题是希望能给他时间从事专业创作。说是几年的编辑工作确实给了他许多不可替代的补益，但当前有几个东西想写，按捺不住冲动，需要整块的时间，以后如有需要，还可以重做编辑工作。话虽不多，却很执着。想起他在《森林》中宣泄的男儿气，那不是用糨糊贴上去的粗犷，想起《红蚂蚱 绿蚂蚱》和《李氏家族的第十七代玄孙》，有些相信他终会成为大器，势头又正旺，就觉得延误了这位人才的黄金

---

① 杜田村：《创新：宽阔而狭窄的路——从李佩甫近作说到创作的突破》，《奔流》1987年第4期。

时间，也是罪过，也就未敢不同意。"① 当时令南丁深有感触的是李佩甫说的两句话"思想不能掉下来""生活不能浮起来"。联想到李佩甫少言寡语但勤奋执着，南丁对其创作前景充满了期待。

按二：据周百义回忆，任专业作家之后："春节期间，他冒雪去到插队落户的地方体验生活，收集素材。第一稿佩甫写了12万字，不满意，扔了又另起炉灶。这稿写了20万字，等我赶去他又砍了1.5万。他说：'你再不来我还会压的。'"这个稿子就是长篇小说《金屋》。"其时，正有一家大出版社的编辑候在那儿，其许诺的条件比我们优惠。但佩甫重前诺，重乡情，不为所动。"②

按三：李佩甫是一个在文学上有追求并努力去做，但在生活上不太在意的人。"李佩甫小说做得质量很高，电视剧也做得质量很高，但作为佩甫的朋友，我觉得佩甫生活的质量却不够理想，不像他的作品那样血肉丰满，而是有点干，有点瘦。尤其是过去，佩甫几乎是不交际，不打牌，不唱歌，不跳舞。记得八十年代很兴跳舞那阵儿，佩甫却拉都拉不进场。"③

---

① 南丁：《李佩甫与他的小说》，《文艺报》1988年4月16日。
② 周百义：《记青年作家李佩甫》，载《书旅留痕》，湖北人民出版社，2004，第265页。
③ 刘学林：《"种植声音"的李佩甫》，《热风》2001年第7期。

本年度重要论文：

张宇：《实实在在的李佩甫》，《文艺报》1987 年 1 月
17 日。

刘忱：《从蛛网里挣脱出来——简评〈李氏家族的第十七代玄孙〉》，《理论月刊》1987 年第 1 期。

甘以雯①：《深沉的性格　多彩的人生——读〈李氏家族的第十七代玄孙〉》，《小说评论》1987 年第 1 期。

杜田材：《创新：宽阔而狭窄的路——从李佩甫近作说到创作的突破》，《奔流》1987 年第 4 期。

亦文：《从〈红蚂蚱〉到〈李氏家族〉——第一个读者的话》，《小说家》1987 年第 6 期。

小风：《老实人，却不是弱者——李佩甫印象》，《小说家》1987 年第 6 期。

---

① 甘以雯（1954— ），女，上海人。1980 年毕业于南开大学中文系。1980 年开始任百花文艺出版社《散文·海外版》执行主编，副编审。1981 年开始发表作品。著有《赶海去》《羊城拾穗》等。

1988 年　36 岁

4月21日，中国作家协会第八届（1985—1986）全国优秀短篇小说获奖篇目揭晓，田中禾的《五月》在全国十九篇获奖作品中位列第一，乔典运的《满票》位列第三。

5月5—8日，中国作家协会创作研究部、中国作家协会河南分会、河南省文联理论研究室联合在禹县召开河南农村题材小说创作座谈会。

10月11日，《文学评论》《钟山》编辑部在无锡联合召开现实主义与先锋派文学学术研讨会。

11月8—12日，第五次全国文学艺术界联合会代表大会在北京举行。13日，中国文联五届全委会第一次会议选举曹禺为中国文联执行主席。

1月　评论《湛建新与〈娘娘泉〉——编辑札记》刊《中州文坛》1988年第1期。

按：湛建新的小说《娘娘泉》刊于《莽原》1987年第5期

"头题"，编辑是李佩甫。

3 月　短篇小说《蛐蛐》改编的连环画刊于《连环画报》1988 年第 3 期，由马建刚编绘。

5 月 5—8 日　参加由中国作家协会研究部、中国作家协会河南分会、河南省文联理论研究室与许昌地区文联联合在禹县召开的"河南农村题材小说创作座谈会"。会议还从北京邀请评论家牛玉秋、季红真、林为进参加。20 多位作家、评论家围绕"当代文学格局中的河南农村题材创作"问题进行对话，河南省文联主席南丁出面主持，许昌地区地委书记张德广出席了开幕式。与会作家、评论家有陈继会、鲁枢元、田中禾、孙荪、张宇、张斌、段荃法、王鸿生[1]等。

7 月 31 日　加入中国作家协会主席团，成为中国作家协会会员。同时入会的河南省其他 4 位作家是耿恭让、齐岸青、王振铎、周同宾。

7 月　《金屋》完成。交给周百义。

11 月 7—14 日　参加中国作家协会河南分会在郑州举办的青年文学创作研讨会。会议邀请著名作家讲学，参加听讲者近 50 人。

12 月 17 日　参加许昌同乡刘向阳的作品讨论会。与会人员还有段荃法、石友仁、杨晓杰、孙方友、张宇、刘学林等。

---

[1]　王鸿生（1950— ），男，上海人，1969 年赴河南兰考插队务农，1983 年到信阳师范学院（今信阳师范大学）任教，曾任河南省文学院理论部主任、河南省作家协会常务理事，现为同济大学人文学院教授、博士生导师。

按：在参加刘向阳的作品讨论会时，李佩甫提出"思维就是语言"的见解。当时刘学林和孙方友就这一观点与他展开争论，刘和孙认为"思维的轨迹才是语言"。①

12 月 长篇小说《金屋》刊《当代作家》1988 年第 6 期。《金屋》以扁担杨村年轻人杨如意在村子建起一座金碧辉煌的房屋为起因，描述了村里人在这座"金屋"的映照下精神灵魂的震动，以及人性欲望的膨胀和内心的迷茫，揭示了商品经济给人们物质和精神上带来的冲击。小说展现了时代变革给农民带来的精神的迷茫和迷失，也写出了传统宗族秩序的瓦解和擅用权谋的老支书的颓败崩溃。

《当代作家》1988 年第 6 期刊发《金屋》

按一：《金屋》是李佩甫创作中具有转折意义的一部小说，是对中原从具象描写走向抽象描写、力求对中原精神面貌本质揭示的努力。李佩甫在与庄众、曾凡的谈话《象征的金屋与〈金屋〉的象征——一次没有结束的讨论》中说到了他写《金屋》的想法："我过去较多地写具象的东西，使我产生了对具象

① 刘学林：《"种植声音"的李佩甫》，《热风》2001 年第 7 期。

描写的厌恶。比如写《红蚂蚱 绿蚂蚱》。"写了《李氏家族》之后，想向前走一步，试图切近人的精神宇宙。""这个长篇我酝酿了有半年时间，也到乡下跑了许多地方。主要想再现中国农村在这么一个历史阶段中的生存状况，尤其是人们的精神状况。"然而探索并不成功，"作品没有达到预期的效果，没有写到灵魂碎片在油锅里四下飞溅的恐怖程度。这应该是整个民族在目前这个历史阶段中的'精神受难图'。可我顶多写了七八成，没有写足。总体设计是清楚的，但理性跟不上，因此有些力不从心"。①

虽然《金屋》没有达到预期效果，但开启了李佩甫创作向内努力剖析精神、剖析人性的关键一步，客观地展现了时代大变革中人物的精神危机。即如王鸿生所论："李佩甫并不是第一个预感到危机的人，但《金屋》倒不失为当代中国小说中以极化态度和准神话方式来'强曝'这种危机的第一部长篇。"②

按二：关于《金屋》研究论文主要有占春③《无罪的大地——读李佩甫的〈金屋〉》（《当代作家》1989 年第 3 期）。占春切中肯綮地指出了《金屋》所写的内容实质，就是小说中

① 庄众、曾凡、李佩甫：《象征的金屋与〈金屋〉的象征——一次没有结束的讨论》，《小说评论》1989 年第 6 期。

② 王鸿生：《追问与应答——李佩甫和他的神话视界》，《上海文学》1991 年第 6 期。

③ 占春（1957— ），男，原名耿占春，河南柘城人，1982 年毕业于郑州大学中文系，20 世纪 80 年代以来主要从事诗学、叙事学研究，文学批评与文化批评。现为海南大学人文传播学院教授，河南大学特聘教授，博士生导师。著有《隐喻》《叙事美学》等。

的"大地形象":"如果要为李佩甫的小说世界找到一个精神象征的话,那么这个形象就是大地。""一种逐渐觉醒的大地意识或大地精神正从佩甫的小说世界中逐渐升起,并光明朗照。""佩甫的小说更使我相信,大地,这是一种思想,一种精神形态,一种灵魂的可见的撼人的形式。"

12 月 短篇小说《红炕席》刊《奔流》1988 年第 12 期。

按:《奔流》1988 年第 12 期是"河南作家小说特辑",《红炕席》排在第一个。

本年度重要论文:

南丁:《李佩甫与他的小说》,《文艺报》1988 年 4 月 16 日。

曾凡:《在历史与现实之间——读〈李氏家族的第十七代玄孙〉》,《文论报》1988 年 9 月 5 日。

庄众:《琐记李佩甫》,《百花园》1988 年第 5 期。

1989 年　37 岁

2 月 17 日，中共中央发出《关于进一步繁荣文艺的若干意见》。

5 月 15—18 日，苏联最高苏维埃主席团主席、苏共中央总书记戈尔巴乔夫对中国进行正式访问。

5 月，《钟山》杂志从第 3 期开始，开辟专栏"新写实小说大联展"，倡导"新写实小说"。

7 月 6 日，中共中央宣传部在京召开文艺座谈会。会议一致认为繁荣发展社会主义文艺必须坚持四项基本原则，反对资产阶级自由化。

11 月 6—9 日，中共十三届五中全会在北京举行。全会决定江泽民为中共中央军事委员会主席。

12 月 28 日，中共河南省委宣传部、河南省文化厅、河南省文联在郑州联合召开《邓小平论文艺》理论研讨会。

1 月 27 日　夜，与王鸿生、耿占春一同至鲁枢元家，交谈至凌晨。

按：当日聊天还备有红酒。李佩甫很少参加聚会，此类聚会只此一次。①

5月5日　中篇小说《送你一朵苦楝花》刊《莽原》1989年第3期"头题"，附杜田材的评论文章《思辨理性的追求与表现——评〈送你一朵苦楝花〉》和作家创作谈《关于〈苦〉稿的自白》。

按一：《送你一朵苦楝花》是《金屋》试图切入人精神领域进行表现的继续尝试。李佩甫在《关于〈苦〉稿的自白》中谈道："关于《苦》稿，目标是很清楚的，就是想切入人的精神宇宙。但怎么切，从哪个方位切却是很不清楚的。我在其中徘徊了很长时间，走了些不知是不是弯路的弯路。我想用熟悉的手法去写，却又不愿受困……于是就来了一次危险的尝试。人的精神世界太大了，而现实生活仅仅是精神世界的一种表象的反映，是打了折扣的反映。思维中的人与生活中的人差距极大，我企图要寻的是思维中的人，而不是表象的人。于是，我不得不舍我所长，用我所短，拿起理性的刀子。我不是医生，操刀的手也定然很笨。但我试图用行为分析的方法对人做'手术式'的解剖，试图挂起一张人的灵魂的剖视图。人的精神世界也委实太丰富了，而我仅仅写了逃脱和无法逃脱，写了背叛和无法背叛，写了人的原罪感和无奈感。写了人对居住区域的厌恶和恐惧。写了由社会骤变带来的失迷。剖析点应该说是极小的。

---

① 　与作家直接沟通作家谈及的内容。

这种舍去外貌切剖灵魂的写法对我来说是第一次，也许是不成功的，但这一步是必需的……"

按二：何弘评点此作："这篇小说以第二人称叙事完成。这是一种很少被采用的叙事角度，类似书信体，便于诉说、劝勉等，于情节展开不太方便。"① "哥哥、妹妹，二人以不同的方式背叛乡村。妹妹是精神上的彻底的决裂，哥哥则是对现实的实际背叛和精神上的依恋。二人共同完成了城乡二元对立中人们对乡村的态度变化。带有明显的理性分析，也是那个时期作品的特点。"②

5月19日 为将被《中篇小说选刊》1989年第4期转载的《李氏家族的第十七代玄孙》写创作谈《在"瞎话儿"中长大》。此文在《中篇小说选刊》1989年第4期刊出。

按一：被转载的《李氏家族的第十七代玄孙》是刊于《小说家》1987年第6期的"续篇"。创作谈揭示了作品的创作动机。这种对历史发展的审视和对人类生存延续之"力"的追问实际上也是以后李佩甫创作中始终书写的主题。

按二：李佩甫的《在"瞎话儿"中长大》全文如下：

"自小，在姥姥的村庄里住了很久。那时候夜总是很黑，灯光呢，只有一豆儿，就常偎在姥姥的怀里听'瞎话儿'。那时候

---

① 李佩甫著、何弘点评：《人面橘——何弘评点李佩甫中篇小说》，安徽文艺出版社，2018，第348页。

② 李佩甫著、何弘点评：《人面橘——何弘评点李佩甫中篇小说》，安徽文艺出版社，2018，第414页。

姥姥的眼已是半瞎，话也很艰难，记忆却惊人的（得）好，枝枝梢梢都说得极生动。每晚讲一个'瞎话儿'，总也讲不完。便终日在'瞎话儿'里泡着，熬那漫漫长夜。

"后来姥姥去了，'瞎话儿'却留着。那'瞎话儿'时常映现在梦中，一颗小小的心灵就在'瞎话儿'中慢慢长大。大了，就嚼这'瞎话儿'，嚼得久了，就嚼出味来了。

"土地是很贫瘠的，养的苗儿很瘦，水分呢，又是很不足，但瘦也慢慢养，一日日就长成了庄稼，打粮食给人。土地是很宽厚的，给人吃、给人住、给人践踏。承担着生命，同时又承担着死亡。土地又是很沉默的，从未抗拒过人的暴力，却一次又一次地给人傲戒。这是怎样的一块土地呢？似乎只有这样的土地才养育了这样的人种，这样的人种就生产了这样的'瞎话儿'，我们在这样的'瞎话儿'中泡大，就长成了这样的人。不是吗？

"人类的痕迹是繁衍，繁衍的轨迹是血脉，血脉一代一代连着，就有了种的区别，就有了人的历史，就有了活人的固定区域。那么，人又是怎样活过来的呢？日子是那样的漫长，漫长得叫人不能过。可一代一代的人就这么活过来了，繁衍成了一个个有很多很多人口的大族。血脉呢，又连得是那样紧密，紧密得千千万万年割不断。常常觉得没有指望了，没有指望了，却恢恢地又活了过来。还能说什么呢？那无尽的日月，那死不了又活不成的日月，被血脉的长线穿着，坚韧地扯出了长长的人生。天光像筛子一样把日月筛下来，不就是给人过的吗？就过吧。渐渐、久远的渐渐，就拼出了一个十亿众生的大图案。这图案是一条条血脉拼成的，抒写着迟滞、缓慢，也抒写着生生不息。

"人的路都是通向死亡的，历史的经验就是死亡的经验。那血脉已经流淌了很多很多年了，其中的盛盛衰衰、生生衰衰已不必说。然而这血脉还在流淌中，艰难而富有韧性地流淌着。在极迟滞极缓慢的流淌中，在濒临枯竭的时刻，就有奋而跃出的一个个活的血分子，就出现了一代一代的叛逆者。于是，一次又一次地叛逆，带来了一次又一次地新生。然而，慢慢、慢慢，就又滑入了死亡的轨道……那么，力在哪里呢？使血脉得以延续的生命力在哪里呢？这正是我们要问的。

"《李氏家族的第十七代玄孙》发表很长时间了，突接《中篇小说选刊》来电，称《家族》被选载，就狂妄地想：识货！

"谢谢《选刊》。"

6月6日 曾凡的评论文章《李佩甫和他的小说》刊当日《人民日报》。

按：此文中，曾凡谈及李佩甫的三个创作观点：作家必须有人生的背叛意识，人不能超越过程，语言即思维。这三个创作观点是李佩甫一直坚持并多次强调的。2012年他在与舒晋瑜的访谈《看清楚脚下的土地》中还谈及并有所完善。

曾凡以"老僧看山"的三个阶段来形容李佩甫创作的进步及分析较为精辟："人不能超越过程。这是李佩甫那次发言里最令我感兴趣的一句话。就李佩甫个人来说，他是从'写自己最熟悉的人和事'步入文坛的。他的处女作《青年建设者》从主人公到细节甚至一条街道的名称都是实实在在的'本色'。《多犁了一沟儿田》是他在农村的真实生活经验。这时他还不知道'象征'，还不懂得坐在沙发里体验'全人类的苦难'。所以他只能老老实实见到什么写什么，认识什么写什么。所谓三十年前老僧看山'山是山，水是水'，这是人的经验智力和理论素养所制约着的无可逾越的过程。从《森林》开始直到最近的《红炕席》，他的视界打开了，见到了和以往完全不同的生存秩序，体会到了象征的魅力，因此作品虚虚实实亦真亦幻充满了对人生的哲理思考，是所谓'见山不是山，见水不是水'的光景儿了。这也是一个过程，这表明李佩甫在充分体验了人生吮吸了大地的甘露之后，开始搜寻生活表象之后的文化、历史、哲学等等理性内涵了。一个作家如果不能经常地否定自己，不能经常地从一个过程走向另一个新的过程，那么这个作家的文学生命必然也就衰亡了。所以，李佩甫必然也必须超越现阶段的探索，走向新的未知里程。我想以他的新作《金屋》为例。这部作品结构自如，语言有魅力，心理刻画洞幽烛微，从侧面传达出时代对传统文化中心社会秩序的强大冲击，可以说是部好作品。但作为一部长篇小说，我觉得作者的视野似乎还不够开阔，推出的背景不够幽深宏大，而且，这似乎不是技术性失误——比如没有写城市、没有正面写改革之类，而是视界本身的限制造成的。当然，作为读者我不能提供任何'药方'，但我却愿意看到李佩甫在'象征'和'历史'之外能够找到新的具有更广阔文化背景的精神境界和文学视界。"

10月 中国作家协会河南分会协助河南省广播电台筹备国庆40周年河南优秀短篇小说展播，播出的小说有李佩甫的《蛐蛐》、张一弓的《黑娃照相》、段荃法的《古道旁的小楼》、田中禾的《五月》和乔典运的《满票》。

是年 经常回乡四处转转看看，所积累的素材形成后来一系列小说。①

本年度重要论文：

林焱：《现实与神话的二重走向——评〈李氏家族的第十七代玄孙〉》，《当代作家评论》1989年第1期。

周百义：《历史进程中的人性谛视——读长篇小说〈金屋〉》，《小说评论》1989年第2期。

曾凡：《李佩甫和他的小说》，《人民日报》1989年6月6日。

占春：《无罪的大地——读李佩甫的〈金屋〉》，《当代作家》1989年第3期。

杜田材：《思辨理性的追求与表现——评〈送你一朵苦楝花〉》，《莽原》1989年第3期。

---

① 李佩甫：《泡"豌豆"》，《中篇小说选刊》1992年第4期。

1990 年 38 岁

6 月 19 日，江泽民出席中共中央政策研究室在北京召开的农村工作座谈会，并就农业的重要地位、深化农村改革的方向、进一步提高农业生产力水平和加强党对农村工作的领导等问题在会上讲话。

12 月 20—22 日，中国作家协会河南分会、河南省文联文学创作室在郑州联合召开"河南近期小说创作态势讨论会"。

是年，文学月刊《奔流》并入《莽原》，合并后的《莽原》仍为双月刊，兼容合并前两刊的任务、特点，以刊发长、中、短篇原创小说为主，兼顾诗歌、随笔、评论等体裁。

1 月 5 日 中篇小说《画匠王——一九八八》刊《上海文学》1990 年第 1 期。

按一：同期《上海文学》"编者的话"重点介绍《画匠王——一九八八》："李佩甫的《画匠王》一组短篇言简意赅，在艺术风格上具有鲜明的个性特色。作者的心情并不轻快，作品的色调也并不明亮，但小说在严肃地观察着中国农村社会的一角，看那一角如何在商品经济的冲击下，以自己的本能，以自己的文化方式来挣扎、来变化、来求生存与发展。我们明显地感受到历史的阵痛，但如果没有那阵痛，社会将停滞不前。"

按二：何弘在点评本作品时指出："画匠王是河南省许昌市长葛县后河镇的一个村子。李佩甫的老家在许昌县北部，紧邻长葛。李佩甫早年所写基本都是这一带的农村。"[1]"画匠王村的一组人物和故事，写法含蓄，质朴而有味道，叙事语言也好，值得反复品读。"[2]

按三：《画匠王——一九八八》被《小说月报》（1990年第9期）等数家选刊转载，获《上海文学》优秀作品奖；收入小说月报编辑部编《小说月报第4届百花奖入围作品集》（百花文艺出版社2002年版），同集附《李佩甫小传》。从《画匠王——一九八八》中节选的小小说《香叶》被依次收入《青年文学》编辑部编《青年佳作——（1990—1991）》（中国青年出版社1993年版）、曹增渝主编《河南新文学大系（1917—1990）·短篇小说卷（二）》（河南大学出版社1996年版）。对于香叶这个女性形象，何弘点评："香叶是李佩甫心中理想的平原女性，

---

① 李佩甫著、何弘点评：《人面橘——何弘评点李佩甫中篇小说》，安徽文艺出版社，2018，第164页。

② 李佩甫著、何弘点评：《人面橘——何弘评点李佩甫中篇小说》，安徽文艺出版社，2018，第210页。

沉稳，处乱不惊。"①

3 月 14—16 日 参加中国作家协会河南分会在郑州召开的小说创作研讨会并发言。会议就作家创作中坚持四项基本原则和反对资产阶级自由化、作家的"创作自由"和社会责任感、作品的主旋律和多样化、弘扬民族优秀和批判地吸收外来文化等辩证关系进行了深入探讨。其他参会人员有田中禾、孙荪、乔典运、鲁枢元、段荃法、刘思谦、陈继会、张一弓、张宇、张斌、南丁、阎连科②、艾云、杨东明等 60 人。

5 月 5 日 参加由中国作家协会河南分会、许昌市作家协会和许昌报社在许昌召开的谢玉好作品讨论会。与会作家、评论家有段荃法、孟应灵、张颖等 20 余人。

7 月 长篇小说《金屋》单行本由长江文艺出版社出第 1 版。

8 月 创作谈《找一块自留地》刊《新闻爱好者》1990 年第 8 期，回忆创作初始的情形。

9 月 10 日 中篇小说《无边无际的早晨》刊《北京文学》1990 年第 9 期"头题"。《无边无际的早晨》在对一个孤儿"国"成长经历的叙述中表达对背离土地、背叛乡亲的"叛离者"的拷问和批判。纯朴厚道的乡亲们集全村之力养育了村里

---

① 李佩甫著、何弘点评：《人面橘——何弘评点李佩甫中篇小说》，安徽文艺出版社，2018，第 198 页。

② 阎连科（1958— ），男，河南嵩县人，当代作家。中国人民大学文学院教授、博士生导师。著有中篇小说《年月日》、长篇小说《日光流年》《坚硬如水》《受活》《丁庄梦》《风雅颂》等。

的孤儿"国"。"国"在走上仕途后，靠着不留情面地对乡亲们执行计划生育政策和挖祖坟修路而得到了官场的步步高升。然而一路高升之下的一路背叛也带来了"国"灵魂的痛苦挣扎，作者正是在对这一典型形象入木三分的刻画中深入剖析中原大地此类人物的性格心理特征。

《北京文学》1990 年第 9 期目录

按一：《无边无际的早晨》发表之后，在全国影响很大。被《中篇小说选刊》（1991 年第 1 期）等十数家刊物选载，同年获《北京文学》奖、《中篇小说选刊》第五届全国优秀中篇小说奖（评奖作品为 1990—1991 年）、《小说选刊》优秀中篇小说奖。本来这篇小说再获大奖毫无悬念，但由于种种原因本年国家级奖项并没有开评。

《无边无际的早晨》被《中篇小说选刊》1991 年第 1 期选载，并附创作谈《一抔"老娘土"》，小说在 1992 年由导演王冀邢改编成电影作品《老娘土》。

按二：《无边无际的早晨》后依次收入《1990 中篇小说选（第二辑）》（人民文学出版社 1992 年版）；白烨、雷达编选《大街温柔》（时代文艺出版社 1993 年版）；雷达主编《中国当代名家中篇小说经典》（云南人民出版社 1996 年版）；韩宇宏主编《河南新文学大系（1917—1990）·中篇小说卷》（河南大学出版社1996年版）；刘清惠、丁发杰主编，河南省文联作家协会编《河南文苑英华系列丛书：中篇小说卷》（大众文艺出版社1996年版）；刘恒、章德宁主编《现实一种：中篇小说卷（上）》（同心出版社2005年版）；白烨主编《中国当代乡土小说大系第二卷（1990—1999）》（上）（农村读物出版社2012年版）。

按三：《无边无际的早晨》出现了李佩甫小说中比较典型的叛离者形象"国"。李佩甫在作品中塑造了一系列叛离乡土但灵魂又在城乡之间挣扎的人物形象，如李金魁（《李氏家族》）、冯家昌（《城的灯》）、吴志鹏（《生命册》）等，其中"国"是李佩甫以整部小说集中去表现这一类性格的一个典型形象。

9月10日　中篇小说《村魂》刊《时代文学》1990年第5期。《村魂》以七个故事系列呈现的方式来叙写集体主义时期农民虽然贫穷艰难但依然闪耀着光芒的灵魂，小说展现的是一个温情的乡村世界。

按一：1992年2月，张锲①写《村魂·国魂·民族魂——致李佩甫》中提到读《村魂》的感受："一个偶然的机会，我读到了你的中篇小说《村魂》。""那晚，因为刚收到山东的朋

---

① 张锲（1933—2014），男，安徽寿县人。1985—1996年任中国作家协会书记处书记、常务书记，兼任中华文学基金会副会长、总干事。1996年12月起，任中国作家协会副主席、书记处书记、党组成员。著有《改革者》《新潮集》《张锲散文选》等。

友们寄来的 1990 年第 5 期的《时代文学》，就打开看看目录。发现有你的作品，立即振作精神阅读了起来。起始，还多少有些漫不经心，读着、读着，不禁入了神……边读边哽咽着流下眼泪，最后竟至泣不成声。闹得全家皆不知所措。""这个由七个独立成章又彼此互有联系的短篇组成的中篇小说，在我的心灵里产生了强烈的震颤，给我带来了很大的艺术上的满足。你写的虽然只是颍河边上一个普通村庄画匠王村的一些凡人琐事，却引起我很多、很多的联想。你把这些卑贱者的高贵的灵魂，把他们身上种种品德的美、性格的美、劳动的美、智慧的美……那么集中、那么淋漓尽致地展现在读者面前，使人读了不能不为之心动！不，岂止是心动，简直是一次精神的洗涤，使人在不知不觉间进入一种更为纯净、更为高尚、更为美好的境界。佩甫同志，你写的绝不仅是画匠王村的村魂，也是我们的国魂，我们的民族魂！""崇高是可以使人落泪的。我就是在读了《村魂》里的第一个短篇《二奶奶骂街》之后，由于人物的崇高并且对照出自己灵魂的低下而开始泪流不止的。在这七个色彩各异的短篇中，我尤其喜爱这个短篇。它仿佛把我们又带回到'文化大革命'那个严酷的万马齐喑的年代，让我们又看到中州大地上一个普通村庄村头饭场的槐树上，捆绑着正在等待批斗的干部老马，他为这个村庄挨家挨户发过土地证，给许多没名儿的村人起过名字，如今他不知为什么犯事了，被押着挨村批斗，押他的人都到村干部家喝酒去了，把他一个人撂在那儿。放工时，许多人见到他都装作没有看见。饭场里没有一个人……就在这时，村街的土地上传来二奶奶拐杖叩地的沉重的声音。接着，八月的晴空里突然炸出了二奶奶的昂声大骂，她骂画匠王村的人都死绝了……骂着、骂着，就有汉子们走了出来。他们昂着头高擎着海碗，把一碗碗面食、红薯、荷包蛋，摆在老马面前，阳壮壮地说：'老马，吃!'可老马还被捆绑着啊！二奶奶便端起一碗面，从一片海碗中间走过去，在老马身前跪下，把老马揽在怀里，一口一口地喂着……读到这里，我再也控制不住自己的泪水，我不仅为老马的命运哭泣，也为自己在那个人妖颠倒的年代里的软弱和彷徨而哭泣，更为以二奶奶为代表的那些真正堪称中国的脊梁和良心的普通农民们崇高品格和行为而哭泣!""在此期间，我还读了你发表在《中国作家》杂志上的中篇小说《黑蜻蜓》，这也是一篇好小说，可以说是《村魂》的姊妹篇。它使我更加相信，你写出《村魂》这样的作品绝非偶然。你有着很扎实的生活功底并且是在做了一定的创作准备之后才走上文学创作道路的。""写到这里，我不禁又想起百花（文艺）出版社那位编辑朋友的话。现在就谈论你是否会成为大作家，确实还为时过早，你要走的路还远得很。但是，我呼吁，请文学界和广大读者更多地注意一下豫军吧，其中当然也包括你——李佩甫!"①

按二：据李佩甫回忆，1986年《红蚂蚱　绿蚂蚱》发表之后，时任中国作家协会常务书记的张锲看了之后与妻子抱头痛

---

① 张锲：《村魂·国魂·民族魂——致李佩甫》，载《张锲散文选》，解放军文艺出版社，1995，第302—304页。

哭，然后托人捎话让李佩甫给他写信。李佩甫感觉自己还没有写出来什么好作品，寂寂无闻，与已经取得巨大创作成就并身居高位的张锲距离太远，不好意思与名人大家联系，所以就一直没写。但是张锲依旧保持了对李佩甫创作的关注，后来在《村魂》发表之后，张锲就写下了这篇文章并公开发表。

9月10日　中篇小说《黑蜻蜓》刊《中国作家》1990年第5期。《黑蜻蜓》以农村二姐为主人公，叙写了二姐善良仁厚、辛苦操劳的一生，塑造了一个博爱宽厚、勤劳坚忍的农村女性形象。

按：《黑蜻蜓》后收入段崇轩主编《九十年代中国乡村小说精编》（华夏出版社1999年版）。

10月8日　为中篇小说《无边无际的早晨》写创作谈《一抔"老娘土"》。此文在小说《无边无际的早晨》转载于《中篇小说选刊》1991年第1期之际同期刊出。

按：《一抔"老娘土"》表达了李佩甫在追求"抽象"表达的路上陷入"空""虚"、写不成能够代表中原精神既"抽象"又"具象"的人物形象的苦恼，全文如下：

"很久了，不会写脸。

"作家是应该会写脸的，是不是？有许多作家都很会写脸，很生动的脸。我不会写脸。

"也曾为乡人，幼年时在乡下住过。中学毕业当了'知青'，又到乡下住过；一锅里耍稀稠，与乡人有着千丝万缕的联系。走了，却记不住乡人的脸。惭愧。

"记住的都是些零零碎碎的东西。记住了乡人那扣着绳痕的黑脊梁，还有一豆儿一豆儿的汗；记住了草屋前挂着的红辣椒串儿，还有一抹胭红的夕阳；记住了场上那光溜溜儿的石磙，还有圆圆的麦垛；记住了乡村土路上那牛蹄的印痕，还有那一踏、一踏的碎响；记住了灰驴的叫声和黑狗的尿，还有那湿成麻窝样的扑腾土……日子久了，期望着时光能筛出人脸来，梦中几回回寻，仍是各样的零碎。

"九月，是阴历九月。天儿好。又到乡下去了，想'拾'些人脸回来。

"在乡下，我很经意地去看乡人的脸，天光淡淡，秋阳暖暖，在秋熟的田野里，在碾满车辙的土路上，在垛满了谷子、豆秆的场院里，我一张张地收集乡人的脸，读了，就觉得很熟，每张脸都很熟，是呀，还用着跑来'读'吗？三叔的胡子上总有饭渣，四叔的下巴上有颗瘊子，六叔的眉毛很浓；而二嫂的脸黑，三嫂的脸白，狗家女人一笑俩酒窝……这些不都是你知道的吗，知道，还有很多很多你都知道，这些都是不该忘的，想忘也忘不了。于是你很满意，就回了。

"可是，回到城里，坐在书桌前，点上一支烟，泡上一杯茶，当我准备慢慢与乡人对话的时候，却找不到乡人了。没有了，什么也没有了，只有一片混沌的黄色。

"我静下心来，一支一支吸烟，苦苦等待着。老天，我怎么就记不住乡人的脸呢?!

"眼前出现的一坡一坡的土地，漫无边际的土地，土地上流淌着血脉一样的河流。大地静静的，河流也静静的，秋收后的大地舒伸着漫向久远的平展，沟沟壑壑都清晰可见。土地乏了，干瘪了，木木地横躺着，可大地上仍然书写着万物的根基，镌刻着人类的历史。有风从大地上刮过，荡起遮天的黄尘，黄尘里裹着一张张人脸，人脸很厚，厚得无法辨识。我的三叔呢，我的四叔呢，我的乡人呢？眼前只有大地。慢慢，我觉得自己也沉进了大地……

"我只好与大地对话，然而，大地沉默不语。

"无奈，我只得捧一抔土出来，打成土坯，献给读者。土是家乡大田里的，水是老井里的，也用麦秸火烤过……坯打得不好，让读者见笑了。"

12月10—13日 参加中国作家协会河南分会召开的工作会议，会议贯彻了河南省第五次党代会精神，号召大家努力繁荣河南文学创作。

12月20—22日 参加中国作家协会河南分会、河南省文联文学创作室在郑州联合召开的"河南近期小说创作态势讨论会"并发言。与会者总结了河南小说的成就和不足，就新的文学创作和文学新人的培养进行了讨论。河南省部分作家、文艺理论家、文学编辑等50余人参加了讨论。

是年 任《莽原》杂志社副主编。

是年 父亲生病瘫痪。从此回家探望双亲次数更多。

本年度重要论文：

陈继会：《善与恶的悖论：〈李氏家族〉的历史哲学——读〈李氏家族第十七代玄孙〉札记》，《小说评论》1990 年第 2 期。

1991 年　39 岁

2月25日至3月1日，国务院在北京召开全国经济体制改革工作会议。

3月9日，第三届茅盾文学奖在京揭晓。获奖作品为路遥的《平凡的世界》，凌力的《少年天子》，孙力、余小惠的《都市风流》，刘白羽的《第二个太阳》，霍达的《穆斯林的葬礼》五部长篇小说。

3月，《文学评论》等单位在京举行"新写实主义"问题座谈会。

12月8—9日，河南省作家协会第二次代表大会在郑州召开。张一弓当选为河南省作家协会主席。

是年，"中国作家协会河南分会"改称"河南省作家协会"。

4月　中篇小说《田园》刊《小说家》1991年第2期，并附梅蕙兰的评论《大地恋歌——读李佩甫的中篇小说〈田园〉》。

按一：《田园》收入郑法青、谢大光主编，《小说家》编辑部编的小说集《重影》（百花文艺出版社 1995 年版）。

按二：何弘指出："这是篇意识流小说，对以现实主义创作闻名的李佩甫来说，似乎非常难得。"[1]

5 月 13 日　参加由开封市作家协会与《莽原》杂志社在郑州联合召开的开封文化与开封文学创作理论研讨会。

5 月 23—26 日　参加第四届全国青年创作会议并获奖牌。河南青年作家代表团由 8 人组成：王钢、张宇、李佩甫、廖华歌、郭云梦、南豫见、陈继会、王保民。会议期间，全国青年作家创作表彰会河南代表团 8 名代表与河南籍著名作家李準、姚雪垠合影留念。5 月 28 日，载誉归来，河南省委常委、宣传部部长于友先，河南省委宣传部副部长、河南省文联主席刘清惠等到车站迎接。

8 月　参加河南省文艺工作情况交流座谈会。

9 月 6—11 日　参加在许昌举行的第五届郑州、开封、洛阳、许昌、新乡五市作家笔会并到会讲课。笔会期间，参观了先进企业许昌烟厂，游览了三国名胜古迹。与会作家、评论家有张宇、王绶青[2]、王保民、谢玉好、史有仁等。

12 月 8—9 日　作为省直代表参加河南省作家协会第二次代

---

[1]　李佩甫著、何弘点评：《人面橘——何弘评点李佩甫中篇小说》，安徽文艺出版社，2018，第 282 页。

[2]　王绶青（1936—2021），男，原名王尔玺，河南卫辉人。诗人，20 世纪 60 年代毕业于内蒙古大学中文系，曾任河南省作家协会副主席、《莽原》杂志社主编等职。

表大会。被选为河南省作家协会理事。

是年 由河北省承办的山西、河南、河北作家三省笔会在石家庄举办，与会人员有河北的徐光耀、铁凝等，河南的杨东明、郑彦英、李佩甫、张宇，山西的燕治国，等等。河北省文联的铁凝负责主持接待，非常尽职尽责。会后众人游白洋淀。《长城》杂志社的编辑艾东请大家吃饭，然后热情约稿。这次约稿最后只有李佩甫一人完成了任务。回河南之后他就开始构思，后写出中篇小说《豌豆偷树》。

是年 继续任《莽原》副主编。

本年度重要论文：

张宇：《早晨的风景》，《北京文学》1991 年第 1 期。

吴方：《乡土情思与李佩甫近作》，《北京文学》1991 年第 1 期。

梅蕙兰：《大地恋歌——读李佩甫的中篇小说〈田园〉》，《小说家》1991 年第 2 期。

潘年英：《李佩甫小说语言的文化意味：读〈黑蜻蜓〉札记》，《今日文坛》1991 年第 2 期。

王鸿生：《追问与应答——李佩甫和他的神话视界》，《上海文学》1991 年第 6 期。

1992 年　40 岁

1 月 18 日至 2 月 21 日，邓小平在视察武昌、深圳、珠海、上海等地时，发表著名的"南方讲话"。

5 月 22 日，"河南省首届文学艺术优秀成果颁奖大会"在郑州召开。

10 月 10 日，大型文学综合月刊《热风》在郑州创刊，张一弓任主编，易殿选任副主编。

10 月 12—18 日，中国共产党第十四次全国代表大会在北京举行。会议动员全党同志和全国各族人民，进一步解放思想，加快改革开放和现代化建设步伐。

春　开始写作电视连续剧《颍河故事》，《颍河故事》为边写边拍，导演都晓①。

①　都晓（1965—　），男，河南伊川人。1992 年做电视导演，先后拍摄《平平常常的故事》《难忘岁月——红旗渠故事》等电视剧。1996 年获河南省"十佳电视艺术家"称号，1997 年获"全国百佳电视艺术家"称号。

按：电视剧《颖河故事》是以河南省许昌市颍水河畔农民在时代大潮中的命运沉浮为原型所写的剧本。搬上荧幕时，为了避免观众在欣赏中对号入座，就以"颖河"二字代替"颍河"，是为《颖河故事》。不过，在后来的一些剧作介绍及播出的电视剧中，也有将其名字写为《颍河故事》的情况。因此，就目前存在的剧本以及播出的电视剧来说，由李佩甫创作的《颖河故事》与《颍河故事》系同一剧本，而非作家不同的创作。

3月15日　中篇小说《豌豆偷树》刊《长城》1992年第2期。《豌豆偷树》是以日记体的形式写一位善良正直、有正义感的乡村教师王文英，在乡村教育环境恶劣的情况下，依然以满腔的赤诚从事教育事业，最后为了解救危房下的学生而被倒塌的房屋砸死。小说笔调沉重地揭示了当时乡村恶劣的教育环境。

按一：《豌豆偷树》被《中篇小说选刊》1992年第4期转载的同时，附创作谈《泡"豌豆"》，李佩甫谈到了《豌豆偷树》的创作过程和创作动机，全文如下：

"1989年，又到乡下去了。

"很随意地走走，看看，到处溜达……

"在县城的小摊儿上吃点什么，在乡下的谷场上坐一坐，在河边瞅洗衣裳的女人……乡下热，也有蚊子，随蚊子走。

"顺便，也看了乡下的学校。在学校里似乎没看到什么，只不过有的房子新些，有的房子旧些。学校的院墙有砖砌的，也有土垒的，有孩子用屁股磨出的墙豁儿。在一个村里，见有的教室门烂着。而另一个村的校舍很漂亮。在一所镇的重点中学里，见过一些'回炉'的学生。一位老师说：这里的学生，半夜了，还在教室里复习，撵也撵不走……又路过一个村子的时候，见一老汉在村口放羊。问了，说曾是校长，原还是城里人……犯错误了。就问旁人：他犯了啥错误？旁人说，他原是这村学校的校长，学校的房坍了，砸死过学生……又有旁人说：也不怨他，是村里人把学校房梁上的钢筋偷去了。村里人盖房没钢筋使，把学校房梁上的钢筋偷走了，刚好下大雨，房就坍了……旁人说，也没咋他，事儿不叫干了。就笑笑……都是些路话，并不在意，又走。自认为中原一带是我的地域，就像串亲戚一样，这里转转，那里串串，编些闲话，哪儿说哪儿了，没有一定之规。走着，又听人说，一个村里的民师死了。那民办教师很穷，死得却很富贵：全村人为他披麻戴孝送葬，六月天一村孝白，哭声震天！人说，那村叫画匠王。就觉得村名特别好，想去画匠王看看。后来因了别的事，没去成……

"大约又转了些地方，就回来了。

"作为一个个体手工业者，回来后也写了一些东西，写了《画匠王》，写了《无边无际的早晨》《黑蜻蜓》《田园》，还有别的什么，就没想过写《豌豆偷树》，也没打算写。偶尔，躺在床上或坐在桌前的时候，也会想到那个放羊的老汉，说他是校长，城里人，犯错误了……也禁不住想笑，过后就忘了。有时，也想起那个民师，死了的民师，就觉得'全村人为他披麻戴孝送葬，六月天一村孝白'这一行字撩眼、悲壮！但仅仅是一瞬

132

之间的思绪流动，不知不觉飘来，又不知不觉飘去……

"后来父亲病了，脑血栓，瘫痪了。岳母又病了，癌症……天像坍了似的！终日在生死之间周旋，撑着，挨着……再想那病死的民师，味儿就不一样了。想想，作为人，自然法则是一样的。但通过法则的过程是不一样的，纵然说过程有相似之处，但对过程的体验绝不一样。不管怎么说，只要生活过，每一种生命的体验都堪称辉煌……

"一晃两三年，天阴了又晴，花开了又落了，而那个民师却一直在脑海里泡着……忽一日，就坐下来写《豌豆偷树》。本想慢慢写，写得平静些，淡些。不要沉重，不要故作的深刻，不要惊惊诧诧的状态。要随意，自然，本分。要日子的流动感……然而，家事繁多，写写停停，写着写着就写成了这个样子，还是躁了。

"但此作多亏河北《长城》的编辑赵玉彬同志，蒙他多次催促，才算完工。要不，也不知要'泡'到什么时候，也许就'泡'得无影无踪。"

按二：《豌豆偷树》先后被《中篇小说选刊》（1992年第4期）等8家选刊、选集选载，并被翻译到日本、韩国。此作获1992—1993年度《中篇小说选刊》优秀中篇奖、河南省第二届文学艺术优秀成果奖（1995年颁奖），获1992—1993年度全国优秀小说奖。

按三：写《豌豆偷树》这个时期李佩甫还是"不太自信、不敢骄傲"。"有时候佩甫写成一部小说，却并不给编辑部投寄，对自己的作品拿不准。一次我问佩甫什么的干活。佩甫说写了一个中篇，不咋样，在家扔着。后来许建平去佩甫家，佩甫又说写了一个中篇，不咋样。这个中篇就是写乡村民办教师的《豌豆偷树》。后来这个中篇发出后打动了很多读者，被许多家书刊选载，获《中篇小说选刊》优秀作品奖。"①

6月2—9日　参加在信阳鸡公山举行的"《宋河报》之友笔会"。

夏　因车祸眼睛严重受伤。

按：电视剧《颖河故事》写到第10集的时候，老家父亲肝上出现问题，李佩甫马上找了一辆车回去接父亲来郑州看病。回郑州途中，快到新郑时在107国道上与迎面而来一辆车撞到了一起。李佩甫在副驾驶位置，伤得比较重，碎了的玻璃扎入眼睛，一时间满脸是血，血流到嘴里。后座母亲胳膊骨折，父亲偏瘫也动不了。"我是喝过自己血的，车祸现场一家人惨不忍睹。"② 他一个血人站在路上拦车，一辆警车停下来。他们先到新郑医院做简单处理，然后又转院郑州。李佩甫受伤最重的是眼睛，左眼的角膜、虹膜、晶体破了。眼部做手术时，绵长针线穿过肉体的细密疼痛让他终生难忘。这一经历后来他写进了《生命册》吴志鹏出车祸的情节里，而眼睛受伤之后的体验则在《城市白皮书》小女孩看东西"麻沙沙"的感觉和吴志鹏眼睛看不清东西的感觉里都有表现。

①　刘学林：《"种植声音"的李佩甫》，《热风》2001年第7期。
②　与作家交流中作家谈及的内容。

在郑州住院期间，朋友、同事不断来医院看他，南丁还带领河南省文联的同事专门来看望。《颖河故事》拍摄被迫中断，年轻的导演都晓很着急，李佩甫说："你别着急，你一急我也急，眼睛出问题了也写不成。你放心，我肯定给你续上。"出院之后李佩甫续写了后10集。

12月21日　在河南省文联见到从济南回乡的豫籍作家周大新①。

是年　调回河南省文联创作室进行专业创作。

本年度重要论文：

张剑桦：《"喧哗与骚动"之后的思索——读〈金屋〉札记》，《许昌师专学报（社会科学版）》1992年第1期。

梅蕙兰：《凝冻的厚土与跃动的大地——李锐与李佩甫创作比较》，《中州学刊》1992年第1期。

---

①　周大新（1952—　），男，河南邓州人。当代作家、小说家。著有中篇小说《香魂女》《汉家女》、长篇小说《走出盆地》《第二十幕》《曲终人在》《安魂》等。长篇小说《湖光山色》获第七届茅盾文学奖。

1993年 41岁

5月14日，诗人苏金伞文学生涯68年研讨会在郑州举行。

5月23日，中国作家协会在北戴河召开全国作协会议，会议的中心议题是在建立社会主义市场经济新体制的新形势下，如何繁荣文学创作，如何改革文学体制。

11月5日，中共中央、国务院印发《关于当前农业和农村经济发展的若干政策措施》，提出在原定的耕地承包期到期之后，再延长30年不变。

11月11—14日，中共十四届三中全会召开。全会通过《关于建立社会主义市场经济体制若干问题的决定》，勾画了社会主义市场经济体制的基本框架。

3月20日　和同乡段荃法一起参加在许昌市召开的蓝雨①作品讨论会。

---

① 蓝雨（1965— ），男，原名李凯，河南漯河人。1989年调入许昌市魏都区城建局工作。著有中篇小说《另一种世界》《午夜钟声》等。

8月22—26日 赴西峡参加张一弓主持举办的文学创作西峡笔会，出席笔会的还有中国作家协会书记处书记邓友梅、杨子敏，著名作家、评论家蓝翎、阎纲、韩石山、周大新及段荃法、王绶青、二月河、周同宾等70余人。

按：本次笔会所写散文《西峡，一个"伏"字》，收入张一弓主编《最忆是西峡——文学创作西峡笔会集锦》纪念文集（中原农民出版社1994年版）。

10月 中篇小说《乡村蒙太奇——一九九二》刊《小说家》1993年第5期。《乡村蒙太奇——一九九二》是以镜头剪辑的方式反映20世纪90年代农村社会百态，不同镜像的展现蕴藏着作者对现实的忧虑和思考。

按：《乡村蒙太奇——一九九二》依次收入《中华文学选刊》编辑部编选《1993中篇小说选　第二辑》（人民文学出版社1994年版），文平主编《乡殇》（"中国跨世纪全新小说精品库"，作家出版社1995年版）。

11月17—20日 参加在周口举行的河南省文学新人小说创作研讨会。对墨白①、鲁剑、许建平、李凯、孙希彬、何向阳②、简宏等文学新人的创作进行研讨。会议由河南省作家协

---

① 墨白（1956— ），男，原名孙郁，河南淮阳人。河南省文学院专业作家。历任河南省文学院影视部主任、副院长，河南省作家协会副主席等。著有长篇小说《梦游症患者》《手的十种语言》等。

② 何向阳（1966— ），女，祖籍安徽安庆，生于河南郑州，1991年于郑州大学中文系硕士研究生毕业。作家、文学批评家。现为中国作家协会创作研究部主任。著有《朝圣的故事或在路上》《肩上是风》等。

会、周口地委宣传部联合召开，出席会议的还有耿恭让、段荃法、田中禾、王鸿生、孙方友等。

是年 18集电视连续剧《颖河故事》由河南电视台拍摄完成并首播，都晓任导演。《颖河故事》描写的是河南颖水边上画匠王村的人们在改革大潮冲击下走出平原、闯荡生路的艰难历程，反映了农村变革前进的时代风貌。

按一：《颖河故事》将《画匠王》《村魂》《红炕席》《豌豆偷树》等小说串起来，又增加了很多细节性的内容，情节更为曲折丰富。"《颖河故事》的剧本构思很特别。它不是根据某一篇小说改编而成。而是作家李佩甫从整体的构思出发，将自己发表过的作品中的人物、情节统统打碎，重新组合，再增加新的人物、情节，使之成为一个新的有机整体"，"这种质的飞跃，首先是它产生了恢宏的气势和浓烈的时代气息"。[①] "由李佩甫编剧、都晓导演、河南电视台录制的18集电视连续剧《颖河故事》创作于1992年。《颖河故事》由上部'离乡'和下部'还乡'两大部分组成，它生动地再现了改革开放的新风给古老的农村带来的显著变化。……颖水河边画匠王村的农民们在经受了改革开放带来的阵痛以后，更新了思想观念，适应了新的时代，用自己的聪明才智和勤劳的双手开辟了一片新天地。"[②]

---

① 崔光远：《致广大　尽精微——评电视连续剧〈颖河故事〉的艺术观念与思维方法》，《中原声屏》1994年第1期。

② 姚小亭：《第十八章　新时期的河南影视创作》，载张鸿声主编《河南文学史·当代卷》，郑州大学出版社，2011，第449页。

按二：《颖河故事》经中央一、二、三台及各省电视台播出后，受到社会上广泛好评。在1993—1994年间先后获中央宣传部精神文明建设"五个一工程"奖、中央电视台首播奖、中南五省电视剧金帆奖及优秀编剧奖。在1994年获1993年度第十四届中国电视剧"飞天奖"长篇电视剧三等奖。

本年度重要论文：

汪淇①：《"问讯"与"审判"——李佩甫〈无边无际的早晨〉读评》，《小说评论》1993年第1期。

陈继会：《永恒的诱惑：李佩甫小说与乡土情结》，《文学评论》1993年第5期。

---

① 汪淇（1964— ），男，河南虞城人，20世纪90年代于郑州大学文艺学硕士研究生毕业。曾发表文学评论文章多篇，出版有著作《王蒙小说语言论》等。

1994年　42岁

1月24日，全国宣传思想工作会议在北京召开，江泽民总书记作重要讲话。

5月31日，河南省委宣传部召开河南文艺工作座谈会。会议讨论如何展开河南省工业题材和黄河题材的文学创作。

是年，张宇的《乡村情感》获《人民文学》"昌达杯"优秀小说奖。

1月　散文《麦穗意识》刊《公安月刊》1994年第1期"绿橄榄"栏目。

3月5日　中篇小说《满城荷花》刊《上海文学》1994年第3期。这是以四个小故事组成的城市印象。1994—1995年两年间，李佩甫比较集中地关注城市、写作城市。

按：《满城荷花》被收入白烨、雷达编选《访问城市》（时代文艺出版社1996年版）。

4月7日　短篇小说《钢婚》刊《天津文学》1994年第4

期。小说写的是两个钢厂工人倪桂芝和王保柱特殊的婚姻状态——打了一辈子架但也绝不离婚的生活情状。

按：本期《天津文学》特设"河南省作家新作撷英"专栏，发表五位河南作家的短篇小说：郑彦英的《烟溪童话》、李佩甫的《钢婚》、田中禾的《落叶溪二题》、张斌的《三恋》和墨白的《影子》。

4月26日 李佩甫和鲁枢元进行了一次关于"精神生态的谈话"，地点在李佩甫家中，记录人为鲁枢元的研究生何向阳。

按一：对话中，李佩甫表达了他对文学与人的精神关系的看法："我认为文学是一种个体化的精神劳动，是对人类的生存状态发出一种声音，是一种单独的个体化的声音，是通过个体化的语言外壳个体化的视角发射出来的唯一一种声音。……这种精神导向的过程，是为世人提供一种精神上的选择或者精神上的思考。""其实文学创作实际上也是对生存状态的一种研究，研究如果不进入精神，它的价值意义也就不存在了。""我觉得作为一种创作完全应该是一种精神的东西，或者说是逐步进入精神的东西。它的品位应该是比较高的，通过一种独特的语言形态展示出作家个体心灵世界。""文学艺术可以看作是达成精神空间的渡桥和阶梯。"①

这次对话对李佩甫后来创作影响很大，此后他有意识地对自然、社会、精神生态进行更多关注和书写，如他的"植物学"

---

① 鲁枢元、李佩甫：《关于文学与精神生态的对话》，《莽原》1994年第4期。

观点以及"平原三部曲"的创作，其写作进入对精神病症的解析时期。

按二：中国作家协会书记处书记张锲对这次对话曾有评价："最近读到河南两位作家鲁枢元和李佩甫《关于文学与精神生态的对话》，对我就颇有启迪。鲁枢元是一位有影响的评论家。李佩甫则是我所熟悉的青年作家中的佼佼者。他们鉴于目前不但在文坛上，而且在社会上，都很欠缺精神这一块，所以提出在社会的温饱问题已经或开始得到解决之后，有重建乌托邦、重建精神家园的必要。"①

7月1日 长篇小说《城市白皮书》的节选《红蚁子——城市白皮书之一》刊《时代文学》1994年第4期。

按：《红蚁子——城市白皮书之一》标志着李佩甫创作转向城市。他运用多种艺术手法，表现当代城市人的生存状态和精神危机。小说起笔在1993年，刚开始的写作并不顺利。1994年李佩甫在跟鲁枢元谈话时说："我前些时也就是在去年准备写个长篇，思考很长时间，开始写的时候激情消失了，没有激情了，长达一个月的时间写不进去。我分析这个原因，发现中国文学一直是在具象社会学的范围内滑动，而且是阶段性的具象社会学，真正进入生命本质的东西很少。当然，文学抒写时代生活是无可非议，但如果思维不能够跨越阶段性，这本身就会失去

---

① 张锲：《夏夜说梦（代序）》，载《张锲散文选》，解放军文艺出版社，1995，第3—4页。

价值。"①

8—9月　经常去河南医科大学第一附属医院（今郑州大学第一附属医院）看望因病住院的乔典运。

9月26—28日　获庄重文文学奖。

按一：1994年度庄重文文学奖在成都颁奖。西藏、云南、贵州、四川、河南、安徽五省一区19名青年作家荣获此奖。河南省青年作家、评论家张宇、李佩甫、陈继会获此殊荣。河南省作家协会主席、本届评委张一弓同三位获奖者一起参加了颁奖大会。

按二：庄重文文学奖是经中共中央宣传部批准的一项全国性青年文学大奖。该奖由香港著名爱国人士庄重文博士出资设立，意在奖励45岁以下成就卓著的青年作家、评论家。

10月12日　参加在郑州召开的田中禾长篇新作《匪首》研讨会。会议由上海文艺出版社、河南省巩义市、河南省文联文艺理论研究室联合召开。与会作家、评论家有杜田材、陈继会、张斌、李星、张宇、高文升、段荃法、何向阳、王鸿生、南丁、刘海燕②、李庚香、王怀让③、耿占春、李洱④等。

---

　　①　鲁枢元、李佩甫：《关于文学与精神生态的对话》，《莽原》1994年第4期。
　　②　刘海燕（1966—　），女，河南太康人。《中州大学学报》编审、河南省作家协会副主席，出版有评论集《理智之年的叙事》等。
　　③　王怀让（1942—2009），男，河南济源人。当代诗人。曾任河南省作家协会副主席、河南省诗歌学会会长等。著有诗集《十月的宣言》《人的雕像》等。
　　④　李洱（1966—　），男，河南济源人。曾任《莽原》杂志副主编，现为中国现代文学馆副馆长。著有长篇小说《花腔》《石榴树上结樱桃》《应物兄》等。其中《应物兄》获第十届茅盾文学奖。

10 月 25 日至 12 月 5 日　作为中国作家代表团成员，应哈萨克斯坦共和国的邀请，前往哈萨克斯坦访问，进行文化交流。应邀访问的中国作家代表团成员还有宋兆林（浙江）、冯立三（中国作家协会）、王文平（作家出版社）和刘宪平（中国作家协会）。

12 月　李佩甫和何向阳进行关于"文学与人的神话"的对话。后以《对话：文学与人的神话》为题刊《莽原》1996 年第3 期。

按一：谈话中，李佩甫表达了自己的观点："我个人认为，所谓神性，是一种创造性，是一种生命再现形式。文学是精神的产物，这种再现，或重现，当然是精神层面的，应该说是再生性的。只有生命的再生（再创造）才具有神性意识。这些年来，我的创作思想在逐渐转变。早期作品是对阶段性社会政治生活的描摹；接着又试图走向'原生态'，试图想托出一块土地；后又试图切入'人生智慧'，切入'形而上'；再后又试图走向'生命本质'……应该说，这些思考都是阶段性的、时期性的，是一步一步往前挪，走得很慢。接近文学神性是需要精神涅槃的，我的时间不够。我仅仅是认识到了文学语言应具有的神性意识。"①

李佩甫早期创作具有浓重的神性写作性质，关于这方面比较重要的研究论文有王鸿生的《追问与应答——李佩甫和他的

---

① 　何向阳、李佩甫：《对话：文学与人的神话》，《莽原》1996 年第 3 期。

神话视界》（《上海文学》1991 年第 6 期）和李丹梦①的《李佩甫论》（《文艺争鸣》2007 年第 2 期）。

　　按二：在后来舒晋瑜对何向阳的访谈中，问及"对话次数最多的作家是谁"，何向阳回答："我和李佩甫进行过多次深入的对话。那时他刚从许昌调到郑州，在《莽原》杂志当编辑。传说李佩甫对写作要求特别高，周围不能有任何声音，要绝对安静，我特意找他核实，他没承认也没否认。李佩甫的写作有寓言性，《红蚂蚱　绿蚂蚱》写得很瑰丽，有魔幻现实主义的色彩。当时就觉得很新鲜，感觉他在天空俯瞰平原，跟其他的河南作家不同。采访李佩甫，是在他家里，用了几个晚上。访谈在他书房，氛围确实神秘，没有现实干扰，没有任何声音，我们谈得也很充分，包括关于神话如何进入书写——中原的这种神奇只在上古时期才有，精卫填海、女娲补天……随着战乱、饥荒，神话的东西在文学中消失了，人的襟怀缩小了，变成实际的生存，想象力也萎缩了。这篇长达万字的对话题为《文学与人的神话》，发表后收入《彼泰》理论集，我想 1994 年 12 月的这次对话让我掌握了深入了解李佩甫作品的一把钥匙，后来看到的对于平原植物与人的比喻我便不感到惊奇。"②

　　是年　李佩甫的中篇小说《豌豆偷树》（原载《长城》

---

　　① 李丹梦（1974—　），女，博士，华东师范大学中文系教授，文学评论家。著有《文学"乡土"的地方精神》等。

　　② 何向阳、舒晋瑜：《"我看见她手的温度将矿石唤醒"》，载张莉、马思钰主编《当代河南女作家研究资料汇编　何向阳卷》，北京十月文艺出版社，2021，第 185—186 页。

1992 年第 2 期）、郑彦英的中篇小说《石胡笳》（原载《天津文学》1991 年第 2 期）荣获 1992—1993 年度《中篇小说选刊》优秀中篇奖。

本年度重要论文：

崔光远：《致广大 尽精微——评电视连续剧〈颖河故事〉的艺术观念与思维方法》，《中原声屏》1994 年第 1 期。

寇宝刚：《〈颖河故事〉外的故事——记著名作家李佩甫》，《文学报》1994 年 3 月 10 日。

1995年　43岁

9月25—28日，中共十四届五中全会召开。全会通过《关于制定国民经济和社会发展"九五"计划和2010年远景目标的建议》。提出，实行经济体制从传统的计划经济体制向社会主义市场经济体制转变，经济增长方式从粗放型向集约型转变这两个具有全局意义的根本性转变。

11月，河南省文学院成立。

12月27日，中国作家协会创研部、中华文学基金会与河南省作家协会在北京联合主办河南新时期小说创作研讨会。这次会议以后，河南作家群被中国文坛称作"文学豫军"。该活动当年被评为河南省十大文艺新闻。

1月9日　参加由河南省委宣传部在郑州主持召开的南阳作家群研讨会，对以乔典运、二月河、周大新、周同宾、田中禾为代表的南阳作家群进行总体讨论和评价。与会作家、评论家有南丁、张一弓、郑克西、段荃法、王绶青、张宇、卞卡、孙苏、陈继会及南阳作家群代表二月河、周大新、周同宾、周熠、田中禾等。

1月　长篇小说《城市白皮书》的节选《夏天的病历——城市白皮书之二》刊《莽原》1995年第1期。

　　按：乔美丽指出："李佩甫的中篇小说《夏天的病历——城市白皮书之二》(《莽原》1995年第1期)，并不像其'颍河故事'系列作品那么易读。作者一改过去以'乡土'为主要描述对象，而转向投笔剖析城市；一改过去以现实主义为主的创作手法，运用独特的心理视角、意识流、象征等现代主义艺术手法结构作品。读来酷似鲁迅的《狂人日记》，但又不是简单的模仿的'形似'，而是一种内涵的'神似'。作者借现代主义艺术手法描述现实、审视历史、扫描社会、剖析灵魂，开出病历，以引起世人重视，制定拯救措施。""有了上述对作者作品的全面考察，现在再回过头来重新阅读《夏天的病历》，透过那夸张、象征、荒诞及心理描写于一体的现代主义结构手法，作品表现的主题并不是作者过去作品主题的变异，而是一个延续，一个上升，一个掘进。"①

3月　散文《种植"声音"》刊《公安月刊》1995年第3期。

4月　为作家张宇写印象记《放逐城市的田园游子——张宇散记》并刊于《中国作家》1995年第2期。

---

　　① 乔美丽：《描述对象的转型——评李佩甫中篇小说〈夏天的病历——城市白皮书之二〉》，《莽原》1996年第2期。

9 月 5 日　为同乡李凯的创作写评论文章《小说李凯小说》并刊于《莽原》1995 年第 5 期。

按：本文写于 1995 年 5 月 28 日。李凯在同期《莽原》杂志"新试验小说"栏目刊《蓝雨小说二题》。"蓝雨"是李凯的笔名。

9 月 19 日　参加由人民文学出版社与《莽原》杂志社在北京联合举办的张宇长篇小说《疼痛与抚摸》作品研讨会。与会领导、作家、评论家有王蒙、张锲、王岭群、王绶青、白烨、李洁非、孙荪、王鸿生等。

9 月　长篇小说《城市白皮书》节选《桃毛——特异功能诊所病历之三》刊《牡丹》1995 年第 5 期。

10 月 25 日　到济源参加"王屋山散文笔会"。

11 月　河南省文联将原来河南省作家协会的创作室、创研室等单位合在一起，成立河南省文学院，孙荪任院长，李佩甫任副院长。

12 月　长篇小说《城市白皮书》单行本由人民文学出版社出版。《城市白皮书》采用双线并行叙事的方式，以生病小女孩的视角和魏征叔叔的信展现城市人的生存状态，通过对城市的全方位剖析，敏锐地揭示城市社会存在的问题和危机。

按一：《城市白皮书》属于人民文学出版社"探索者丛书"系列第一辑。丛书《出版说明》写道："艺术的生命在于创新。探索，则是创新的前提和必由之路……探索就是寻找表现特定内容的最佳形式。"入选此辑的其他四部作品是：张炜的《如花似玉的原野》、张抗抗的《赤彤丹朱》、张宇的《疼痛与抚摸》和刘醒龙的《生命是劳动与仁慈》。

按二：《城市白皮书》2001年获第三届人民文学奖（评奖作品范围是1995—2000年）、河南省第三届文学艺术优秀成果奖（2003年颁发）。

按三：学界评价李佩甫的作品："其创作广泛地描写了中原农村的种种人情风物，刻画人物真实生动，语言质朴、清新，许多作品于现实主义的基色上又透出现代主义的某些技法。他前期的作品多写农村，后期转向表现城市的生活。一九九五年由人民文学出版社出版的《城市白皮书》便透过一个父母离异的病女孩的眼睛和心灵，运用多种艺术手法，表现历史与现实绵延中当代城市人的生存状态与精神危机，给读者创造了一个扑朔迷离的荒诞的艺术世界，可视为作者实验性的小说。"[1]

12月27日　参加由中国作家协会创研部、中华文学基金会与河南省作家协会在北京联合主办的河南新时期小说创作研讨会。研讨会由中国作家协会书记处常务书记张锲主持。参加研讨会的河南作家有南丁、张一弓、段荃法、田中禾、张宇、二月河、陈继会、王鸿生等70余人。

按一：刘学林在回忆中提及会议上的情况："在会上著名评论家张炯说，过去我没有读过李佩甫的作品，这次一读，可以

---

①　《第十一章　扎根乡土的小说家群（上）·第五节　南丁、张一弓、乔典运、李佩甫等的小说》，载张炯、邓绍基、郎樱主编《中国文学通史·当代文学（中）》，江苏文艺出版社，2013，第213页。

李佩甫在河南新时期小说创作研讨会上发言

说使我的灵魂深深地被震撼了。他笔下所写的文英老师和农村孩子王小丢，还有那位吃百家奶长大的县长李治国和善良、拙朴的老村长三叔，都血肉丰满，有棱有角，可谓笔酣墨饱，字里行间渗透了作家对人物的深切关爱。当时的中国作协书记处常务书记张锲感触更加深切：我为李佩甫作品里的那种崇高感动得滔滔痛哭过。"①

　　按二：李佩甫在会上发言："我觉得，写作是作家对世界发出的一种声音，是使用文字形态对世界发出声音。作家使用文字来抒写生命，在这个过程中，由于语流的不同，或使用语流

---

① 刘学林：《"种植声音"的李佩甫》，《热风》2001年第7期。

的方式不同，也就有了'声'的不同。""文学的确是有品位高下之分的。从高的层面来说，作家的语流就是作家对世界的宣言，对人类生存方式的一种思考。这是一种纯个体的思考，是单一视角的诉说，是通过生命燃烧之后用血肉喂出来的声音。作家在个性化的文字里是无法隐藏自己的，越接近艺术的高品位越无法隐藏自己。所以，文学创作到了一定的时期，面临的将是体系的问题了，作家需要建立自己的语言体系和思想体系。我个人认为，这也是河南新时期文学将要面临的问题。"①

是年 开始写电视连续剧剧本《平平常常的故事》。

是年 开始构思长篇小说《羊的门》。

---

① 《河南新时期小说创作研讨会发言摘要》，《河南作家通讯》1996 年第 1 期。

1996 年　44 岁

2 月 29 日，全国作协工作会议在京召开。与会者强调要加强引导力度，繁荣文学创作，以更多优秀作品迎接第五次全国作家代表大会的召开。

10 月 7—10 日，中共十四届六中全会召开。全会通过《关于加强社会主义精神文明建设若干重要问题的决议》。

10 月 16—17 日，河南省作家协会第三次会员代表大会在郑州召开，田中禾当选为河南省作家协会主席。

12 月 16—20 日，中国文学艺术界联合会第六次全国代表大会和中国作家协会第五次全国代表大会召开。

3 月　长篇小说《城市白皮书》的节选《长眼睛的树叶——城市白皮书之四》刊《钟山》1996 年第 2 期。

按：《城市白皮书》亦被《中华文学选刊》1996 年第 2 期、《书摘》1996 年第 11 期转载。《中华文学选刊》1996 年第 2 期转载《城市白皮书》，文末有交代："选自《时代文学》《莽原》

等杂志，并由作者进行了增删、调整。"

5 月　散文《读山》刊《牡丹》1996 年第 3 期。是李佩甫去九里沟风景区参加一个小型的笔会，其间，登王屋山后所作。

6 月 11 日　中篇小说《学习微笑》刊《青年文学》1996 年第 6 期"头题"。封面人物即"著名作家李佩甫"。《学习微笑》主要是写在改革开放大潮中某国营食品工厂濒临倒闭的背景下，女工刘小水的生存窘境以及在困境中努力挣扎自谋生路的历程。

《青年文学》1996 年第 6 期封面

按一：《中篇小说选刊》1996 年第 6 期转载《学习微笑》，并附创作谈《拾来的"微笑"》。《拾来的"微笑"》谈到《学习微笑》创作的缘由：一次回乡看病中的父亲，在医院旁边一个公厕，看到了在公厕收费的是自己熟悉的一位工厂师傅，原来在工厂干了一辈子，很受人尊敬的一位师傅，交流中，老师傅说起下岗原因，是工厂"开不下支了"，"说了，就再没有话了。没有埋怨，也没有牢骚""我看着他，心里突然涌上了一阵感动。我在老人身上看到了一种东西，我觉得那是一种高贵和人生的大气。这高贵才是真正的高贵，这大气才是真正的大气，生命力和承受力都在里边含着。还用多说什么吗?""应该说,这就是写'学习微笑'的最初灵感。"① 李佩甫遂产生对经济变革冲击国营工人生活的感慨和思考,对城市和城市人的看法也发生了变化,他的城乡书写逐渐从对立走向融合。

按二:《学习微笑》被《小说选刊》1996 年第 9 期选载,并附"编者评点"《微笑的思考》:

"我们的国家正处在一个大变革的时代。现实是美好的,也是残酷的。在纷繁百态的现实生活中,症结往往比成绩更引人注目,更能引起作家们的创作激情。但如果把问题罗列起来,制作成文学作品,我们呈现给读者的,恐怕只能是一串'苦涩的糖葫芦'。

"李佩甫也写了艰难和困惑,却没有把问题满满地塞进作品,而是在刻画鲜活人物的同时,描绘他们在困境中谋求出路的探寻。刘小水是个倔强的女性,她拒绝了'救济',也没有去'找市里',而是鼓起勇气做出了另一种选择。她的公公也是个倔强的人,在'我是国营的'自豪破灭以后,拖着病残的身子,赚了一堆一角一元的零钞票……这种行为透出了质朴的骨气,也弘扬了自救精神。

"刘小水的自救行为固然值得提倡,但这毕竟不是众多劳动者的大出路。

"为了企业的生存,为了集体的大出路,厂长进行着艰难的

---

① 李佩甫:《抬来的"微笑"》,《中篇小说选刊》1996 年第 6 期。

谈判，八名女工也忍辱负重地努力微笑。那微笑便带有了乞讨的味道，便成了令人心酸的'含泪的微笑'。那微笑，敲击了我们的神经，触发了我们的思考。"

按三：《学习微笑》发表之后，在全国反响强烈，先后被《小说选刊》（1996年第9期）、《中篇小说选刊》（1996年第6期）、《中华文学选刊》（1996年第5期）、《作品与争鸣》（1997年第2期）、《新华文摘》（1997年第2期）等选刊、选集转载，获《小说选刊》和《中华文学选刊》优秀作品奖，并获1996年"全国十佳小说奖"。《学习微笑》依次被收入中国作家协会创研部编《1996年中国中篇小说精选》（上）（长江文艺出版社1997年版），程树榛主编《究竟怎样活——小说中的国企改革》（作家出版社1998年版），中国作家协会、《小说选刊》杂志社选编《1996年全国中篇小说佳作选》（华夏出版社1997年版），《青年文学》编辑部编选《精华——〈青年文学〉200期小说拔萃》（中国青年出版社1999年版），陆文夫主编《中华人民共和国五十年文学名作文库：短篇小说卷》（下）（作家出版社1999年版），《小说选刊》杂志社编《〈小说选刊〉金榜小说　短篇卷》（漓江出版社2000年版），张韧主编《第一届鲁迅文学奖全国优秀中篇小说奖提名作品集》（中国社会出版社2002年版）。

按四：《学习微笑》属于当时文坛表现工厂改革、城市经济状况的现实书写，属于20世纪90年代中后期"现实主义冲击波"写作潮流。"近年来，小说创作出现了一种新的势头，其标志就是一大批现实主义新作的问世。如谈歌的《大厂》和《大

156

厂续篇》、关仁山的《大雪无乡》《九月还乡》、刘醒龙的《分享艰难》、李佩甫的《学习微笑》，还有我省黄晓延的《寻找诺亚方舟》等等，都在文学评论界和读者中引起强烈反响。"①"新时期文学的第四次突围，那就是 1996 年的现实主义的潮涌和近几年活跃于文坛的'新生代'和'70 年代作家群'了。……以河北'三驾马车'和刘醒龙、李佩甫等人为代表的一批作家在 1996 年制造了一个现实主义的冲击波，他们重又找回了作家的历史职责和人文情怀，为人们描绘了一幅幅足以让人动容的艰难现实人生的图画。"②

按五：《学习微笑》与第一届鲁迅文学奖失之交臂。"在第一届鲁迅文学奖评选中，李佩甫的《学习微笑》在短篇初选中高居头名，终评时考虑到其篇幅过长，被转到中篇评奖之中，结果落选。"③

也正是评奖时出现短篇、中篇界定不清奖项难评的情况，才有了后来对中、短篇字数的大致规定。"有时中篇和短篇的区分完全靠编辑的自由裁量，或者像有些刊物比如《人民文学》直到 80 年代末期也很少标出中、短篇，一概是'小说'，这在文学生活中有时会引起意想不到的麻烦。记忆所及，1987 年的全国中、短篇小说评奖和 1997 年的第一届鲁迅奖评奖中，都发

① 奔众：《也说"96 新浪潮"》，载《编外说文》，贵州人民出版社，2003，第 96 页。

② 孔范今：《新时期文学的数度突围与选择》，《文史哲》1999 年第 5 期。

③ 黄发有：《短篇小说为何衰落》，载《跨媒体风尚》，海峡文艺出版社，2016，第 121 页。

生过一篇小说究竟是中篇还是短篇的争执——不幸而凑巧的是，两次都与李佩甫有关，第一次是他的《红蚂蚱 绿蚂蚱》，第二次是《学习微笑》。结果，就在 1997 年的那次评奖中，两边的评委会达成协议：今后两万字以上为中篇，以下为短篇。这个分界当然也没有什么道理可讲，但应也大致合于这个时代的读者对于'短'与'中'的直觉，从此以后，混沌分矣，再无争议。"① 由于多次因一票之差与国家级奖项无缘，李佩甫后来就戏称自己是"差一票"作家。

6 月 15—19 日 参加《中篇小说选刊》在福州举办的座谈会和颁奖大会，与会作家有张贤亮、池莉、周大新等。

按：李佩甫中篇小说《无边无际的早晨》《豌豆偷树》分别被《中篇小说选刊》转载，并分别获第五届、第六届全国优秀中篇小说奖。

6 月 20 日 人民文学出版社、河南省作家协会、河南省电视台亚太电视制作有限公司、河南省文联文艺理论研究室联合举办李佩甫新作《城市白皮书》研讨会。与会作家、评论家有来自首都评论界的王富仁、白烨、刘海虹、李昕和李洁非，来自河南省内的有王鸿生、孙荪、曲春景②、杜田材、杨东明、张宇、陈继会、何弘、何向阳、耿占春等。

---

① 李敬泽主编《中国新文学大系 1976—2000 第十三集. 短篇小说卷一》，上海文艺出版社，2009，《序言》第 3—4 页。

② 曲春景（1956— ），女，河南南阳人。现为上海大学上海电影学院教授，博士生导师。出版《阅读的理性》等专著。

按：何弘作会议综述：

"1996年6月20日，李佩甫新作《城市白皮书》研讨会在郑州举行。应邀与会的有来自北京和省内的作家、评论家、学者及新闻出版界的有关人士60余人。河南省委宣传部常务副部长葛纪谦，省文联主席丁发杰，副主席王岭群、田中禾，顾问何南丁，省电视台副台长杨望金，省委宣传部文艺处处长王洪应，副处长何或等有关领导出席了会议。中国作协书记处常务书记张锲同志和人民文学出版社副社长何启治同时因故不能到会，分别发来了贺信和书面发言。"①

"与会者一致肯定了河南文学创作近年来取得的突出成就，认为'豫军'的崛起已成为中国文坛的一大景观，李佩甫则是正在崛起的'豫军'的杰出代表，他的《城市白皮书》较之以往的创作，有了一个全方位的突破，无论在艺术性还是在思想性上都达到了相当的高度，可谓他创作的一个新的里程碑"，"与会者认为《城市白皮书》是一部独特、新鲜、富有探索性的作品，是李佩甫创作史上一个新的里程碑。作品深刻而巧妙，荒诞而真实，灵动而浑厚，是一部具有先锋性、探索性的作品，凝聚了作者对城市生活的深刻感受，集中而深刻地揭示了改革开放以来各种社会变化所产生的负面影响、带来的社会问题以及生活于其中的人的生存状态。作品通过一个个病例，透视了社会，透视了几十年来社会变化的历史，探明了我们这个社会

---

① 何弘：《铁肩担道义　妙手著文章——李佩甫新作〈城市白皮书〉研讨会纪要》，《莽原》1996年第5期。

的病灶，产生了深刻而强烈的社会震撼"。① 同时，专家们也指出了作品意象过于密集，"作品的两条线索——女孩的视角和魏征的视角——内在联系不够"的不足。②

7月　被派到许昌市下属的县级市长葛挂职锻炼，任副市长。

按一：1996年7月1日前后，为了促进文学创作的发展繁荣，河南省委安排河南省文联作家到基层挂职锻炼体验生活。本次挂职锻炼的有七位作家：田中禾任新郑市副市长、张宇任新乡县副县长、李佩甫任长葛市副市长、郑彦英任灵宝市副市长、杨东明任郑州市金水区副区长、黄同甫任滑县副县长、焦述任济源市副市长。

按二：对于作家来说，挂职锻炼实际上就是体验生活。李佩甫本就不是好权力的人，因此也就是挂个虚职。他借此观察官场的情形以及官场人际关系的微妙，体验生活，积累素材，并且也四处转转，看了长葛市的七个乡镇：坡胡镇、石固镇、后河镇、官厅乡、大周镇、古桥乡、南席镇。舒晋瑜曾就作家挂职写一篇文章，其中就提到李佩甫挂职体验生活一事："李佩甫并没有强烈的进入政界的欲望，他只是愿意一个乡一个乡地挨个儿转，到乡政府或镇政府去了解情况，边走边问。因为没

---

① 何弘：《促进河南文艺迈向新目标——李佩甫新作〈城市白皮书〉研讨会纪要》，《中华文学选刊》1996年第5期。

② 何弘：《铁肩担道义　妙手著文章——李佩甫新作〈城市白皮书〉研讨会纪要》，《莽原》1996年第5期。

有利害冲突，他这个'平民副市长'反而可以了解更多的真实情况。""我真实的心态，正准备攒足力量写长篇。所以就安之若素，在那里住下来。挂职变成了真正意义的深入生活。""挂职的经历对李佩甫而言也是宝贵的经历。他觉得自己看问题、看人生的格局大了，对土地的理解更为深厚，视野更加开阔。他试着换位考虑问题，觉得县里的干部也不容易，上面千条线，下面一根针，都穿到基层的政府。"①

按三：挂职期间，主要的事情就是写《羊的门》。只在长葛待了一段时间，然后回郑州专心构思准备写作。

7月 散文《一个老警察的故事》刊《公安月刊》1996年第7期"卫士风采"栏目。李佩甫以简洁质朴的语言，刻画出许昌市魏都区老警察金万福平凡又伟大的真实形象。

按：此文获1996年度"金盾文学奖"三等奖，依次收入公安部宣传局编《"金盾文学奖"获奖作品集1996卷》（群众出版社1998年版）和全国公安文联编《中国公安文学精品文库（1949—2019）纪实文学 卷一》（群众出版社2019年版）。

10月16日 作为省直代表参加河南省作家协会召开的第三次会员代表大会，当选为河南省作家协会第三届主席团副主席，主席是田中禾。

12月16—21日 赴北京参加中国作家协会第五次全国代表大会。与会河南代表有张一弓、田中禾、王怀让、申爱萍、

---

① 舒晋瑜：《作家挂职记（费振钟·李佩甫·陈应松）》，《中华读书报》2013年1月30日第5版。

孙荪、乔典运、杨贵才、陈继会、张宇、廖华歌等。

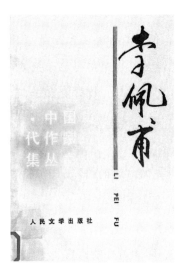

第一部作品集《李佩甫》（中国当代作家选集丛书）书影

12月 中短篇小说集《李佩甫》（中国当代作家选集丛书）由人民文学出版社出版。这是李佩甫的第一部作品集，收入李佩甫中短篇小说《红蚂蚱 绿蚂蚱》《画匠王》《村魂》《黑蜻蜓》《无边无际的早晨》《豌豆偷树》《田园》《送你一朵苦楝花》《乡村蒙太奇》。

按：丛书《出版说明》："为了展示建国以来文学创作的实绩，促进我国社会主义文学进一步发展和繁荣，我们陆续编辑出版'中国当代作家选集丛书'。"从1991年开始，陆续结集的有王蒙、蒋子龙、张贤亮、宗璞、铁凝、王安忆等名家的作品集。

12月 《河南新文学大系（1917—1990）·中篇小说卷》由河南大学出版社出版，内收李佩甫的《无边无际的早晨》。

按：这个"中篇小说卷"收录1917—1990年河南的中篇小说，收录的其他小说有冯沅君的《春痕》、师陀的《无望村的馆主》、姚雪垠的《牛全德与红萝卜》、李準的《冰化雪消》、张一弓的《犯人李铜钟的故事》、郑彦英的《太阳》、张宇的《活鬼》、齐岸英的《执火者》、田中禾的《明天的太阳》、乔典运的《香与香》。

是年 任河南省作家协会副主席。

是年 应河南省委宣传部、河南电视台邀请开始写长篇电视连续剧剧本《难忘岁月——红旗渠故事》。

本年度重要论文：

乔美丽：《描述对象的转型：评李佩甫中篇小说〈夏天的病历——城市白皮书之二〉》，《莽原》1996 年第 2 期。

何弘：《铁肩担道义 妙手著文章——李佩甫新作〈城市白皮书〉研讨会纪要》，《莽原》1996 年第 5 期。

陈继会：《拷问"城市"》，《东方艺术》1996 年第 5 期。

1997 年　45 岁

4 月 1—3 日，中央宣传部在京召开文艺评论工作座谈会。

4 月 15 日，中共中央、国务院印发《关于进一步加强土地管理切实保护耕地的通知》，正式确立土地用途管理制度。

6 月 30 日午夜至 7 月 1 日凌晨，中英两国政府香港政权交接仪式在香港举行，宣告中国政府对香港恢复行使主权。中华人民共和国香港特别行政区成立。

6 月，河南省作家协会主席团研究决定实施文学豫军新人工程。

12 月 19 日，第四届茅盾文学奖在京揭晓，王火的《战争和人》（一、二、三部）、陈忠实的《白鹿原》（修订本）、刘斯奋的《白门柳》（一、二部）、刘玉民的《骚动之秋》四部长篇小说获此殊荣。

1 月　由河南电视台、中央电视台联合录制，李佩甫编剧、都晓导演的 20 集电视连续剧《平平常常的故事》由中央电视台

8 频道播出。《平平常常的故事》写的是改革开放年代柴油机厂的普通工人在地位巨大变化之下所呈现出的坚忍意志与美好品质，谱写了一曲当代工人的颂歌。

1 月　认真学习十四届六中全会决议所提出的繁荣创作精品战略精神，写笔谈《树立精品意识　编好"筐"和"篓"》，发表于《河南作家通讯》1997 年第 1 期。

2 月　为画家段正渠油画所写的评论《生命的呐喊——感觉正渠》刊《热风》1997 年第 2 期。

3 月　根据电视连续剧剧本《平平常常的故事》修改完成的长篇小说《底色——电视连续剧〈平平常常的故事〉文学版》由河南文艺出版社出版。

5 月　随笔《从读书到写书》被收入张理阁主编、汕头大学出版社出版的《书人夜话》。从这篇文章可以看到李佩甫阅读的过程以及阅读对他人生的影响。

7 月　参加由河南省作家协会、河南省文学院、登封市作家协会共同在登封举办的河南青年作家小说创作研讨会。出席会议的作家、评论家还有南丁、田中禾、段荃法、孙荪、刘思谦、张宇、齐岸青、王鸿生、耿占春、何向阳、何弘、刘学林等。

按：本次为河南文学豫军新人工程的第一次大型活动。活动研讨了墨白、李洱、行者、韩向阳、陈铁军五位具有代表性的青年小说家的小说创作。

8 月　中短篇小说集《无边无际的早晨——李佩甫中短篇小说自选集》由华夏出版社出版，属于张锲主编的"中国当代作家文库"之一。

按一：其他同时出版的还有张宇、田中禾、张炜等作家的中短篇小说自选集。《无边无际的早晨——李佩甫中短篇小说自选集》收入李佩甫的中短篇小说《无边无际的早晨》《黑蜻蜓》《豌豆偷树》《送你一朵苦楝花》《红蚂蚱 绿蚂蚱》《学习微笑》《村魂》《乡村蒙太奇》《田园》《小小吉兆村》《满城荷花》《红炕席》《画匠王》《带锯痕的树桩》《天眼》《钢婚》《连环套》《车上没有座位》。

按二：作品集《自序》全文如下：

"日子很碎，不是吗？

"一天一天的，人在日子里碎着。想一想，来处是那样偶然，而去处呢，早早晚晚的，又是那样的一致，来既无踪，走也走得无影。剩下的，只是一些片片段段的过程。纵是这些过程，也是经过了记忆修饰的，是每个人心中的东西。说起来，不也很空？

"幸好有了文字。人类的物质生命是由后代来延续的，人类的精神生命却是由文字来延续的。文字是人类精神生命的记录，语言是人类智慧的结晶，是先导，于是一代一代的后人们才有了借鉴的凭据，活的依托。

"在过程中，人成了一片一片的点，那就是生命的亮点。正是这些亮点把时间分解了，时间成了一个一个的瞬间、一片一片的记忆，成了活鲜的有血有肉的人生，成了一种有质有量的东西。是文字称出了人生的重量。

"文字造成了时间的分解，文字也造成了生命的永恒。分解后的时间，不再是人类共有的概念，而变成了亿万个不同的立体时空。在这样的时空里，人成了时间的切片，成了一个个活的标本。这里有千千万万个各不相同的春夏秋冬，有千千万万个各不相同的分分秒秒，有千千万万个各不相同的凝固了的瞬间……

"这么说，在肢解过的时间里，世间已没有了绝对的真实。所谓的真实已是被人的视角篡改过、被人的记忆吞噬过的，那是一些被人们的记忆咀嚼后又被人的思想唾液粘起来的东西，可以说是亦真亦幻哪。

"文学就是一个亦真亦幻的世界。也可以说，文学是从这个世界里发出的声音。来自灵魂的声音。

"很多年了，一直在这个亦真亦幻的世界作活儿，曾期望着能够种出一片'声音'来。天晃晃的，人也晃晃的。怎么说呢，百姓的儿子，想的也多是百姓们想的事体，并不求得到什么。只想认认真真地'种'下去。

"收什么是什么吧。"

是年　由李佩甫编剧、河南籍著名导演翟俊杰①执导，河南电影制片厂、中央电视台影视部联合摄制的工业题材电影《挺立潮头》上映。

---

① 翟俊杰（1941—　），男，河南开封人，曾任八一电影制片厂文学部主任，《八一电影》杂志主编。国家一级导演，主要影视作品有《血战台儿庄》《大决战》《我的法兰西岁月》等。

按：电影《挺立潮头》是李佩甫到河北邯郸钢铁厂参观之后创作的电影剧本，原名是《燃烧的夏天》。《挺立潮头》是对"邯钢经验"的介绍。剧本展现了20世纪90年代初邯郸钢铁厂的改革经过，描写了改革开放中国国有企业面临的压力，以及经历痛楚之后的涅槃。《挺立潮头》在1998年5月获第4届中国电影华表奖评委会奖。

是年 14集电视连续剧《难忘岁月——红旗渠故事》拍摄完成。

本年度重要论文：

陈继会：《〈城市白皮书〉当代城市精神生态的忧思和拷问》，《小说评论》1997年第2期。

张喜田：《城乡、古今中的挣扎与修炼——李佩甫创作论》，《河南师范大学学报（哲学社会科学版）》1997年第3期。

1998 年　46 岁

2 月上旬，鲁迅文学奖 1995—1996 年优秀作品评奖结果揭晓，周同宾的《皇天后土》是河南省本届评奖活动中唯一的获奖作品。

6 月 9 日，中共中央、国务院发出《关于切实做好国有企业下岗职工基本生活保障和再就业工作的通知》。

6 月中旬至 9 月上旬，中国南方特别是长江流域及北方的嫩江、松花江流域出现历史上罕见的特大洪灾。

10 月 12—14 日，中共十五届三中全会召开。全会通过《关于农业和农村工作若干重大问题的决定》，提出到 2010 年建设有中国特色社会主义新农村的奋斗目标。

1 月　王忠厚主编的《河南优秀专家略传》由河南人民出版社出版，内收《小说作家李佩甫》。

1 月　14 集电视连续剧《难忘岁月——红旗渠故事》在中央电视台 1 频道黄金档首播。此剧是李佩甫和导演都晓合作的又一部成功之作，中央电视台、河南省委宣传部、河南电视台亚太公司和林州市委、市政府联合录制，展现了林州人民开山凿石、历尽艰难引来水源的惊人壮举，讴歌了英雄主义精神。

按一：《难忘岁月——红旗渠故事》播出之后，在社会上产生极大反响。该剧获第18届中国电视剧飞天奖长篇电视剧一等奖、中央宣传部第七届全国精神文明建设"五个一工程"奖、第16届中国电视金鹰奖电视剧类特别奖。李佩甫荣获优秀编剧提名荣誉奖。李佩甫也因此获得"全国五一劳动奖章"，并被评为"省管专家""享受国务院政府特殊津贴专家"等。

按二：时任中央电视台影视部副主任的汪国辉曾评价说："这部作品是站在了90年代的高度审视当年的历史，它是在告诉人们'红旗渠精神'不管是在过去还是在现在以及今后都有着非凡的意义。剧中所塑造的人物也是既有历史价值又有现实价值的，是非常成功的。"①

4月1日 应《十月》杂志之邀创作的中篇小说《败节草》完成。

5月26日 参加漯河市郾城县（今郾城区）组织召开的"芦雅萍文学作品分析会"。与会作家还有田中禾、段荃法。他们分别对芦雅萍的《坡上草青青》《山月徊徨》《人间烟火》等作品进行了深入透彻的分析。

9月23—25日 参加由驻马店地区文联、驻马店地区作家

---

① 《忆难忘岁月　扬时代精神——电视连续剧〈难忘岁月——红旗渠故事〉观后谈》，《光明日报》1998年11月5日第6版。

协会承办，在河南省遂平县召开的河南省作家协会三届二次理事会。河南省委宣传部副部长常有功、河南省作家协会顾问何南丁、河南省作家协会名誉主席张一弓，河南省文联副主席段荃法、孙广举、张宇、杨东明，各市地作家协会负责人、河南省作家协会理事、河南省6家刊物主编共50余人参会。

9月　中篇小说《败节草》刊《十月》1998年第5期。《败节草》抽取李佩甫长篇小说《李氏家族第十七代玄孙》中李金魁一条线索，详细地叙写了李金魁从一个农村穷苦孩子，通过自己的努力奋斗，终于坐上了市长的位置的故事，展现了人物成长过程中拼命往上爬的心机谋算，小说在这一看似普通的人生轨迹中挖掘民众的心理性格。

按一：《败节草》随后被《小说选刊》1998年第11期转载；又被《中篇小说选刊》1998年第6期转载，同时附创作谈《一种植物》；又被《小说月报》1998年第12期转载。《败节草》后依次收入《小说月报》编辑部编《小说月报第八届百花奖获奖作品集》（百花文艺出版社2000年版），同集附《李佩甫小传》和《创作札记》；谢冕、孟繁华等主编《十月典藏品·青卷·中篇小说》（北京十月文艺出版社2004年版）；谢冕、孟繁华等主编《典藏时光：〈十月〉杂志35年名篇集萃　中篇小说　卷五》（北京出版社2015年版）。

按二：《败节草》1999年获《小说月报》第八届百花奖，2000年又获《中篇小说选刊》第九届全国优秀中篇小说奖（评选范围是1998—1999年度的作品）。2002年，《败节草》又获第七届十月文学奖"大来杯"奖，本奖项所评作品是 1998—2000 年的小说，同时获奖的中篇小说有铁凝的《永远有多远》和刘庆邦的《神木》等。

是年　帮助在郑州的许昌同乡青年诗人杜涯①。

按：杜涯在《我·诗歌和往事》中回忆："那时我的肝部出现了疾病，无钱去医治，熬了几个月，身体越来越虚弱，后来是我的许昌同乡、作家李佩甫给了我 500 元钱，我才到医院拿药治好了病。"②

是年　担任河南省作家协会常务副主席，继续担任河南省文学院常务副院长。

本年度重要论文：

孙荪：《捕捉变化中的乡土精灵——李佩甫散论（上）》，《中州大学学报（综合版）》1998 年第 1 期。

晓慧：《失业不失志　自尊得自立——评李佩甫的小说〈学习微笑〉》，《西安教育学院学报》1998 年第 2 期。

申霞艳：《"现实主义冲击波"冲击什么——从〈学习微笑〉谈起》，《中山大学研究生学刊（社会科学版）》1998 年第 4 期。

---

① 杜涯（1968—　），女，原名杜俊香，河南许昌人。1990 年开始发表作品，发表有诗歌《星云》《老屋》等。诗集《落日与朝霞》获第七届鲁迅文学奖诗歌奖。

② 杜涯：《我·诗歌和往事》，载《诗探索·中国年度诗人》评审委员会、深圳作家协会主编《2012 诗探索·中国年度诗人》，漓江出版社，2012，第 71 页。

雷达：《永恒的财富——〈难忘岁月——红旗渠故事〉的创意与风格》，《中国电视》1998 年第 12 期。

1999 年　47 岁

3 月 18 日，中国文联六届四次全委会、中国作家协会五届四次全委会在京召开。

6 月 17 日，江泽民在陕西西安主持召开国有企业改革和发展座谈会时讲话指出，实施西部大开发，是一项振兴中华的宏伟战略任务。

12 月 7—9 日，河南省作家协会在新乡小冀镇召开"中原突破·文学豫军长篇小说研讨会"。

12 月 19 日午夜至 20 日凌晨，中葡两国政府澳门政权交接仪式在澳门举行，宣告中国政府对澳门恢复行使主权。中华人民共和国澳门特别行政区成立。

2 月　中短篇小说集《李佩甫小说自选集》由河南文艺出版社出版，收录作品《学习微笑》《满城荷花》《钢婚》《车上没有座位》《女犯》《燃烧的夏天》《小小吉兆村》《红炕席》《小城书柬》《天眼》《蛐蛐》《我们锻工班》《连环套》《带锯痕的树桩》《十辈陈轶事》。

按：《李佩甫小说自选集》属于"中原作家文丛"系列，此系列其他作品集还有《阎连科小说自选集》《张宇小说自选集》《刘庆邦小说自选集》《杨东明小说自选集》《郑彦英小说自选集》《邢军纪报告文学自选集》等。

4月 长篇小说《李氏家族第十七代玄孙》由百花文艺出版社重版，加入中篇小说《败节草》的情节，书名改为《李氏家族》。

按：《败节草》一共12章，作者就按章节将其拆成12个部分，分开插入《李氏家族》的原来"姥姥的瞎话儿"12节与"现代人的生活"12节中。1999年版中"现代人的生活"有两条线索：作为"羊"的李金魁单独的一条线索和其他大李庄人的一条线索。人物李金魁、李二狗、李满凤、李红叶的关系从初版的《李氏家族第十七代玄孙》到再版的《李氏家族》有所改动。《败节草》内容充实进原作之后，丰富了李氏家族发展演变中今天的历史叙述，小说整体内容安排也更加清晰。

7月10日 长篇小说《羊的门》在《中国作家》1999年第4期以"特别推荐"的方式全文刊出。同月，单行本《羊的门》由华夏出版社出版。《羊的门》主要内容为统治呼家堡四十年的能人呼天成，他深谙平原土地上人际关系的运行规则，善用权谋和驭人之术，通过识人之术投资培养，建立起一个从村到县到省到首都的关系网。他以一己之力带领呼家堡人在各种社会变革中安全度过并走向富裕，成为呼家堡人心中无可撼动的

《中国作家》1999年第4期封面（本期刊长篇小说《羊的门》，隆重介绍）

"主"。但是呼天成的成功却是以"主"的身份对他人意志的泯灭，他出色的才能掩藏的是封建"王道""人治"的思想，是与现代社会格格不入的封建意识。李佩甫在对呼家堡统治本质的揭示中完成了对现代社会封建思想意识的批判。小说另外一条线索呼国庆县长的官场沉浮与呼天成的运筹帷幄相互呼应。

按一：《羊的门》从构思到成书一共用了四年时间，写作时间一年半。《羊的门》写作的时候李佩甫情绪性很强，有迫切地想要表达的冲动，整部小说写得很流畅。李佩甫说："《羊的门》让我写出了信心，是我创作中写的最有信心的一部，写出了我可以吃这碗饭的感觉，我可以在这条路上走下去了"，"到《羊的门》的时候，我的写作版图扩大了，不仅仅是老家那个村庄了，是中原"。①

良好的写作状态源于李佩甫长期以来对村支书这一群体的熟悉和思考。知青时期李佩甫因为当知青队队长经常和村干部一起开会，朝夕相处中看到他们是如何震慑人心、如何管理偌

---

① 与作家直接沟通作家谈及的内容。

大一个村庄的。后来生活中，他也不断接收到这类人物的信息。河南本地就有非常突出、很有影响的乡村领头人物，他出省采风也了解到了一些在当地颇有影响力的村干部形象，这些人都是典型的民间"地方能人"。李佩甫长期观察、思考这个群体，他笔下的呼天成是这些人物的集合体，"很多很多的人物集聚捏成的这样一个人。他不是单一的某个人物，不是生活中某一个原型"。① 长期的关注思考使他逐渐看清楚了这类人物管理人的"智慧"及其与中国传统文化的关系，所以鲜活典型的人物形象也呼之欲出。李佩甫也认为呼天成"他是个有血有肉有私心有七情六欲的人"。

按二：华夏出版社 1999 年出版的《羊的门》单行本属于张锲主编的"中国当代作家文库"，是文库所收的李佩甫的又一部作品（上一部是 1997 年的《无边无际的早晨——李佩甫中短篇小说自选集》）。由白烨主编的《中国年度文坛纪事·'99 卷》"作品档案"部分收有《〈羊的门〉梗概》（李佩甫著、李然缩写）和侯耀忠②评《羊的门》的论文《一种发自灵魂的声音——李佩甫与他的〈羊的门〉》（原载《文艺报》1999 年 8 月 26 日）。《羊的门》获《中国作家》杂志社 1999 年度长篇小说奖，不过李佩甫因事当时未去领奖。

---

① 樊会芹：《从"姥姥的村庄"到"文学的家园"——李佩甫访谈录》，《信阳师范学院（哲学社会科学版）》2021 年第 4 期。
② 侯耀忠（1944— ），男，河南省文化艺术研究院研究员，河南省作家协会会员。从事诗歌、散文创作及文艺理论研究。发表文艺评论《永恒的民族记忆》《碰撞中的裂变与融合》等。

按三：《羊的门》的成功标志着李佩甫所追求的"具象"和"抽象"描写的完美结合，标志着他对能代表中原精神的中原"大地之子"塑造的成功。

7月14日 参加华夏出版社在北京举行《羊的门》研讨会。

按一：《羊的门》的编辑高苏回忆："1999年7月上旬，我社开始向全国书店发送《羊的门》。14日，《羊的门》研讨会在我社召开，十几位专家做了严肃、深刻的评议，有赞颂，有严苛。我领略了高端、严谨的学术精神。那三个小时的录音带，我保存至今。"①

研讨会上，十几位专家、学者做了严肃深刻的评议，指出《羊的门》在人物形象塑造和中原文化剖析上的突出成就。谢冕认为"《羊的门》涵括的现实的焦虑、记忆的沉重，有一种痛感，不是无关痛痒的甜蜜，而是有一种苦涩，这些苦涩就如同豫中平原的那些草植的味道一样，作家感受到的当代的苦难和欢乐、成就和颓败、泪水与血滴，这些感受化为沉重的历史的记忆。《羊的门》的可贵，正在于它不是所谓的'纪实'和表面上的'反映'，而是一种沉淀和一种提炼，是一种现实与历史的交汇"，"《羊的门》里有很多精彩的情节和细节，令我有很多发现，能想得很远，它令我震撼和惊喜，所以我说它显扬了批判的激情"。白烨指出，《羊的门》不仅直面现实，以县委书

---

① 高苏：《〈羊的门〉组稿、出版始末》，《大河报》2015年11月13日第A23版。

记王华欣和县长呼国庆的不和写出了官场、商场的真实，而更让人惊叹的是，还以呼家堡"四十年不倒"的支书呼天成的一生"从民族传统文化的底蕴上写出了'人场'的深义与妙用，深刻而生动地揭示了由人际关系大网构成的中国社会独有的文化和特有的国情，从而使《羊的门》成为读解中国社会的重要作品"。孟繁华认为，《羊的门》是对当下中国社会和人心深切透视的一部作品，是九十年代长篇小说的一部杰作，"呼天成这个复杂的、既有中国传统、又有现代文明特征的中原农民形象，是小说取得的最大成就"。王富仁则认为"这是一部史诗性的小说，是一部中国北方文化的史诗，是北方农民的史诗"。李洁非断定这是一部改变了五十年来乡农文学面貌的作品，具有重要的价值和意义。当然，专家们也指出了《羊的门》在生活展示中"溢恶状丑"多、"美""善"发扬少的不足。①

《羊的门》单行本出版之际，谢冕、杨匡汉、王富仁、白烨、许明、陶东风、孟繁华、李洁非于本书封底，曾镇南、白烨、王富仁、孟繁华于书腰正面都刊有推荐词。

按二：《羊的门》的出版在文学界、评论界和读者中间引起轰动，名家评论不断出现。《羊的门》出版后不久，孟繁华即写下专论《中原文化与生活政治——评李佩甫的长篇小说〈羊的门〉》。他指出《羊的门》"是一部忧愤深广的、充满了力量的作品，是包括对中原文化在内的传统中国文化重构后，对当下

---

① 《对现实生活的深邃透视——李佩甫新作〈羊的门〉研讨会纪要》，《文学报》1999 年 7 月 22 日。

中国社会生活和世道人心深切关注和透视的作品，它既是新的《官场现形记》，也是乡土中国的生活政治画图；它的想象力、感悟力和丰富性，是我们多年盼待并有幸相逢的一部小说。1999 年，有了《羊的门》就可以称作长篇小说创作的一个丰年"。他认为《羊的门》的独特价值在于小说环境和人物形象内涵的多重性。呼家堡是"传统和社会生活遭遇了现代性之后，产生的具有中国特色的社会生活场景"，而呼天成更是传统文化、农民文化、现代文化的集中重构体，"这个复杂的，既有中国传统又有现代文明特征的中原农民形象，是小说取得的最大成就"，"是作者在世纪的黄昏向世人显现的一个杰作"。[1]

南丁认为，《羊的门》集中写了这块土地上当下历史阶段最尖锐的问题，"是因为从呼天成这里可以看到，人身依附关系还是多么顽固地存在，具有独立人格具有平等意识的民主建设任重道远，精神层次文明建设比之物质层次的文明建设更加艰难。而这正是社会主义精神文明建设的题中之旨。佩甫忧患意识之深广也正在这里显现"[2]。何西来、丛小荷 1999 年 12 月合写的《论呼天成的性格》指出，"李佩甫的近作、长篇小说《羊的

---

[1]　孟繁华：《中原文化与生活政治——评李佩甫的长篇小说〈羊的门〉》，载《想象的盛宴》，云南人民出版社，2001，第 124—128 页。
　　另，之所以确认此文是写于《羊的门》发表后不久，是因为本文除收入孟繁华作品集《想象的盛宴》外，还被收入华夏出版社 2016 年再版《羊的门》中，作为附录内容出现，文末标注出处为"原载《中外作品研究》1999 年 12 月"。笔者多方搜寻未果，只能在此说明。

[2]　南丁：《简评〈羊的门〉》，载河南省直作家协会编《南丁文集　评论卷　微调》，河南文艺出版社，2006，第 222 页。

门》应该说是当代长篇小说创作的一部有重要突破的优秀之作，说它是长篇小说的上品丝毫不为过。它的成就不仅仅在于作者诗意的状物写人、对话的极好极敏锐的语感；结构分明的两条线索相交、变换、转接的自然流畅；人物心理描写的深刻和力度；以及浓郁鲜明的地域文化特色和这一特色哺育成长的人物的文化性格；而且还在于他塑造了呼天成这样一个丰满的个性化的让人过目难忘的典型形象。从这个意义上讲，李佩甫对当代长篇小说创作的贡献是很值得关注的"①。同时，《羊的门》还引起国际友人的关注："《羊的门》出版的时候，有个日本的大学教授，在北京待过很多年，他当时预言我这部小说要得什么奖，他和他的学生一起来翻译，还到我老家考察了一番。我带他在平原上走了一趟，教他认这个草那个草。"② 后来，《羊的门》被翻译到美国、日本等。

7月15日　《光明日报》第2版刊发《〈羊的门〉引起文学界关注》报道，并对《羊的门》进行了评价。

按："本报北京7月14日电（记者庄建）　今天，谢冕、朱寨、杨匡汉、王富仁、曾镇南等文学评论家面对着作家李佩甫和他的新作《羊的门》发表了有分量的评论"，"华夏出版社日前推出的长篇小说《羊的门》，是作家李佩甫笔耕4年完成的一部中原

---

① 何西来、丛小荷：《论呼天成的性格》，载《文外文》，广东人民出版社，2000，第12页。

② 李佩甫、傅小平：《现在还不是谈"伟大的中国小说"的时候》，《野草》2020年第2期。

城乡题材的力作。小说以历史与现实交汇为基本结构框架，塑造了一个'40年不倒'的呼家堡的当家人呼天成的形象"。

7月16日 《人民日报》第11版"文艺信息"介绍《长篇小说〈羊的门〉出版》。

按："华夏出版社近日推出长篇小说《羊的门》，这是作家李佩甫笔耕四年完成的一部中原城乡题材的力作。小说塑造了一个'四十年不倒'的呼家堡的当家人呼天成的形象。作者在呼伯（天成）身上，集聚了中国社会四十年的风云，以这样的'一滴水'折射那偌大的'太阳'。书中另一主要人物是县长呼国庆，作者通过他在当今仕途官场上的沉浮、挣扎，把现实的温情与残酷、合作与较量、本真与异化、情感与利益等等，汁液淋漓地呈奉在读者面前。"

7月29日 河南省作家协会、河南省文学院在郑州联合召开"中原突破：李佩甫长篇小说《羊的门》研讨会"。研讨会由张宇主持。

按：郑州研讨会上，孙荪、何弘、陈继会、李洱、王鸿生、墨白、何向阳、曲春景等评论家发表了对《羊的门》评论。陈继会指出呼天成是一个"东方教父"式人物，封建主义、共产主义、父道、新教思想集中体现在了他身上。何弘认为"我们从呼家堡这个小小的村子中看到了整个中国和它的历史"。孙荪则认为"小说以出色的文学表现，让我们看到了这样的人物在平原大地上活生生的生长过程"，同时，他又指出"一九九九年七月，对于文学界，有一件事情值得记住，这就是李佩甫在五月刚刚写成的长篇小说《羊的门》……而且书一出版，就引起了轰动"，"《羊的门》刚好在这个世纪的末尾问世，虽然现在就断言它以后的影响还为时尚早，但同这个世纪已有的大作品并列，它是没有愧色的"。①

7月31日至8月1日　华夏出版社与郑州市新华书店、陇海路图书城合作，举行了为期两天的两场《羊的门》签售暨作家李佩甫与读者互动活动。

按一："7月31日，《羊的门》签售暨李佩甫与读者互动活动在太康路书店举行，读者反响之热烈出乎我的预料，排起的队伍斗折蛇行，人头攒动，气氛比酷暑还热！我和发行员小刘及郑州的朋友们脸上、心里都乐开了花。8月1日，在郑州图书城又组织了一场签售，陇海路热火朝天的程度丝毫不逊于太康路。佩甫轻声告诉我：'写书都没这么累手。'"②

按二：后来由于形势发生了意想不到的变化，《羊的门》的出版被迫终止。第三版书已经出来，但只能回炉打成纸浆。"《羊的门》出版不到一个月，中央电视台有人打电话说要将《羊的门》拍成电视剧，要买断改编权，给最高价。但就在第二天上午10点，华夏出版社编辑打电话说出事了，上面要求他们做检查，说是河南有人告到了中宣部。一时间谣言四起，有人甚至说佩甫已被抓了。当时河南省委宣传部的领导出面做了一

①　何弘：《众说纷纭〈羊的门〉》，《莽原》1999年第6期。
②　高苏：《〈羊的门〉组稿、出版始末》，《大河报》2015年11月13日第A23版。

些具体的保护和协调工作。但《羊的门》央视也不再改编了。2000年，《羊的门》参选第五届茅盾文学奖，本来呼声很高，排名靠前，也被通知要他撤回来。一时间，给他带来的名利损失还是不小的。但是在民间，《羊的门》的盗版书长久地遍布在大街小巷的书摊上。"①

　　按三："也就当年写完《羊的门》，小小地骄傲了一会儿，敢说自己是个作家了，被称呼作家也不觉得羞愧了，但也只是高兴了一小会儿。""被禁了不说，当时传言很多，说要查我的问题。那是一夜之间天翻地覆啊。我头天晚上还在心里数钞票，如果书再版多次，版税就有很多嘛。但第二天十点，我就接到出版社电话说，上头要他们写检查，他们顶不住啊，只好把印刷好的印张回炉打成纸浆。""有人告状。有些地方说，我写的是他们那些地方的事。那肯定不是呀，我其实是把对很多村庄的印象捏合在一块儿写的。这个状告上去以后，传言很多，很邪乎。当时我想你不让出书就算了，反正我就一个作家，其他什么都不是，无所谓的。当然我在河南也占了一点好处，当年省委和宣传部的领导都挺好，保护了我。要不是他们包容，我可能麻烦就大一些。我那时上街碰到熟人，他就问我，听说你被抓起来了？我说，你也是写小说的，我写个小说，就能被抓起来？但我也意识到，这个事情不一般。但我当时不打听，也

---

　　① 孔会侠：《李佩甫评传》，河南文艺出版社，2018，第205—206页。

不询问，只管读自己的书，写自己的东西。"①

按四：《羊的门》盗版书风行。《羊的门》出版之际已经出现盗版书，后来由于正版被禁，盗版更加风行，河南、山东、湖北出现了大量盗版书。"因有人上告，《羊的门》被一度叫停印刷，直到2013年8月，才在作家出版社再版。其间，数以万计的《羊的门》盗版书在坊间持续火爆。"②"正如河南另一位作家李佩甫，他写《羊的门》收到正版版税只有6万册，可是盗版书就超过200万册。"③在《羊的门》被禁期间，好朋友赵富海看望他，向他索书。因为正版书都卖完了，李佩甫只能用买来的一本盗版《羊的门》签名相送。④

《羊的门》盗版风行的情况一是作品自身的影响力，二是现实中存在对作品的误读。相当多的人甚至把他当作"官场小说"来看，认为作品对官场人际关系的写作揭示了官场运行的秘诀。也正是基于这种心理，民间盗版书大量存在。评论家曲春景曾经问李佩甫："如果有人把呼伯作为一个成功的天才去模仿您怎么看？作家的回答是：那我很悲哀。"⑤

①　李佩甫、傅小平：《现在还不是谈伟大的"中国小说"的时候》，《野草》2020年第2期。

②　李丹梦：《新中国道德构建的地方契机——论李佩甫》，《中国现代文学研究丛刊》2019年第8期。

③　彦火：《二月河与河南人》，载邹镇、芮灿庭主编《50年花地精品选·杂文随笔卷》，花城出版社，2008，第127页。

④　赵富海：《南丁与文学豫军》，作家出版社，2013，第84—85页。

⑤　曲春景：《权力文化的叙述结构》，《当代作家评论》2000年第3期。

9 月 王永宽①主编的《河南当代文化名人大辞典》对李佩甫及其创作成就进行详细介绍，还专门提到"1999 年其新著长篇小说《羊的门》问世，引起强烈的社会反响"。②

10 月 1 日 好友陈松峰③写《品〈羊的门〉叩佩甫门——访著名作家李佩甫》。因《羊的门》很快被禁，所以这也是当时极少的关于《羊的门》带有访谈性质的文章。

按：李佩甫与陈松峰谈了《羊的门》的创作过程。在谈到从《羊的门》感受到的一方水土养一方人的内涵时，李佩甫说，"一个作家的作品就像是一方区域间一种类似植物性的东西，是从这个区域间生长出来的"，并说"这是一块生生不息的'绵羊地'"。陈松峰说："也许正是基于这一点，对号入座的现象常弄得人啼笑皆非。记得我去买这本书时，一进书店，开店的熟人就显得颇为诡秘地问道：'你们单位有没有个姓某的？叫某某某，是副某某职务。'我莫名其妙，一时哑然。问其故，才知是《羊的门》中的人物。我不免有几分的诧异，文学作品在社会上的对号入座，并由此所产生的后果，常常是触目惊心的。……

---

① 王永宽（1946— ），男，河南正阳人，本科毕业于北京师范大学中文系，硕士毕业于中国社会科学院，长期在河南省社会科学院文学研究所工作，曾任所长、研究员。

② 王永宽主编《河南当代文化名人大辞典》，中州古籍出版社，1999，第311 页。

③ 陈松峰（1955— ），男，河南邓州人，在烟草系统上班，著有《烟史闻见录》。李佩甫的文章《艺海拾贝》就是对陈松峰的散文集《月明杂记》进行的评论。

对此，佩甫君颇有共鸣，且流露出无奈的神态。"①

10月　散文《带豁口的月亮》刊《中国青年》1999年第10期。

11月5日　晚，参加由河南省文学院组织的"焦述纪实文学《风流小浪底》"座谈会。与会作家、评论家有孙荪、陈继会、何弘、王鸿生、何向阳等。

12月4—5日　作为特邀嘉宾参加河南省委宣传部召开的"河南省第三次青年文艺创作代表大会"。同为特邀嘉宾的还有田中禾、二月河、张宇、孙广举、王怀让、陈继会、刘学林。

12月7—9日　参加河南省作家协会、河南省文学院联合在新乡县小冀镇召开的"中原突破·文学豫军长篇小说研讨会"。此次研讨会对河南长篇小说在文学创作上的创新意义、存在的不足，以及未来发展的可能性和突破的契机所在进行探讨。河南省委宣传部部长林炎志、副部长常有功，河南省文联主席丁发杰出席会议。

按：参会人员有来自北京、上海、陕西、海南等地的作家、评论家，其中有王富仁、李陀、何镇邦、葛红兵等，和省内外的河南籍作家、评论家周大新、阎连科、刘庆邦、朱秀海、邢军纪、艾云、柳建伟、南丁、田中禾、李佩甫、张宇、孙荪、刘思谦、孙先科、何向阳、陈继会等。会上讨论的小说主要有

---

① 陈松峰：《品〈羊的门〉叩佩甫门——访著名作家李佩甫》，载《旅途点墨》，中国国际广播出版社，2000，第120—121页。

李佩甫的《羊的门》、阎连科的《日光流年》、周大新的《第二十幕》、刘震云①的《故乡面和花朵》、张宇的《疼痛与抚摸》、田中禾的《匪首》，以及一些河南青年新锐的作品。与会人员有80多人。会议最后的议题具有全国普遍意义，即集中在"如何实现长篇小说创作的新突破"上面。会议就河南长篇小说创作的特色、优长、不足等问题进行了深刻的研讨。全国多家新闻媒体对此进行了报道。

12月　被河南省委宣传部评为"河南十大新闻人物"。一同获此殊荣的还有二月河、王钢。

是年　被评为"劳动模范"。

本年度重要论文：

李少咏②：《倾听李佩甫》，《文艺报》1999年4月10日。

侯耀忠：《一种发自灵魂的声音——李佩甫与他的〈羊的门〉》，《文艺报》1999年8月26日。

孙荪：《初识呼天成——读李佩甫的长篇新作〈羊的门〉》，《文论报》1999年9月9日。

李胜先：《李佩甫的长篇小说〈羊的门〉》，《中外文化交流》1999年第5期。

---

① 刘震云（1958—　），男，河南延津人，当代作家。著有中短篇小说《塔铺》《一地鸡毛》、长篇小说《手机》《一句顶一万句》《故乡天下黄花》等。长篇小说《一句顶一万句》获第八届茅盾文学奖。

② 李少咏（1965—　），男，河南西华人。文学博士，洛阳师范学院文学院教授，著有文学评论集《没有人看见草生长》。

何弘：《众说纷纭〈羊的门〉》，《莽原》1999 年第 6 期。

赵修广：《徘徊于传统与现代之间——李佩甫小说创作论》，河南大学 1999 年硕士学位论文。

2000年　48岁

5月23日，中国现代文学馆新馆在北京朝阳区芍药居地区开馆。

6月7—8日，"河南青年作家长篇小说创作对话会"在河南宝丰召开。

10月12日，第五届茅盾文学奖揭晓。获奖的四部长篇小说是张平的《抉择》、阿来的《尘埃落定》、王安忆的《长恨歌》、王旭烽的《茶人三部曲》（一、二部）。

12月，河南省作家协会召开"第一届河南省文学奖颁奖大会"暨"省作协三届三次理事会扩大会议"。

是年，二月河获"海外最受读者欢迎的中国作家"奖，同时被河南省委宣传部评为河南文艺界的十大成果。

1月5日至3月5日　中篇小说《败节草》在《农村·农业·农民》2000年第1—3期连载。

1月26日　河南省作家协会主席团设立"河南省文学奖"。

李佩甫为第一届河南省文学奖评委会评委。其他评委有王怀让、方启雄、田中禾、孙广举、刘学林、张宇、张一弓、杨东明、何南丁、陈继会、李静宜①、段荃法。

春 受邀参加《美与时代》杂志社策划的"灿烂星河"选题对话。

按：对话先在《美与时代》2000年第7期发表，"美的探索"栏目中刊宋华震与李佩甫的对话《劳动与创造即是美——著名作家李佩甫谈美与人生》和方向真的文学评论《逃离农村，一种恒久的生命追求》；"权威观点"栏目刊李佩甫杂谈《贫穷是万恶之源》。三篇文章后收入贾玉民主编《对话：与当代文艺名家面对面》（远方出版社2005年版）。

3月31日 参加河南省作家协会在郑州丰乐园召开的张宇长篇小说《软弱》研讨会。李佩甫指出张宇小说创作的变化："我以为这部小说的写作是一种过来式写作……这种过来式的写作，使他从局外看社会、人生，摒弃了过去许多激烈的眼光和态度，产生了一种平和，这是一大变化。这种变化的成功在于：平和产生了叙述语调的轻松。"

3月 甘以雯评论文章《一部13年后依然走红的长篇》刊《全国新书目》2000年第3期，再次介绍1987年由百花文艺出版社出版、后改名为《李氏家族》的小说。

---

① 李静宜（1958— ），女，原籍广东。1984年调入河南省文联《莽原》编辑部，曾任《莽原》主编。发表散文《在心与年龄之间》《热带雨林》、评论《超越的期待》等。

按：甘以雯是《小说家》杂志发表《李氏家族的第十七代玄孙》的责编。13年后继续推介此书："最近，李佩甫的长篇小说《李氏家族》正在市场悄悄走红。自1999年4月修订版问世以来，该书已相继三次印刷，印数逾2万册。""1998年，鉴于作者良好的创作心态和该书具有的再版价值，百花文艺出版社约请李佩甫改写此部长篇。""李佩甫用了近半年的时间对原著进行了严肃而认真的改写，可以称作是一次新的创作。他打破了小说原有的结构，历史与现实交映而意在写今，上层与下层人物命运交织而意在状绘广阔的社会，这些大大增强了小说的时代感和现实性，一个真实的、生动的农民县长——一个在改革开放大潮中涌现的新型官场人物在《李氏家族》中诞生了。""13年的时间中，有太多风风火火、喧嚣一时的长篇已经被大浪淘沙了，只有少数好书经住时间考验留了下来，其中能够再版并依然征服众多读者的当数上乘佳品了。《李氏家族》便是这样的一本好书。"

3月　长篇小说集《李佩甫世纪精品》由百花文艺出版社出版。内收李佩甫三部长篇小说《金屋》《李氏家族》《羊的门》。

4月　长篇小说集《李佩甫文集》由长江文艺出版社出版，内收三部长篇小说《金屋》《李氏家族》《羊的门》。

5月　《小说月报第八届百花奖获奖作品集》由百花文艺出版社出版，内收李佩甫中篇小说《败节草》，同时附作家《创作札记》。

按：在《创作札记》中，李佩甫谈到他思想认识的又一变化：

　　"当世界开了一个天窗（电视）之后，国与国的距离越来越近了，而人与人的距离却越来越远了。天空中到处都是电波，电波织成了一个个的网络，人们自觉自愿地走进了一个个网络，人活在网络里，电烤着人的心，烤出了那么多的诱惑，干裂的魂魄在'嗞嗞'冒油。人，怎么能不急呢？

　　"人很躁。是啊，市场越来越大了，可读书的人却越来越少了，文学边缘化了。对于人类来说，精神上的干燥带来了物质上的恐慌，于是，'实用'成了人们生存的第一手段，掠夺成了这个时代的主题。在这样一个时期里，有一个字眼儿是人们最眼熟的，那就是'腐化'。

　　"那么，最大的腐蚀力来自何处呢？

　　"过去，在很早的时候，我一直认为，金钱对人的腐蚀力最大，金钱对人的灵魂有着巨大的腐蚀作用。后来，我突然发现，我错了。对于人类来说，最大的腐蚀力并非来自'金钱'，而是来自'贫穷'，贫穷对人的压迫和冶炼远远超过了金钱，贫穷才是万恶之源。

　　"我发现，在人的'成长'过程中，极端的生存经历，会给人打下极其深刻的精神烙印（尤其是童年。对于人来说，童年是至关重要的）。一个人，当他在一种没有戕害、正常的、健康的环境中成长时，他的心态也应该是较为正常的、健康的；当他在一种贫贱的、备受欺凌污辱的环境中成长时，他的心灵是

193

扭曲的、变形的、病态的。而这种幼芽由于生存环境的恶劣，在早年时就含有了某一种毒素，这种毒素是以仇恨来滋养的。这种含有某种毒素的幼芽一旦在成长过程中生成，往往会伴随一个人的终生。在这里，'贫穷'已不仅仅是物质上的匮乏，而是一种精神上的病态，一种精神病源。这种病症有着极为广阔的生存土壤。它既具有极大的革命性，同时也具有超常的精神破坏力，一旦气候适合，它迟早是会发病的！

"于是，我写了《败节草》。这篇作品是我改正认识错误的一种方式……"

6月7日 赴宝丰酒业集团参加"河南青年作家长篇小说创作对话会"并发言，指出"思想并不是个空洞的东西"。与会人员还有田中禾、曲春景、李静宜、张宇、李洱、齐岸青、杨东明等。

按： 这一活动系河南省"文学豫军新人工程"的系列活动之一，目的在于通过青年作家、中年作家、评论家之间的对话交流，在不同的见解、观念之间的交汇中，考察河南青年作家在全国长篇小说中的成就与不足，探求其突破的方向，促进河南青年作家的长篇小说创作的繁荣发展。

6月30日 评论《生活的丝结出了文学的茧》刊《河南日报》2000年6月30日第7版"人文副刊"，对青年作家芦雅萍长篇小说《岳立天中》进行评介。

7月20日 参加由河南省作家协会和郑州晚报社共同为青年女作家芦雅萍长篇小说《岳立天中》举办的研讨会。

7 月　接到中国作家协会通知，邀请李佩甫随着中国代表团到俄罗斯去。

按："闷坐在七月里，望着电脑，做着汉字的一次次拆解、组合，就觉得日子也仿佛在哪里陷住了，钝得化不开。突然，就有了一个机会，说让我出去走一走，随中国作家代表团到俄罗斯去。就觉得像是一个梦！

"在感情上，俄罗斯文学近乎'摇篮'！很久很久了，在一些难忘的时光里，我的少年，我的青年，赔上了多少个日日夜夜？读了那么多的俄罗斯文学，却从未想到要去那里看一看，不是不愿，而是觉得那梦太遥远了，不敢想啊。如今，能到'摇篮'里走一走，去圆一个梦，不是很好吗？圆一个梦吧。于是，匆匆的，就去了。"①

8 月　散文《渐入佳境》刊《时代文学》2000 年第 4 期。

9 月　中篇小说集《李佩甫小说精品》由南方出版社出版。收入中篇小说《学习微笑》《败节草》《黑蜻蜓》《燃烧的夏天》《女犯》《无边无际的早晨》《田园》《小城书柬》《小小吉兆村》。

10 月 12 日　参加在郑州举办的青年作家邵丽②小说对话会。当时讨论的小说是邵丽的两本作品集《纸裙子》《你能走多远》。

按：李佩甫在研讨会上指出邵丽小说独特的女性视角、写

---

① 李佩甫：《从莫斯科到彼得堡——访俄散记》，《小说家》2001 年第 1 期。
② 邵丽（1965— ），女，河南周口人。现任河南省文联主席、河南省作家协会主席，著有长篇小说《我的生存质量》《金枝》、短篇小说《明惠的圣诞》等。

作中作者思想的健康，以及文字上对生活的理解和宽容。不足之处在于写作还是有些匆忙，对生活的理解不够彻底。

同日，为芦雅萍《岳立天中》写的评论《打磨"中国之中"的家族盛衰故事》发表于《中国青年报》。

10月 作为中国作家代表团一员，随中国作家协会副主席张锲出访俄罗斯、匈牙利。

12月28日 参加河南省作家协会召开的三届三次理事会扩大会议。受河南省作家协会三届主席团的委托，作为河南省作家协会常务副主席的李佩甫作了《创造新世纪河南文学事业的新辉煌》的工作报告，充分肯定了二次理事会以来河南文学事业取得的新成就，并向广大文学工作者提出了新世纪新的目标和要求。

是年 荣获"全国五一劳动奖章""河南省省管专家""享受国务院政府特殊津贴专家"等称号。

是年 到焦作市修武县考核作家乔叶①。乔叶于2001年调入河南省文联从事专业创作。

本年度重要论文：

黄书泉：《长篇小说阅读札记》，《小说评论》2000年第1期。

---

① 乔叶（1972— ），女，原名李巧艳，河南修武人。北京作家协会驻会副主席。著有长篇小说《认罪书》《拆楼记》等。长篇小说《宝水》获第十一届茅盾文学奖。

丁增武：《"批判"的恢复——析〈羊的门〉的主题意向》，《小说评论》2000 年第 1 期。

李伯勇：《"村妇性生存"的全息裸示——〈羊的门〉阅读笔记》，《小说评论》2000 年第 1 期。

曲春景：《放牧人群：从苏格拉底到呼天成》，《文艺争鸣》2000 年第 3 期。

刘思谦：《卡里斯马型人物与女性——〈羊的门〉及其他》，《当代作家评论》2000 年第 3 期。

张宇：《打开〈羊的门〉》，《当代作家评论》2000 年第 3 期。

曲春景：《权力文化的叙述结构》，《当代作家评论》2000 年第 3 期。

赵修广、晏立东：《乡土恋歌与悲歌——论李佩甫乡土小说的双重主题》，《淮北煤师院学报（哲学社会科学版）》2000 年第 3 期。

周志雄：《论李佩甫小说中的"成功者"形象》，《河海大学学报（哲学社会科学版）》2000 年第 4 期。

吴同发：《创造富有民族特色的形象——与作家李佩甫谈长篇小说〈金屋〉》，《文学报》2000 年 8 月 31 日。

郭力：《穿行于历史与现实之间的寓言写作——〈羊的门〉阅读札记》，《北方论丛》2000 年第 6 期。

张宁：《我们的"现在"和"现代"》，《上海文学》2000 年第 7 期。

2001 年　49 岁

8 月 30 日，第二届鲁迅文学奖揭晓，何向阳的评论《12个：1998 年的孩子》获全国优秀理论评论奖。

12 月 11 日，中国正式成为世界贸易组织成员，中国对外开放进入新的阶段。

12 月 13—14 日，河南省作家协会第四次代表大会在郑州召开。张宇当选为河南省作家协会主席。

12 月 18—22 日，中国文学艺术界联合会第七次全国代表大会、中国作家协会第六次全国代表大会在京举行。河南省作家孙广举、李佩甫、何向阳当选为中国作家协会第六届委员，张一弓被聘为名誉委员。

1 月 1 日　随笔《从莫斯科到彼得堡——访俄散记》刊《小说家》2001 年第 1 期。

按：此文被《散文选刊》2001年第8期转载，后收入王剑冰①主编、《散文选刊》编辑部选编《2001中国年度最佳散文》（漓江出版社2002年版）。

1月　随笔《从莫斯科到彼得堡》刊《热风》2001年第1期，后被《新华文摘》2001年第5期转载。

3月1日　随笔《从莫斯科到彼得堡——访俄散记之二》刊《小说家》2001年第2期。

3月12日　随笔《访俄散记：从莫斯科到彼得堡（上）》刊《中州统战》2001年第3期。

3月23日　参加由河南省作家协会、河南省文学院、《莽原》杂志社、河南电视台在河南省文联会议室联合召开的墨白作品研讨会。与会人员有南丁、田中禾、张宇、汪淏、张宁、刘海燕、曲春景、黄轶等，河南省文学院院长孙荪主持会议。

3月28日　第三届人民文学奖在中国现代文学馆颁奖（评奖作品范围1995—2000年）。李佩甫的《城市白皮书》获人民文学优秀作品奖，同时获奖的还有阿来的《尘埃落定》、周大新的《第二十幕》、张宇的《疼痛与抚摸》等。

4月12日　随笔《访俄散记：从莫斯科到彼得堡（下）》刊《中州统战》2001年第4期。

4月22日　作为特约代表赴北京参加第三届全国青年作家

---

① 王剑冰（1956—　），男，河北唐山人，毕业于河南大学，专业作家，曾任河南省作家协会副主席，《散文选刊》副主编、主编。出版散文集《苍茫》《蓝色的回响》等多部。

创作会。本次赴京参会领队是刘学林，青年作家代表是何向阳、李洱、汗漫、陈铁军等。

4月 中短篇小说集《黑蜻蜓》由解放军文艺出版社出版，属于"中国经典乡土小说六家丛书"之一，是当时第一次以当代作家的中短篇小说集形式出版的中国乡土小说系列。

按："中国经典乡土小说六家丛书"还有刘醒龙的《大树还小》、何申的《乡村英雄》、陈映真的《归乡》、王祯和的《来春姨悲秋》、黄春明的《看海的日子》。大陆、台湾各三人。

5月1日 随笔《从莫斯科到彼得堡——访俄散记之三》刊《小说家》2001年第3期。

6月12—14日 参加河南省文学艺术界联合会第五次代表大会。

6月 四卷本小说集《李佩甫文集》由长江文艺出版社出版，包括《李氏家族》《城市白皮书》《申凤梅①》《黑蜻蜓》。其中，《李氏家族》《城市白皮书》是长篇小说，《申凤梅》是长篇纪实小说，《黑蜻蜓》是中篇小说集。

按一：长篇纪实小说《申凤梅》是李佩甫在受邀创作的同名电视剧的基础上写成的人物传记。

按二：中篇小说集《黑蜻蜓》收入《无边无际的早晨》《黑蜻蜓》《豌豆偷树》《送你一朵苦楝花》《红蚂蚱 绿蚂蚱》《学习微笑》《村魂》《乡村蒙太奇》《田园》《小小吉兆村》

---

① 申凤梅（1928—1995），女，河南临颍人，河南越调大师。

《满城荷花》《红炕席》《画匠王》。

7月27日 参加由河南省作家协会、河南省文学院与许昌市文联、许昌市作家协会在许昌市联合召开的创作与评论研讨会。李佩甫在会上强调许昌地处中原腹地，无遮无拦的地形造就了老百姓淳朴、忠厚、坚韧的民风，他鼓励许昌市的作家奋发图强，不被喧嚣的外界诱惑，努力写出无愧于汉魏古都的作品。

9月8日 上午，参加由河南省作家协会和郑州市委宣传部在郑州举行的蔡越涛长篇小说《日出日落》研讨。

9月中旬 筹备河南省作家协会第四次代表大会。和田中禾、孙广举等成立由8人组成的筹备组。田中禾任组长，李佩甫、孙广举任副组长。另外成立了由李佩甫任组长的组织组和由孙广举任组长的材料组。

9月 散文《在和平的日子里》刊《公安月刊》2001年第9期。

11月8日 参加河南省作家协会在河南省文联小会议室举行的张克鹏长篇小说《吐玉滩》研讨会。与会作家、评论家有南丁、田中禾、张宇等。

12月13—14日 参加在郑州召开的河南省作家协会第四次代表大会，任河南省作家协会第四届主席团副主席，并在会上作以《迎接新世纪的新挑战 创作新世纪的新辉煌——在河南省作家协会第四次代表大会上的工作报告》为题的发言。

12月18—22日 参加中国作家协会第六次全国代表大会，

历时 5 天。当选为中国作家协会第六届全国委员会委员。

是年 开始创作《城的灯》。因《城的灯》没有写完，所以当周百义前来找李佩甫组稿时，李佩甫便推荐了张一弓的长篇小说《远去的驿站》。

是年 和河南省文学院院长孙荪一起开办河南省文学院第一届讲习班。

是年 从郑州经七路河南省文联家属院的两居室搬到了红专路上的金成东苑，之后一直居住在此。

本年度重要论文：

侯运华：《论李佩甫的小说创作》，《河南大学学报（社会科学版）》2001 年第 2 期。

郭海军、李向明：《现实的寓言图式——关于〈羊的门〉的一种疏解》，《内蒙古民族大学学报（社会科学版）》2001 年第 2 期。

孟繁华：《中原文化与生活政治——评李佩甫的长篇小说〈羊的门〉》，载《想像的盛宴》，云南人民出版社 2001 年 5 月。

姚晓雷①：《乡土呈现中的一种知识分子批判——李佩甫小说的一个主题侧面解读》，《平顶山师专学报》2001 年第 3 期。

曾镇南：《中国乡土小说三家略论》，《理论与创作》2001

---

① 姚晓雷（1968— ），男，河南渑池人。浙江师范大学人文学院教授，文学批评家。著有《世纪末的文学精神》《乡土与声音——"民间"审视下的新时期以来河南乡土类型小说》等专著。

年第 5 期。

刘学林：《“种植声音”的李佩甫》，《热风》2001 年第 7 期。

2002 年　50 岁

7 月 12 日，河南省文学院、河南省作家协会和长江文艺出版社联合举办张一弓长篇新作《远去的驿站》研讨会。是年，该书获长江文艺出版社"九头鸟文库丛书"大奖。

11 月 8—14 日，中国共产党第十六次全国代表大会举行。大会通过报告《全面建设小康社会，开创中国特色社会主义事业新局面》。

11 月 15 日，中共十六届一中全会选举胡锦涛为中央委员会总书记，决定江泽民为中央军委主席，批准吴官正为中央纪委书记。

2 月 2 日　参加在郑州举行的张向持《解读中原》研讨会，与会作家有南丁、周大新等。

3 月 8 日　参加在郑州举行的贴儿长篇小说《见谁爱谁》研讨会。与会作家、评论家有南丁、田中禾、段荃法、李铁城、老张斌、墨白、张宇、杨东明等。

4月27日　参加在郑州举行的"香港作家赴河南访问团与河南作家座谈会"。出席人员香港作家有潘耀明、吴羊璧等，河南作家有孙荪、张宇、张一弓等。

5月16日　参加河南省文联举行的"表彰河南省文联采风先进单位和先进个人"座谈会。与会作家、评论家有南丁、张一弓、张宇、何向阳、何弘等。

5月　为许建平中短篇小说集《雨人的夜晚》写序言，以《城市守望——序许建平中短篇小说集〈雨人的夜晚〉》为题收入许建平《雨人的夜晚》（海燕出版社2002年版）。

6月　《中国作家经典文库·李佩甫卷》（上、下）由光明日报出版社出版，属于"中国作家经典文库"第一辑，收录的是李佩甫的长篇小说《羊的门》。第一辑还有莫言、杨东明、江浩、李景田等作家作品。

7月12日　参加由河南省文学院、河南省作家协会和长江文艺出版社在郑州联合举办的张一弓长篇新作《远去的驿站》研讨会。

7月26—31日　参加在嵩县白云山、栾川县重渡沟举行的"河南省青年作家创作交流会"。一批在创作上颇显实力的青年作家参加了文学创作交流及采风活动。与会作家、评论家有张一弓、南丁、孙荪、张宇、墨白等。

8月中旬　出席河南省文学院新大楼落成典礼。

9月23日　出席在河南省文学院举行的孙荪《风中之树——对一个杰出作家的探访》研讨会。与会作家、评论家有南丁、张一弓、张宇、段荃法、杨东明、李洱、李静宜、杜田材等。后写出评论《一个时代的标本——读〈风中之树〉》刊《人民日报》2002年12月14日。

是年 完成长篇小说《城的灯》。

是年 获河南省"十大文艺成果奖"，并任河南省文学院常务副院长。

本年度重要论文：

赵修广：《天使与祸水——〈静静的顿河〉、〈白鹿原〉与〈羊的门〉男女关系模式散论》，《淮北煤师院学报（哲学社会科学版）》2002年第1期。

姚晓雷：《试论李佩甫笔下的反叛一族》，《杭州师范学院学报（社会科学版）》2002年第2期。

方向真：《背叛的尴尬》，《中州大学学报》2002年第2期。

李灵萍：《揭开人情文化封建陋习的冰山一角——论〈羊的门〉对传统人情交往的反思》，《浙江海洋学院学报（人文科学版）》2002年第2期。

胡焕龙：《沉痛的历史与文化反思——读李佩甫长篇小说〈羊的门〉》，《淮南师范学院学报》2002年第4期。

赵卫东：《"村支书"和他的反抗者——〈羊的门〉等五部乡村叙事文本解读》，《小说评论》2002年第6期。

文贵良：《话语与权力的互动生长——呼天成形象分析》，《书屋》2002年第11期。

2003 年 51 岁

春，我国遭遇非典型肺炎重大疫情。

5 月至 6 月，河南省作家协会协助河南省文联先后在《河南日报》《河南新闻出版报》发表文学专刊，积极抗击"非典"疫情。

10 月 11—14 日，中共十六届三中全会召开。全会通过《关于完善社会主义市场经济体制若干问题的决定》。

12 月，张一弓长篇小说《远去的驿站》获全国精神文明建设"五个一工程"奖、国家图书奖提名奖，何向阳获庄重文文学奖。

2 月 28 日 参加在河南省文学院举行的杨东明长篇小说《最后的拍拖》研讨会。李佩甫认为杨东明的《最后的拍拖》"切入了中国当代社会即将出现的病症问题"，"这是一部踏着时代的节拍写作的作品"。与会作家、评论家有孙荪、齐岸青、李洱、张宇、何弘、墨白等。

3 月 16 日 出席河南省诗歌学会成立大会。河南省文联顾问南丁、河南省文联副主席王洪应、河南省作家协会主席张宇及知名作家孙荪、杨东明、郑彦英、王钢、王保民等出席。

3 月 为画家陈天然写印象记《大山的秋天——陈天然印象记》，收入张啸东编《守望故园——陈天然艺术研究文集》（荣宝斋出版社 2003 年版）。

3 月 长篇小说《城的灯》由长江文艺出版社出版。《城的灯》以带领弟弟们挺进城市改变家族命运的冯家昌和被冯家昌抛弃后自立自强坚持在农村发展的刘汉香为两条线索，描写了平原人对城市和农村出路的不同追寻。家境贫穷的冯家昌立志要完成改变家庭命运的使命，他从朴实、诚恳走向精明自私、不择手段，无情地抛弃了为他舍弃一切的刘汉香。然而，被抛弃的刘汉香没有自怨自艾，而是把一生奉献在带领村民立足土地、走向富裕的事业中。虽然最后刘汉香意外而死，但她已然成为村民心中的"女神"。

按一：《城的灯》在写到一半的时候，刘汉香这个人物形象的发展走向成为一个难题。李佩甫不愿意按照传统写法安排刘汉香的结局，可是这个人物被冯家昌抛弃了之后怎么发展，一时间找不到新思路。他很烦躁，写不下去。于是再次出去走走，寻找灵感契机。他又到自己比较熟悉的许昌周边的几个县。在鄢陵县看县志的时候，发现了一个自己以前没有注意到的事实，那就是鄢陵是个养花的地方。"养花"给了李佩甫灵感，他就此找到了刘汉香的出路。

"就题目而言，是很费了些气力的，为找一个更合适的题目，我整整想了一年而不得，夜不能寐啊！后来，就在稿子将要杀青的时候，我才'借'到了一个题目，这个题目和《羊的门》一样，仍然是来自《圣经》里的一句话。""而就《城的灯》而言，则是对现实生活点上了一盏'灯'。因为生活本就是有'灯'的。刘汉香就是人们心中光芒四射的'灯'。"①

《城的灯》是《羊的门》中原书写的继续和发展，李佩甫也开始了对中原出路的寻求。"直到 2003 年出版了《城的灯》，这时候关于写'平原三部曲'的想法在脑子里才变得完整了。"②

按二：2003 年出版的《城的灯》收入长江文艺出版社比较有影响的"九头鸟长篇小说文库"中。在"2003 年中国长篇小说排行榜"中，《城的灯》排名第五。

《城的灯》出版之际首签出版 15 万册，但因为疫情暴发，售卖情况并不好。

按三：《城的灯》出版之后，也受到很多关注。出现在重要报刊上的访谈及评论有：周百义《李佩甫：我一直在研究"土壤"》（《中国文化报》2003 年 3 月 20 日第 3 版），蔚蓝《城灯光照下的尘世意象——评李佩甫的长篇小说〈城的灯〉》（《文

① 周百义：《李佩甫：我一直在研究"土壤"》，《中国文化报》2003 年 3 月 20 日第 3 版。

② 孙竟：《知识分子的内省书——访作家李佩甫》，《文艺报》2012 年 4 月 2 日第 5 版。

艺报》2003 年 3 月 25 日第 2 版），李凌俊《一部当代农民的精神成长史——李佩甫点亮〈城的灯〉》（《文学报》2003 年 4 月 3 日第 1 版），贺绍俊《农业文明的最后晚餐》（《中华读书报》2003 年 5 月 28 日），周百义、秦文仲《李佩甫用激情点燃"城市之灯"——关于长篇小说〈城的灯〉与作者的对话》[《人民日报》（海外版）2003 年 4 月 22 日]，侯耀忠《生命意义的永恒追寻——评李佩甫长篇小说〈城的灯〉》（《光明日报》2003 年 7 月 2 日），樊希安《向往城市的代价》（《光明日报》2003 年 8 月 21 日）。

3 月　从《城的灯》中节选的中篇小说《会跑的树》刊《小说月报·原创版》2003 年第 2 期。

按一：本期刊载最后的编者注："这是作者继长篇小说《羊的门》之后，刚刚脱稿的一部长篇新作，全书共八章，三十余万字。本刊先期选发前四章，以飨读者。"

按二：《会跑的树》被《中篇小说选刊》2003 年第 3 期转载，并附创作谈《背上的土地》。后依次收入《中篇小说选刊》编辑部编《2002—2003 年度中篇小说选刊获奖作品集》（群众出版社 2005 年版），陈应松等著《新世纪获奖小说精品大系 02 卷》（时代文艺出版社 2010 年版）。

按三：李佩甫在《背上的土地》中谈到《城的灯》的创作动机：

"很久了，我一直在研究'平原'。

"'平原'是生我养我的地方，也是我的写作领地。

"在一些时间里，我的写作方向一直着力于'人与土地'的对话，或者说是写'土壤与植物'的关系。人，就是生长在大地之上的一种'植物'。

"在我的'平原'，'植物'是有生长周期的，一代一代的'植物'都有自己的精神生长期，并在时间中积存下了大量的生命信号，那信号留存在后人的生存环境里，经风霜雨雪的浸润化为土壤——尤此，那个小小'芽儿'，一出生就已饱蘸了土壤的全部信号。人，生活在'平原'上的人，都是背负着土地行走的。他们背负着土地，也背负着各自的童年……童年是生长气蕴的最佳阶段，是记忆之母，那最初的感觉和意识将超过一生的储备。所以说，在生命的过程中，童年是至关重要的，一个人的童年，几乎可以决定他的一生！

"在这里，生活中的每一个人，都背着一个记忆的包袱，那是一个来自土壤和环境的'营养钵'，那钵里蕴含着来自土壤的全部养分和全部的毒素，我不知道人们什么时候才能把背上的包袱卸下来。也许，这包袱将伴随着人们走向终点？比如，有时候，日子是很痛的，你得踩着日子走，一步步就这么走下去……这就是那双小小脚丫的记忆。不过，这包袱是看不见的，是含在魂魄里的，在行走的路上，人的影儿就是那看不见的'重'。

"怀旧是人类的普遍情感。这里所说的'旧'，其实就是'早年记忆'。当然，在人生的路上，环境的变换也会给人们带来物质和精神上的变化，也许你已坐在了小轿车里或会议的主席台上，也许你已很文化、很城市了，但记忆的'根'是不变的，'根'仍在土里埋着，不管你走多远。

"在这部长篇里，我要表述的，可以说是生长在'平原'上的两个童话：一个是要进入物质的'城'，一个是要建筑精神的'城'。这两种努力虽然不在一个层面上，但客观地说，在一定的意义上，她、他们都获得了成功。这里所说的'城'，并不是专指城市的，那其实是一种渴望或者叫作理想，是生活的方向，是自我救赎的一种方式。在这里，人就像是一棵会跑的树，走是一定的，但怎么走，走向哪里，却是未定的，所以，得有一盏'灯'来照路。

"其实，生活中本就是有'灯'的，每个人都有自己的'灯'。"

3月　任河南省文学院院长。何弘任副院长。

4月18日　参加由《大河报》、河南省作家协会、河南省文学院三家联合在郑州举办的《王怀让诗文集》座谈会。与会作家、评论家有路国贤、马国强、张宇、南丁、马新朝、孙荪等。李佩甫认为王怀让的作品贴近时代、贴近人民，其诗歌《中国人：不跪的人》是对社会上出现的太监意识有力的批判，对民族灵魂的唤醒和启迪具有重要意义。

5月13日　参加由河南省委副书记王全书，河南省委常委、宣传部部长孔玉芳在河南省文学院召开的座谈会，与杨东明、李洱、蓝蓝、乔叶等作家一起主动请缨到抗击"非典"第一线去，以"笔"颂扬抗击"非典"的英雄们。

6月12日　河南省作家协会、河南省文学院召开研讨会，对李佩甫的长篇小说《城的灯》进行研讨。作家、评论家杨东明、李洱、杨长春、郑彦英、王钢、乔叶、孙方友、何弘等出席。

按：河南省文联副主席、评论家孙荪指出："《城的灯》在审美之外，审丑、审恶，审视贫穷的负面和阴暗面，拷问贫穷的恶气与毒气，这是新文学所不曾抵达的，是革命文学讳莫如深的。从思想上看，这部作品可以说是一部在精神上审穷的书。作家以艺术形象作出了不同于长期以来流行的关于贫穷的价值判断的新诠释，在一定意义上甚至是一种颠覆。……小说对冯家昌的恶的表现过于阴沉了些，对刘汉香的善的表现稍显虚浮，但这两个人物的警世意义是发人深省的。"评论家何弘认为："《城的灯》是中国新文学史上具有突破意义的一部作品。它有两个主题：'逃离'和'回归'。作品用大量篇幅讲述的是冯家昌及其周围许多人逃离乡村的故事。但相对来说，'回归'是它的根本主题。"作家乔叶认为："《城的灯》是刘汉香、冯家昌两个人的精神成长史。一个身处在乡村，却是向上开的花，又高又美；一个占领了城市，却是向下挖的根，又丑又深。而丑的这部分有一种血液深处的沉重分量更能让人思考，甚至共鸣。冯家昌在世俗的运作过程中，是一个成功者，他的成功有着深厚的土壤，所以会成为许多同路人的真实心灵写照。"①

6月26日　参加在郑州举行的张宇长篇小说《表演爱情》研讨会，认为《表演爱情》是作家张宇"突围的方式"，是其

---

① 《中原高悬〈城的灯〉——李佩甫长篇小说新作〈城的灯〉研讨会纪要》，《河南日报》2003年6月20日第7版。

创作向另一个方向迈进的一个尝试。与会作家、评论家有孙方友、杨东明、侯钰鑫、郑彦英等。

7月10日　参加由河南省作家协会、河南省文学院为作家焦述长篇小说《市长日记》召开的研讨会。李佩甫认为"作家写出了各类官员在国家体制这个机器艰难运转中的不同心态"。与会作家、评论家有南丁、杨贵才、田中禾、杨东明、何弘等。

7月16—19日　参加由河南省作家协会、郑州市作家协会、百花园杂志社联合举行的河南小小说作家群首次正式聚会，地点在河南省博爱县青天河风景区。与会作家、评论家有南丁、田中禾、刘学林、刘海燕等。此活动为文学豫军新人工程系列活动之一。

8月21日　樊希安关于《城的灯》的评论《向往城市的代价》在《光明日报》刊发。评论不仅分析了冯家昌在从农村走向城市的过程中人性的扭曲和变异，也指出对造成这一现状的社会环境反思的重要性。

9月3日　河南省第三届文学艺术优秀成果奖在河南省人民会堂召开颁奖大会：长篇小说《城市白皮书》获文学类奖。另外由李佩甫编剧的《难忘岁月——红旗渠故事》也获本届广播影视类奖。

9月19日　参加由中国作家协会创研部、河南省新闻出版局、中州古籍出版社共同在北京召开的《在河之南》研讨会。李佩甫认为郑彦英的这部文化大散文，对中原地气根脉的书写，是在岁月里感悟大地的气息和神韵。与会作家、评论家有雷达、孙荪、何西来、阎纲、牛玉秋、白烨、阎晶明等。

按：《在河之南》是作家郑彦英应《十月》之邀在该刊开辟的文学专栏，其对中原人文的书写在读者中引起广泛关注。8月，中州古籍出版社将该栏目结集，推出作品《在河之南》。

9月25日 在林州宾馆与林州市市长来亮、河南省广播电视局副局长席宝安和安阳日报社副总编辑郝建生座谈，为写《红旗渠的儿女们》做准备。"李佩甫想以林州为切入点，写一部农民外出打工，由农民转变为现代市民的历史嬗变的电视连续剧。"①

9月 开始写电视剧剧本《兄弟啊兄弟》，延续之前电视连续剧《难忘岁月——红旗渠故事》歌颂"红旗渠精神"的主题。

10月18日 与到访的罗马尼亚、摩尔多瓦作家代表团进行友好对话，对话内容涉及文学和经济、社会现状、人文旅游环境等。参加此次对话会的作家、评论家有南丁、张宇、郑彦英、孙荪等。

10月 刘海燕的《李佩甫：来自平原的声音》刊《作品》2003年第10期。

按：刘海燕详述了李佩甫文学创作的追求和发展："1995年以前，李佩甫作品里，那些激情对峙的结果是村庄、土地和人物无法表达其愤懑、复杂的情绪，'哑'了，沉默不语，竭尽了表达，拒绝表达。以后，那种激情、激愤少了，多了宽容，这

---

① 郝建生：《红旗渠畔求索：一个老记者新世纪十年日记选》，中央编译出版社，2011，第132页。

也与年龄、心态有关；阅读中，催人泪下的感觉少了，作品更大气、开阔，那种感动不像山一样突然挡在你的面前，而像《羊的门》里豫中平原的气息，那土壤、草的气味，让你眼晕，头晕，慢慢沉醉。"写到《城的灯》时，"我的眼睛掠过'城市'，固执地看到李佩甫在那个大平原上远行的身影，这个土地的儿子，一步一步地走成乡村的牧师及守夜人，他懂得悲悯与拯救比消解和毁灭更重要。当代文学中，建设性的情绪太少了，大家已羞于谈理想，他感慨地说过，中国作家到了表达精神尺度的时候了"。"我偶尔去省文学院，听见别人喊'李院长，李院长'，总一时反应不过来是喊谁的，感到这个称呼隔了很多东西。对于李佩甫，当院长也无非是做好事和实事，作家李佩甫在场面上依然跑着、孤独着。他明白，写到一定程度，境界就代表了水平。"

10月 任分管文学口的河南省文联副主席、党组成员。

11月4日 参加在河南省文学院举行的首批签约作家签约仪式，戴来、肖定丽、傅爱毛、李良、陈铁军、南飞雁6位作家成为河南省首批签约作家。

12月20日 参加由河南作家协会、郑州市作家协会、百花园与小小说选刊杂志社、河南省消防总队在郑州联合召开的丁新生作品研讨会。

12月 李佩甫、段荃法主编《圣土灵光——许慎故里文化名胜展》一书由华夏出版社出版。

本年度重要论文：

蔚蓝：《城灯光照下的尘世意象——评李佩甫的长篇小说〈城的灯〉》，《文艺报》2003 年 3 月 25 日。

李凌俊：《一部当代农民的精神成长史——李佩甫点亮〈城的灯〉》，《文学报》2003 年 4 月 3 日。

贺绍俊：《农业文明的最后晚餐》，《中华读书报》2003 年 5 月 28 日。

雷达：《雷达专栏：长篇小说笔记之十七——李佩甫〈城的灯〉李科烈〈山外还是山〉》，《小说评论》2003 年第 3 期。

侯耀忠：《生命意义的永恒追寻——评李佩甫的长篇小说〈城的灯〉》，《光明日报》2003 年 7 月 2 日。

贺绍俊：《印象点击（040—049）——〈城的灯〉》，《当代作家评论》2003 年第 4 期。

樊希安：《向往城市的代价》，《光明日报》2003 年 8 月 21 日。

侯耀忠：《背叛与拯救的双重价值：李佩甫的长篇小说〈城的灯〉》，《莽原》2003 年第 5 期。

刘海燕：《李佩甫：来自平原的声音》，《作品》2003 年第 10 期。

庄桂成、岳凯华：《善与恶是人性中的天使和魔鬼——读李佩甫的长篇小说〈城的灯〉》，《当代文坛》2003 年第 6 期。

2004 年　52 岁

9 月 15—24 日，由李佩甫领队，孙荪任团长的"河南省文联、河南省作协西部采风团"到兰州、嘉峪关、敦煌、吐鲁番等地采风。

9 月 16—19 日，中共十六届四中全会举行。全会通过《关于加强党的执政能力建设的决定》，同意江泽民辞去中央军委主席职务，决定胡锦涛为中央军委主席。

12 月 27 日，第三届鲁迅文学奖揭晓。河南省诗人马新朝长篇抒情诗《幻河》获得全国优秀诗歌奖。

是年，李洱的长篇小说《石榴树上结樱桃》获得由人民文学出版社、《当代》杂志社主办，新浪网协办的第一届（2004年度）长篇小说年度（读者）优秀奖。

1 月 14 日　参加由《大河报》、河南省作家协会、河南省文学院联合召开的邵丽长篇小说《我的生活质量》研讨会，指出这部小说作为河南省 2004 年的第一部长篇取得了开门红的效果，小说提出了民族前进中的方向性问题，写出了一个人的精神成长历史，值得人们思考。与会作家、评论家有孙荪、田中禾、张宇、王怀让等。

2月13日　参加由河南省作家协会在郑州主办的李建军长篇小说《瓷器》研讨会。与会作家、评论家有南丁、孙荪、郑彦英、刘学林等。

4月　长篇小说《会跑的树》由长江文艺出版社出版。

5月11日　带队冒雨到豫西伊川、嵩县，为两个"希望小学"——"河南省书法协会旧寨希望小学"和"河南省高屯美术希望学校"捐赠图书800多本。

5月25日　下午，河南省委书记李克强到河南省文联，出席参加河南省文学院举行的河南老、中、青三代文学豫军的座谈会，问计大家河南文化建设的意见。李佩甫说到他出访俄罗斯，站在莫斯科，才看清楚中国，看清楚了河南，希望自己能对中原崛起作出贡献。座谈会发言稿《纵论中原崛起，推进文化建设——河南作家文化建设座谈会发言纪要》刊《河南日报》2004年5月27日。

7月29日　参加在郑州市检察院举行的作家采风团（由河南省作家协会、河南省检察院联合组织）出发仪式，并为作家们饯行。由南丁、卞卡、杨东明、王剑冰、李洱等"老、中、青"23位作家组成的采风团奔赴河南省检察战线各地深入生活。

9月15—24日　率领"河南省文联、河南省作协西部采风团"赴兰州、嘉峪关、敦煌、吐鲁番、乌鲁木齐、天山天池、

2004年河南省文联、作协西部采风团在新疆（左一为李佩甫）

克拉玛依、布尔津、喀纳斯采风旅行。同行的作家有孙荪、张宇、刘学林、杨东明、何向阳、何弘、蓝蓝、乔叶、戴来、傅爱毛、南飞雁、墨白等。

11月24日　与孙荪、张宇、王怀让、郑彦英、何向阳、刘学林一起接待来河南省参观访问的巴基斯坦作家代表团，并陪同代表团游览少林寺和黄河花园口等地。

12月11日　参加由中国作家协会、河南省作家协会、南阳市人民政府在河南南阳共同主办的河南省五位青年女作家研讨会并发言。五位青年女作家分别是：邵丽、何向阳、乔叶、计文君①、蓝蓝。

12 月 14 日　评论《走向丰富——读奚同发小小说有感》刊《大河报》2004 年 12 月 14 日第 51 版。

12 月 17 日　参加由河南省文学院、中州古籍出版社、驻马店日报社在河南省文学院联合主办的韩露散文集《空枝》创作研讨会。与会作家、评论家有孙荪、郑彦英、何弘、王剑冰、李海波等。

12 月 28 日　出席河南省作家协会在郑州召开的"红旗渠杯"第二届河南省文学奖颁奖大会。张一弓获终身荣誉奖。

12 月　电视连续剧《兄弟啊兄弟》开机拍摄，其间辗转林州、郑州、北京、深圳等地。

冬　父亲去世。

是年　开始构思《生命册》。《城的灯》写完后不久，"李佩甫打算再写一部关于'土壤'（即中原农村）的作品，完成一个'三部曲'"②。

本年度重要论文：

姚晓雷：《"绵羊地"里的冷峻剖析——李佩甫小说的主题方面的解读》，《文艺争鸣》2004 年第 2 期。

---

① 计文君（1973— ），女，籍贯河南省许昌市，出生于河南省周口市。河南大学现当代文学专业硕士、中国艺术研究院艺术学博士。2000 年开始小说创作，现为中国作家协会会员。著有《天河》《开片》《化城》等小说。

② 《新时期中原农村社会变革的记录者——李佩甫》，载李振邦等著《河南籍著名文学家评传》，大众文艺出版社，2005，第 180 页。

舒坤尧：《荣格与牧羊群》，《美与时代》2004 年第 2 期。

何西来：《道德的和宗教的救赎——读〈城的灯〉》，《南方文坛》2004 年第 3 期。

何向阳：《羔羊生命册上的绳记——评李佩甫长篇〈城的灯〉》，《南方文坛》2004 年第 3 期。

陈宣良：《"我们"的道德意识结构——从小说〈羊的门〉说起》，《开放时代》2004 年第 3 期。

张延国：《试论李佩甫小说中的传奇化叙事》，《理论与创作》2004 年第 4 期。

姚晓雷：《"绵羊地"和它上面的"绵羊"们——李佩甫小说中百姓一族的一种国民性批判》，《山东社会科学》2004 年第 8 期。

卜海艳：《何处是我家园——李佩甫面对乡村和城市的两难选择》，《信阳师范学院学报（哲学社会科学版）》2004 年第 4 期。

汪树东：《直面城乡二元结构的价值迷思——评李佩甫的长篇小说〈城的灯〉》，《理论与创作》2004 年第 5 期。

陈昭明：《永远的乡土情结——李佩甫小说的人文情怀与审美范式》，《南昌大学学报（人文社会科学版）》2004 年第 5 期。

郝崇：《〈羊的门〉的家族神话与文化选择》，吉林大学 2004 年硕士学位论文。

2005 年　53 岁

1 月，阎连科的长篇小说《受活》获第三届老舍文学奖。

3 月，中国小说学会等主办的 2004 年度中国小说排行榜揭晓，乔叶的《我是真的热爱你》排入长篇小说榜单中。

4 月 10 日，第六届茅盾文学奖揭晓。获奖的长篇小说为熊召政的《张居正》、张洁的《无字》、徐贵祥的《历史的天空》、柳建伟的《英雄时代》、宗璞的《东藏记》。

12 月 29 日，十届全国人大常委会第十九次会议决定，自 2006 年 1 月 1 日起废止《中华人民共和国农业税条例》。在中国延续两千多年的农业税正式成为历史。

1 月 12 日　参加河南省省直作家协会的成立大会。

1 月　中短篇小说集《钢婚》由江苏文艺出版社出版，收入中短篇小说《满城荷花》《败节草》《学习微笑》《红蚂蚱绿蚂蚱》《黑蜻蜓》《钢婚》《无边无际的早晨》《画匠王》《村魂》。

2月17日　参加1980年代"黄埔一期"文学讲习班老同学聚会。

2月24日　参加张一弓长篇纪实文学《阅读姨父》研讨会。认为这是一部用纪实手法写成的具有传奇色彩理想主义的作品，在大的历史时间里透视历史，给人很大启发。

3月25日　参加由河南省作家协会、河南省文学院、《莽原》杂志社与焦作市文联共同在郑州举办的杨晶长篇小说《危栏》研讨会，并对《危栏》作出极高评价。与会作家、评论家有田中禾、南丁、孙方友、郑彦英、墨白、杨东明、乔叶、孙荪、何向阳等。

5月27日　参加由河南省作家协会、河南省文学院、《莽原》杂志社在河南省文学院联合主办的王绶青文学生涯五十周年研讨会。来自北京、山西、青海等省市和河南省本省的40多位专家、学者及诗人与会。

6月7—10日　参加由河南省作家协会在鲁山县画眉谷风景区举办的河南青年作家小说创作画眉谷对话会并发言。会议选择尉然、张功林、傅爱毛、计文君、南飞雁、陈少华为青年新人对话对象，采取新老双方互对的形式进行对话，取得良好效果。

按：李佩甫最后作会议总结，认为这次对话会是务虚之会，也是务实之会。他指出虽然作家们取得了一定的成绩，也存在这样或那样的不足，不过不能着急，得慢慢来，每一次进步都有一个过程，并再次强调"过程是不可超越的"观点。他认为文学创作是个认识现实的过程，也是个不断探索人类最适合的生存方式的过程，也是自我修整的过程。当然，其中文学创作的过程也是很残酷的，往往是一部分人写着写着就再也看不见了，而另一些新人又补充进来。所以他指出这个对话会只是一个方式，交流、沟通让作家们看到自己的问题，慢慢地走，寻找着文学的真正命题，并期待着大家继续努力。

9月10日 参加由河南省作家协会与郑州市作家协会联合举办的赵富海作品研讨会。与会作家、评论家有南丁、田中禾、刘学林等。

9月21日 参加在郑州召开的楚风长篇小说《女娲山》研讨会。与会作家、评论家有南丁、田中禾、孙荪、段荃法、何向阳等。

10月 李振邦等著《河南籍著名文学家评传》（新时期部分）由大众文艺出版社出版。本书以专节《新时期中原农村社会变革的记录者——李佩甫》对李佩甫及其2004之前的创作进行总体评价，认为"在前后二十余年的文学创作生涯中，李佩甫自始至终是一位自觉地新时期中原农村社会变革的忠实记录者，是一位当代中原人格精神的勇敢探索者"，并高度评价《羊的门》，认为"它不仅成为李佩甫小说创作的最好的代表作，而且也成为新时期文学豫军的重要代表作，成为整个中国文坛20世纪末的一部重量级的长篇小说作品"。

11月20日 与河南省文联党组书记吴长忠、河南省作家协会副主席刘学林、《莽原》主编陈枫等一同给编辑家庞嘉季先生庆祝 80 华诞。

12 月 16—19 日　作为采风团团长，开始"河南古文化"采风系列活动，其中第一站是"河南古文化采风·周口行"，河南省 30 余名作家到周口淮阳、鹿邑参加活动，领略当地悠久的古文化。

本年度重要论文：

赵红杰：《矛盾心态下的双重认同——评李佩甫的长篇新作〈城的灯〉》，《许昌学院学报》2005 年第 1 期。

刘涵华：《简论李佩甫创作思想的嬗变——以〈金屋〉和〈城的灯〉为例》，《殷都学刊》2005 年第 1 期。

路庆平：《病的隐喻与城市批判——李佩甫〈城市白皮书〉的"病相"解读》，《平顶山学院学报》2005 年第 1 期。

张晓辉：《明灯抑或幻象？——解读李佩甫长篇小说〈城的灯〉》，《名作欣赏》2005 年第 2 期。

刘绪义：《家政治：城乡冲突中的生态符号——以李佩甫〈城的灯〉为例》，《理论与创作》2005 年第 3 期。

孔会侠：《无法涅槃的翅膀：论李佩甫笔下的各种女性形象》，《莽原》2005 年第 3 期。

刘海燕：《来自平原的声音：李佩甫论》，《莽原》2005 年第 5 期。

张云：《隐忍、冲撞、突围——〈城的灯〉中冯家昌"活"的哲学》，《许昌学院学报》2005 年第 6 期。

曾庆江：《成亦萧何，败亦萧何：剖析李佩甫小说〈城的灯〉中的男女主人公》，《今日文坛》2005年秋之卷。

孔会侠：《在大地与现实的平台上悲歌——论李佩甫的小说创作》，山东师范大学2005年硕士学位论文。

王志勤：《李佩甫论》，郑州大学2005年硕士学位论文。

2006年　54岁

1月31日，国务院印发《关于解决农民工问题的若干意见》。

2月23日，中国作家协会六届六次全委会在上海召开。

2月，河南省文化厅决定把2006年定为全省农村文化建设年。

4月12日，李洱获第十届庄重文文学奖。

4月15日，中共中央、国务院印发《关于促进中部地区崛起的若干意见》。

1月10日　下午，参加由河南省作家协会、河南省文学院在郑州联合举办的李天岑小说集《找不回的感觉》研讨会。与会作家、评论家有南丁、田中禾、二月河、孙荪、郑彦英、杨东明等。

1月21日　与河南电影电视制作集团正式签约。

按：据《河南新闻年鉴（2007）》载："1月21日，河南电影电视制作集团隆重举行揭牌仪式。揭牌仪式上，河南电影电视制作集团还同何庆魁、贺子壮、李佩甫、石钟山、陈胜利等全国知名作家、编剧、导演以及时代今典传媒科技有限公司、河南省豫剧三团、河南超凡影视制作公司等合作单位正式签约。"①

3月29日 参加河南省文联与郑州市作家协会联合举办的"河南作家社会主义新农村采风",与张一弓、王怀让、刘学林等20多名作家和诗人一起到位于郑州广武镇桃花峪的"鸿沟"采风,创作的部分作品在《河南日报》刊出。

4月9日 赴新乡为新乡作家协会举办的学习班学员授课。

5月16日 下午,与孙荪、刘学林等河南作家一起亲临郑州大学新校区,为在此举行文学交流见面会的著名作家周大新现场助阵。

按： 周大新于5月14日来郑州签售他刚刚出版的长篇小说《湖光山色》。

5月17—20日 作为采风团团长,带领河南省作家协会副主席兼秘书长刘学林,河南省文学院专业作家墨白、孟宪明,以及各地市文联及作协领导到济源进行古文化采风。本次采风是继去年周口之行的第二站,也是系列活动之中极为重要的一次。

按： 河南有着源远流长的中华民族遗产和传统。本次采风就是为了让作家进一步了解河南的古代文化而开展的活动。

---

① 《2006年省广电局大事记》,载《河南新闻年鉴》编辑委员会编纂《河南新闻年鉴（2007）》,河南大学出版社,2009,第433页。

6月30日 晚，参加由河南省作家协会、河南省诗歌学会为庆祝建党85周年联合举办的"在灿烂的阳光下"诗歌朗诵会。与会诗人、小说家有刘学林、钟海涛、马新朝、萍子、高金光等。

6月 到周口、济源两市采风。同行作家有刘学林、墨白、孟宪明、张文欣、谢玉好和陈家晗等20多人，其间，创作了大量优秀作品。

8月15日 参加由河南省作家协会与河南省文学院在郑州联合举办的杨东明长篇小说《姊妹》研讨会，参加会议的还有孙荪、孙方友、张宇、马新朝、何弘、侯钰鑫、郑彦英、乔叶等。

8月 李丹梦著《"文学豫军"的主体精神图像——关于农民叙事伦理学的探讨》，由春风文艺出版社出版。本书第四章《李佩甫：卑贱的神圣之旅》是对李佩甫的专论。

按： 此著作是复旦大学博士研究生李丹梦的博士论文。论文分别论述河南籍作家周大新、刘庆邦、李佩甫、阎连科、刘震云、墨白、李洱的创作。

第四章内容后来刊于《中国现代文学研究丛刊》2007年第1期。李丹梦开篇即指出李佩甫创作的重要地位："提及'文学豫军'，李佩甫是一个无法绕过的人物。这不仅仅是由于他那斐然的创作成就：长篇小说《李氏家族》《金屋》《羊的门》《城的灯》，中篇小说《黑蜻蜓》《无边无际的早晨》《红蚂蚱　绿蚂蚱》《豌豆偷树》《败节草》等等，都引起了强烈反响；更为重要的是，李佩甫一直致力于中原人格的开掘和塑造，因此从地域写作的角度来讲，李佩甫应该是属于正宗、'双料'的豫籍作家的，所谓河南人写河南人是也。而从写作风格与技巧上讲，李佩甫在豫籍作家中是一个集大成者，不仅恋土和权力情结在他身上有鲜明的体现，豫籍作家的几乎所有的优点和缺点也在他身上'放大'了。"在进一步的论述中，本文对李佩甫小说中的"神性写作"进行深入剖析。

李丹梦刊于《中国现代文学研究丛刊》2019 年第 8 期的《新中国道德建构的地方契机——论李佩甫》是对李佩甫创作中"道德书写"进行深入论述的又一篇研究论文。

9 月 26 日 参加由河南省作家协会、许昌市文联在许昌共同举办的景文周长篇小说《石榴》研讨会。与会作家、评论家还有刘学林、谢玉好等。

10 月 14 日 接待到访的印度作家代表团，并与印度作家举行了座谈，介绍了河南省作家协会与河南文学创作的情况，并陪同代表团前往少林寺等景点观光。陪同的河南作家还有王怀让、王剑冰、杨东明、刘学林、马新朝、何弘。

10 月 21 日 出席由河南省作家协会、河南省诗歌学会等共同举办的河南省第十二届黄河诗会暨云梦山笔会开幕式并讲话，笔会在河南淇县举行。

11 月 10—14 日 出席在北京举行的中国作家协会第七次全国代表大会。出席会议的河南代表团成员有二月河、马新朝、王钢、邵丽、王怀让、王岭群、乔叶、孙苏、孙方友、何向阳、张宇、张一弓等。

按一：与会期间接受记者采访："李佩甫说，河南作家有着很好的传统，那就是深重的道义感、厚重的历史感和'老带小'的传统。同样，他也清楚地意识到，河南深厚的文化传统既是河南作家的营养源，但也对他们形成了一些约束，所以，对河南作家来说，如何创新就显得更为重要。""李佩甫还表示，我们现在的文学环境是非常好的，各级政府都努力为文学事业提供发展条件。河南代表团出发前，河南省委宣传部为代表团举行了欢送会，省委宣传部常务副部长马正跃，文联党组书记吴长忠、副主席王洪应、何白鸥等领导出席了欢送会，希望代表们认真履行职责和义务，虚心学习。李佩甫说，现在文学的发展有着很好的条件，作家们应该承担起应有的责任与使命，为文化建设事业作出努力。"①

按二：此次会议，二月河当选为主席团委员，二月河、李佩甫、孙广举、何向阳当选为委员，张宇为代表团体会员单位委员，张一弓被聘为荣誉委员。

12月22日 出席在郑州举行的《南丁文集》首发式暨南丁文学生涯56年研讨会，出席会议的作家、评论家还有孙荪、田中禾、王幅明、王怀让、邵丽、王绶青、段荃法、郑彦英、张宇、杨东明、刘学林、王钢、孙方友、李洱、何向阳、墨白等。

① 刘秀娟：《河南代表团团长李佩甫：时代的赠与既是机遇也是责任》，《文艺报》2006年11月13日第3版。

是年 受河南电视台邀请,写一部反映都市商战生活的电视剧本。河南电视台安排他在广播电视厅家属院一处房中写作(2006年至2007年)。写作中,李佩甫所住的政七街广电厅家属院隔壁是动物园,每天听动物在叫、哭,有着与往日不同的心理体验。故事梗概写好后,因为电视台人事变动,剧本中止。根据这个故事梗概,他开始创作长篇小说《等等灵魂》。

按:"记得在政七街的时候,我曾有一段很煎熬的日子。隔壁就是动物园,夜里还总听见狮吼、狼叫、狐鸣……在那段日子里,与野兽为邻,我觉得自己都快要变成狼了。"①

"说来,我的写作环境也很特别,我住在动物园附近,每天每天,我都听见狼在哭,象也在哭……我想表现的是人在疯狂之中的静态,人在潮水中的挣扎与呼喊。在一个多元的时代里,人们正在经受的,或者叫享受着一种新的病症。这是人们从物资匮乏中走出之后,第一次享受高级动物(人)才能享有的精神疾病——来自灵魂的'SARS'。所以,从某种意义上说,这也是一部病相报告。"②

是年 作为中国作家代表团一员出访波兰。同行的还有中国作家协会副主席、浙江作家协会主席黄亚洲等。

---

① 李佩甫:《艺海拾贝》,载《写给北中原的情书》(《李佩甫文集·散文卷》),河南文艺出版社,2020,第63页。

② 黎延玮:《一个时代的口号:等等灵魂》,《大河报》2007年1月5日第B08版。

本年度重要论文：

张磊：《城市边缘人的尴尬与悲哀——〈城的灯〉主人公人物形象解读》，《咸宁学院学报》2006 年第 2 期。

刘新锁、刘英利：《道德立场的坚守与困境——对李佩甫小说的一种解读》，《江苏社会科学》2006 年第 5 期。

胡峰：《城市的罪恶与乡村乌托邦——评李佩甫〈城的灯〉》，《山东教育学院学报》2006 年第 5 期。

李丹梦：《"文学豫军"的主体精神图像——关于农民叙事伦理学的探讨》，复旦大学 2006 年博士学位论文。

刘烁：《"第二性"的生成与"她们"的命运——〈羊的门〉女性主义解读》，吉林大学 2006 年硕士学位论文。

李晓娜：《李佩甫创作综论》，华中科技大学 2006 年硕士学位论文。

张磊：《坚守中原大地的批判——李佩甫乡土小说论》，湖北大学 2006 年硕士学位论文。

2007 年　55 岁

8 月 31 日至 9 月 1 日，河南省作家协会召开第五次代表大会。李佩甫当选为河南省作家协会主席。

10 月 15—21 日，中国共产党第十七次全国代表大会举行。大会第一次把建设生态文明作为实现全面建设小康社会奋斗目标的新要求提出来。

10 月，第四届鲁迅文学奖揭晓。邵丽的《明惠的圣诞》获全国优秀短篇小说奖。

12 月 1 日，首届中国网络文学发展研讨峰会在中国现代文学馆召开。

1 月 5 日　访谈《一个时代的口号：等等灵魂》刊《大河报》2007 年 1 月 5 日第 B08 版。

按： 李佩甫在访谈中说道："对于大多数中国人来说，乡村是记忆的根，我也一样。可我毕竟出生在城市，五十年来，大多时间也生活在城市，人的精神变化是随着时代重心的转移而变化的，我的记忆也在发生着变化。在近二十年的时间里，我先后研究了上百个商海中成功与失败的案例，见识了形形色色的各种人物。在商业大潮的冲击下，金钱已成了压在人们头上的一座大山，一个'卖'字，像溅着火星的烙铁一样烫在人们的心上。如今，各种各样的'叫卖声'已响彻大江南北、长城内外，人心在烧红的烙铁上舞蹈……这部长篇，对于我来说，只是在精神'平原'上另开了一个'窗口'而已。

"从文学意义上说，我所关注的，并不仅仅是'批判'，而是另外两个字：'丰富'。社会生活的丰富，人的内心世界的丰富，不是一个简单的'好'和'坏'的问题，是精神指向的多元。……对于任秋风这个人，我突出的是一个'变'字，这是一个变化中的人物，是一个本意要走向伟大和崇高的人，在金钱的压迫和冶炼中一步步'投降'的过程，那'白旗'是怎样一点点举起来的。……对城市，我已读了很多年了，这算是我的一个读本吧。"

同时，李佩甫也提到了小说名字的由来："对于题目，我考虑了很久很久，大约一直到完稿时，仍在犹豫。也许，还有别的更合适的名字。可后来，我还是借用了印第安人的一句话：别走太快，等一等灵魂。虽然用这样一个名字略显突兀，可我期望着这是一部反省书。同时，在文学意义上，给这个时代提一个醒，也是给自己提个醒：等等灵魂。"①

---

① 黎延玮：《一个时代的口号：等等灵魂》，《大河报》2007年1月5日第B08版。

1月11—12日　北京图书订货会上，《等等灵魂》被组委会列入"2007最值得推荐的一本书"。

1月15日　《京华时报》当日"名人荐书"栏目刊发李敬泽推荐李佩甫的《等等灵魂》："对于这个作家我始终抱有很高的期待，他总是能够在具体的社会历史语境中，对我们所面临的困境，我们的灵魂情况，进行非常有洞察力的追问。在这个意义上说，我相信《等等灵魂》应该不会让我们失望。"

1月27日　参加由河南省作家协会、河南省文学院、河南省诗歌学会等联合主办，并在河南省文学院举行的杨炳麟诗集研讨会，与会作家、评论家还有郑彦英、韩作荣、张宇、王怀让、祁人、王幅明、张玉太、洪烛、耿占春等。

1月　《等等灵魂》由花城出版社出版。小说写的是转业军人任秋风大胆改革，将一个濒临倒闭的国营商场建造成一个商业帝国，但是由于欲望的极度膨胀，任秋风盲目扩张商业版图，最终导致资金链断裂，商业帝国轰然倒塌。小说以此揭示了急剧变革的时代中人们物欲的膨胀和灵魂的迷茫。《等等灵魂》后被翻译到法国。

按：批评家谢有顺在初版《等等灵魂》封底推荐语中的评论无论是对《等等灵魂》还是对李佩甫整体创作来说，都具有较高的理论概括水平，是具有代表性的研究观点。他认为："李佩甫的小说主题词是权力，而比权力更广大的是人心。他的写作，习惯从中原文化的腹地出发，以都市和乡村、历史与现实互证的方式，书写出当代中国大地上那些破败的人生和残存的信念。他对人心荒凉之后的权力迷信所带来的苦难，有着尖锐、清醒的认识，正如他精微、冷峻的笔法，总是在追问生命丰富的情状如何才能更加健旺地生长。《等等灵魂》中的商场，依然活跃着权力的面影，尤其是日益膨胀的欲望对人的磨碾，读起来令人触目惊心。李佩甫在这部小说中，以简单写复杂，以黑暗照见光明，以欲望的轻为灵魂的重做证，进而告诉我们，一种绝望从哪里诞生，一种希望也要从哪里准备出来。这种叙事细密、命运悲怆并对世界怀着理想的作品，在当代其实并不多见。"

2月4日 由河南省作家协会、河南省文学院、花城出版社联合举办的李佩甫长篇新作《等等灵魂》研讨会在郑州召开，来自文学出版界的20余位专家、学者共聚一堂，对李佩甫的新作进行了全方位的分析研讨。与会作家、评论家有南丁、田中禾、李庚香、王洪应、郑彦英、张宇、孙荪、王怀让、杨东明、何向阳、王守国、刘学林、邵丽、张鸿声、何弘等。

按：参会专家与同人们指出《等等灵魂》对李佩甫小说主题的继续和延伸，对"当下"和"周围"社会的关注和思考，对人性、精神的犀利解析，认为《等等灵魂》的关键词就是"欲望""灵魂"和"度"，是对当下中国商业社会的逼真写照，在商业社会的观照中所揭示的当下人的缺失、信仰缺乏的本质。"与会专家指出，《等等灵魂》表达了作者在文学创作上的前沿性，李佩甫以他敏锐的目光和创作良知，带领我们思考了一个要不要'等等灵魂'的问题。"①

2月10日　由李佩甫编剧、蔡晓晴执导的24集电视连续剧《红旗渠的儿女们》在中央电视台电视剧频道黄金时间播出。电视剧表现的是河南林州红旗渠的儿女们在改革开放大潮中走出大山进入城市，从事建筑进行创业的故事，诠释了新时代背景下的"红旗渠精神"。

按一：《红旗渠的儿女们》是此前李佩甫所写剧本《兄弟啊兄弟》更名而来的剧作。"为了创作该剧，李佩甫进行了一年多的深入采访，直接受访的有林州在外打工者、包工头、小老板、企业主100多人，积累了几十万字的采访笔记。剧本的创作有着丰厚的生活和素材积累，既脚踏实地又高屋建瓴……摄制组从夏到冬，转战林州、北京、深圳等地，进行了八个多月艰苦而细致的摄制工作，圆满完成了摄制任务。"②

按二：《光明日报》2007年2月9日进行预报《〈红旗渠的儿女们〉即将在央视播出》；《中国电视》2007年第3期发表《24集电视连续剧　红旗渠的儿女们》介绍；《当代电视》2007年第3期"当代剧场"栏目发表《红旗渠的儿女们（二十四集电视连续剧）》介绍。《红旗渠的儿女们》播出之后，《文艺报》《大河报》等报纸纷纷报道。

2月10日　长篇小说《等等灵魂》刊《十月·长篇小说》

---

① 李颖：《李佩甫新作研讨会召开》，《郑州日报》2007年2月6日第9版。
② 邢勇：《〈红旗渠的儿女们〉：河南人的新风貌》，载《镜像·重塑·嬗变——河南区域形象的媒介建构》，河南大学出版社，2013，第130页。

2007 年第 1 期"头题"。同期刊发的还有朱晓科的新书介绍《李佩甫:〈等等灵魂〉》。朱晓科指出李佩甫一直以来以中原乡村作为灵魂批判的场所,"而《等等灵魂》在延续作者这一追求的同时,离开了李佩甫驾轻就熟的乡村权力世界,走进了城市的商业博弈圈,似乎要为'中原'的灵魂世界增添一道时髦的立体风景"。

按一:《等等灵魂》被《长篇小说选刊》2007 年第 3 期转载,并附创作谈《离我们很近》;又被《作家文摘(典藏)》2007 年第 6 期转载。

在创作谈中,李佩甫讲到看似风平浪静的生活蕴藏的危机:一位参加饭局来晚的朋友惊魂未定,因为就在刚刚来的途中,他的女邻居,平日上下班、生活,一切再正常不过,可是突然之间没有任何迹象征兆地就跳楼结束了自己的生命,这个发生在身边的故事引发李佩甫对现实生活的思考,思考人们精神上存在的危机,小说创作的目的就是想表达对当今人们精神生态的忧虑。

按二:小说刊出之后,引发读者广泛关注。《郑州日报》2月 13 日第 9 版刊出左丽慧《李佩甫:给时代"提一个醒儿"》;《文艺报》2 月 17 日第 3 版刊出奚同发《一切尚待精神的救赎》;《中华读书报》3 月 21 日刊出丁河月《〈等等灵魂〉:谁的灵魂走失于权力之城》;《中国图书商报》4 月 3 日刊出汪政在《别走太快,等一等灵魂》中介绍《等等灵魂》的文章,汪政指出"《等等灵魂》的问世可以说是生逢其时","看过不少人对这部作品的介绍，几乎都认为这是一部商界小说"，"但《等等灵魂》更是一部写人的书"；《长篇小说选刊》2007年第3期转载《等等灵魂》的时候也发表了汪政的评论《什么是最重要的》，指出读者对《等等灵魂》的定位是"商界小说"是不够的，还应该看到对人的灵魂的剖析。

丁河月《〈等等灵魂〉：谁的灵魂走失于权力之城》对小说有详细的分析和中肯的评价："继《羊的门》《城的灯》后，李佩甫推出《等等灵魂》。这部长篇写作时间3年，准备期却长达20年。20年里，李佩甫研究了上百个商海案例，见识了形形色色的企业家和冒险家。《等等灵魂》里面的'第一商业帝国'，让人想起上世纪90年代名噪大江南北的两个企业：一个是发端于郑州，遍布于全国的亚细亚商场；一个是由史玉柱创建，被'巨人大厦'拖垮了的巨人集团。这两家企业，像流星一样，划过90年代的夜空，缤纷耀眼，转瞬却归于沉寂。""从故事层面看，李佩甫从官场转到商场，但他着力探究的，还是人的精神。不断膨胀的金钱不过是表象，李佩甫其实是借金钱的壳，说灵魂的事。""一个本意要走向伟大和崇高的人，就这样迷失了方向，丢失了灵魂，原来，最大的敌人来自我们内心。欲壑难填，这才是真正的'摩天大坑'。"

2月10日 何向阳《李佩甫长篇小说〈等等灵魂〉——为国民的"善美刚健"写作》刊《文艺报》2007年2月10日第2版。文章指出作者李佩甫在小说中所传达的内容就是揭示人的灵魂在金钱、物欲、权力中被奴役的真相，同时作家又为建立健康的人格而努力。

3月30日 参加由河南省作家协会和河南广播电视大学在郑州联合举办的李爱华纪实散文《西藏日记》研讨会。与会作家、评论家有张宇、孙荪、何向阳、刘学林、张鸿声等。

4月5—8日 参加河南省第六次文代会，被推选为河南省文联第六届委员会专职副主席。

4月26日上午 参加由河南文艺出版社、河南省文学院联合主办，在河南省文学院召开的焦述"市长生活三部曲"暨《市长后院》作品研讨会。与会作家、评论家有邓友梅、王岭群、南丁、翟遂成、郑彦英、何向阳、刘学林、张鸿声、杨东明、何弘等。

5月11—13日 赴周口参加由河南省文联、河南省作家协会和中国作家协会创联部联合主办，中共周口市委宣传部、周口市文联、周口市作家协会承办的周口作家联谊暨作家丛书首发、青年作家作品研讨会等系列活动。与会人员有孙方友、刘庆邦、朱秀海、陈廷一、邵丽、谷禾、墨白等周口籍作家和陈建功、张守仁、南丁、何向阳、刘学林、李静宜等作家。

5月26—28日 参加在郑州举行的"中国郑州·第二届金麻雀小小说节"开幕式暨颁奖晚会。与会作家、评论家有南丁、田中禾、孙荪、何向阳、刘学林、邵丽等。

7月30日下午 参加在河南电视台演播厅举行的"飘扬的军旗——纪念中国人民解放军建军80周年电视诗歌音乐朗诵会"。

7 月 长篇小说《城的灯》获河南省第四届文学艺术优秀成果奖。同期获奖的小说还有李洱的《石榴树上结樱桃》、邵丽的《我的生活质量》等。

8 月 31 日至 9 月 1 日 出席河南省作家协会第五次代表大会。在换届选举时当选为河南省第五届作家协会主席。

9 月 开完换届会就参加河南省委组织部组织的高级研修班赴美国学习、访问一个月。

9 月 当选新一任河南省作家协会主席后，接受记者采访，采访内容以《为人们的心灵缀上星星：对话新任河南省作家协会主席李佩甫》为题刊《东方今报》2007 年 9 月 3 日第 A13 版。

10 月 14 日 参加由中国作家协会和中共开封市委、市政府联合组织的"中国著名作家看开封"采风活动。活动中，李佩甫指出开封是一个贵族气息很浓的城市，这和其文化积淀有关。开封人懂生活，不跟风，使得这座城市恬静而休闲。中国作家协会副主席张平，作家叶文玲、南丁、刘庆邦、柳建伟、孙荪、刘学林等与会。

11 月 26 日 参加并主持河南省文联、河南省作家协会举办的河南省文学界"学习十七大精神、繁荣河南文学创作"2007年度座谈会。座谈会以南丁、郑彦英、杨东明、邵丽、何弘为代表的老、中、青三代作家出席。李佩甫在座谈中对河南作家提出希望，希望河南作家要戒除浮躁、潜心创作，以人品立身，以作品说话，努力争取河南文学的繁荣发展。

是年　为文学新人陈麦启推荐处女作短篇小说《回答》给《莽原》，鼓励其继续进行创作。

按： 陈麦启回顾小说发表的过程：“这篇小说严格意义上说是我的第一篇小说，算是处女作吧，写好之后，我很忐忑地拿给作家李佩甫先生看，佩甫是我的领导和老师，他像批阅文件那样很认真地在信封的背面写上了鼓励的话，劝我送给《莽原》，于是，我拿着这个信封当作尚方宝剑递给了《莽原》，发了，我以为我这第一篇东西的使命就完成了。没想到后来它给了我两个意外，发稿后的一个月《小说选刊》在‘佳作搜索’里做了介绍，这就给我了一点勇气和野心，我把它寄给了第二届‘蒲松龄短篇小说奖’组委会，没想到，获奖了。”[①]

是年　为陈松峰散文集《月明杂记》写评论《艺海拾贝》，后收入《写给北中原的情书》（《李佩甫文集·散文卷》，河南文艺出版社 2020 年 8 月版）；为奚同发小小说精选集《最后一颗子弹》写评论《点评：走向丰富》，后收入《最后一颗子弹》（河南文艺出版社 2007 年版）。

是年　开始写电视剧本《康百万》；长篇小说《生命册》已经写了七八万字，但因不满意都废掉了。

---

①　陈麦启：《飞翔与飞行》，载文艺报社编《小说里的中国》，青岛出版社，2013，第 205 页。

本年度重要论文：

李丹梦：《卑贱的神圣之旅——李佩甫记》，《中国现代文学论丛》2007 年第 1 期。

何向阳：《李佩甫长篇小说〈等等灵魂〉——为国民的"善美刚健"写作》，《文艺报》2007 年 2 月 10 日。

李丹梦：《李佩甫论》，《文艺争鸣》2007 年第 2 期。

李春：《从李佩甫小说看河南作家关于"乡土"的三种状态》，《郑州大学学报（哲学社会科学版）》2007 年第 2 期。

李博微：《论李佩甫小说的文化批判主题》，《开封大学学报》2007 年第 1 期。

刘全志：《用精神救赎异化的人性——论李佩甫小说〈等等灵魂〉的主题意蕴》，《平顶山学院学报》2007 年第 4 期。

马珂：《物质之城与精神之城：突围中的挣扎——论〈城的灯〉中人物形象塑造》，《平顶山学院学报》2007 年第 4 期。

何向阳：《凯撒王国的欲望迷宫——评李佩甫长篇小说〈等等灵魂〉》，《莽原》2007 年第 5 期。

刘全志：《关注"时代"的人性——论李佩甫的〈等等灵魂〉中人性的异化》，《理论与创作》2007 年第 6 期。

胡永吉：《李佩甫家族小说与文化选择》，广西师范大学 2007 年硕士学位论文。

官璐：《乡土的眷恋与权力的忧思——李佩甫乡土小说研究》，华中师范大学 2007 年硕士学位论文。

梅露：《论李佩甫的小说创作》，华中科技大学 2007 年硕士学位论文。

2008 年 56 岁

3 月，河南作家戴来获第十一届庄重文文学奖。

5 月 12 日，四川汶川发生里氏 8.0 级特大地震。13 日，中国作家协会号召作家积极投入抗震救灾工作。河南省文学艺术界广大文艺工作者全力组织开展一系列活动，支援抗震救灾。

10 月 8—12 日，河南省作家协会组织国内著名作家在豫举行了"辉煌三十年 魅力中原行——纪念改革开放三十周年'名家笔下看河南'"系列采风活动。

10 月 9—12 日，中共十七届三中全会召开。全会通过《关于推进农村改革发展若干重大问题的决定》。

10 月 21 日，河南省作家协会、河南省文学院和新浪网在北京携手举办了"新浪文学伯乐首聘仪式暨文学豫军冲浪"新闻发布会。这是河南作家与新浪网的首次合作。

10 月 25 日，第七届茅盾文学奖评奖工作结束。贾平凹的《秦腔》、迟子建的《额尔古纳河右岸》、周大新的《湖光山色》、麦家的《暗算》四部长篇小说获此殊荣。

4月23日 《中华读书报》2008年4月23日第12版刊《李佩甫：生命的根部在中原》。文章从"第一个精神家园""文学拯救了我""平原藏在我心中"三个方面谈李佩甫的生活经历与文学创作的关系。

4月26日 参加河南省作家协会在郑州举办的第十八届全国图书交易博览会首届读者大会，谈自己的读书心得。与会名家有杨振宁、王蒙、王立群等。

按：李佩甫说："我觉得在我的一生当中读到了两个字，一个是'好'，一个是'妙'"，"我在书中找到了'好'和'妙'的标尺，其实，人类生活的标尺也全部都在书籍当中，所以我觉得书籍拯救了我们的生命"。①

4月29日 出席在郑州举行的柳岸作品研讨会。与会作家、评论家有南丁、李庚香、刘庆邦、缪俊杰、邵丽、李静宜、刘海燕、何弘、墨白等。

5月25—28日 作为"辉煌中原"改革开放三十年文艺大采风活动的一部分，由河南省作家协会、河南省文学院组织的河南作家"辉煌中原"文学大采风活动在"南水北调"工程的源头南阳淅川举行。活动由河南省作家协会主席李佩甫带队，河南省作家协会顾问南丁，河南省作家协会副主席郑彦英、王剑冰、刘先琴、杨晓敏、邵丽、何弘等参加了此次活动。

---

① 陈苗：《学者专家妙语"论"读书》，《河南日报》2008年4月28日第4版。

采风途中，与著名作家周大新（左一）、阎连科（右一）一起

6月14日　为作家聂虹影所写评论《时间中的纯粹》刊于《人民公安报》2008年6月14日第6版。又刊于《边防警察报》2008年11月29日第4版。

7月10日　参加由河南省作家协会、河南省文学院、河南文艺出版社在河南省文学院联合召开的孙方友《陈州笔记》研讨会。与会作家、评论家有南丁、孙荪、郑彦英、王洪应、单占生、马新朝、张宇、何弘、王守国等。

7月18日　参加由中国作家协会，《人民文学》杂志社，河南省文联，周口市委、市政府联合举办的"中国作家采风团周口·淮阳行"活动。采风团以《人民文学》杂志社主编李敬泽为团长，与会作家、评论家有陈忠实、阿来、蒋元明、邵丽、葛水平、乔叶等。

10 月 8—12 日　参加河南省作家协会在豫举行的"辉煌三十年　魅力中原行——纪念改革开放三十周年'名家笔下看河南'"系列采风活动。活动邀请了国内知名作家、评论家陈世旭、刘兆林、何立伟、阿成、邓刚、彭见明、李国平、吴俊、张陵、黄宾堂、李建军等，河南著名作家郑彦英、王剑冰、邵丽、乔叶等参加。采风团先后到郑州、洛阳、开封等地参观考察，并创作了一批反映河南巨变的文学作品。

10 月 21 日　赴北京出席河南作家在北京与新浪网签约仪式。河南省作家协会首次以网络文学方式推出文学豫军的作品。参加此次活动的作品有李佩甫的《羊的门》、张宇的《疼痛与抚摸》、邵丽的《我的生活质量》等。

12 月 17 日　出席由河南省直机关工委、河南省文联等主办的"纪念改革开放 30 周年书画摄影展"，与会人员还有河南省文联主席马国强，河南省文联副主席何白鸥、郑彦英、苗树群等。

12 月 18 日　作为中国作家代表团一员，与中国作家协会副主席高洪波、诗人宗鄂一起去以色列、新加坡访问。

12 月 25 日　在《河南日报》记者冻凤秋的采访中，以亲身经历回忆 20 世纪 80 年代创作环境的改变："改革开放使一大批人有了创作的激情和冲动，我是 1978 年开始发表作品的，从此一发不可收。当时，世界各种文学流派作品大量涌入国内，我们如饥似渴地阅读，一股脑地吸收各种信息，那种热情前所未有。"对于目前文学现状，李佩甫坦言："新中国成立后到1977年以前，河南几乎没有什么长篇小说，如今每年都有多部长篇小说问世，可谓百花齐放。网络时代，我们河南作家更是直面挑战，显示了雄厚的创作实力。这30年，是中国文学最好的时期。"①

是年 写人物印象记《时间与飞扬——张海②印象》，后收入《写给北中原的情书》（《李佩甫文集·散文卷》）。

本年度重要论文：

李娟、马臣：《男性的"圣母"想象——论李佩甫小说〈城的灯〉女性叙事的谬误》，《陕西理工学院学报（社会科学版）》2008年第1期。

谭晋宇：《论〈羊的门〉对现代性和国民性的思考》，《湖南人文科技学院学报》2008年第1期。

李博微：《论李佩甫小说的权力批判主题》，《名作欣赏》2008年第4期。

卜海艳：《赤子情围成的藩篱——论中原传统地域文化对李佩甫创作的负面影响》，《中州学刊》2008年第2期。

孙方禾：《潘多拉的魔盒——李佩甫小说中的权力场研究》，

---

① 冻凤秋：《文学30年：从精英启蒙到大众狂欢》，《河南日报》2008年12月25日第5版。

② 张海（1941— ），男，河南偃师人。曾任河南省文联名誉主席，河南省书法家协会名誉主席，郑州大学美术学院院长、博士生导师。

西南大学 2008 年硕士学位论文。

张艳：《小说叙事的一种可能——浅析李佩甫小说中的意象》，苏州大学 2008 年硕士学位论文。

2009 年　57 岁

4 月 9 日，文学豫军 33 名作家签约新浪。郑彦英《石瀑布》、侯钰鑫《东方艳后》、乔叶《我是真的热爱你》等 33 名河南作家的作品通过新浪网展示给广大网民。这是河南省作家与新浪的第二次合作。

7 月 13—16 日，中国作家协会创研部在中国作家协会北戴河创作之家召开长篇小说艺术暨文学发展趋势研讨会。

7 月 17 日，纪念中国文学艺术界联合会成立 60 周年大会在京举行。

3 月　出席河南省青年作家创作会。河南省作家协会组织召开了河南省青年作家创作会并颁发了第三届河南省文学奖，刘海燕《李佩甫：来自平原的声音》获得理论评论奖。

5 月 12 日　出席由河南影视集团与长春电影制片厂在郑州联合召开的农村题材创作研讨，与会的有墨白、孙方友、郑彦英等。

5月20日　下午，陪同中国文联党组成员、副主席冯远，中国文联办公厅主任夏朝华一行在河南省文联考察工作，陪同考察人员还有河南省文联主席马国强，副主席何白鸥、苗树群等。

6月7日　上午，陪同全国政协副主席、中国文联主席孙家正到河南省文联进行考察。李佩甫作为河南省文联副主席出席孙家正一行与河南省文联机关各处室、协会负责人和文艺家代表举行的座谈会。

7月5日　出席在河南省文学院举行的"'中原论道'——论河南文化　溯中国性格"论坛。此次活动由新浪网读书频道和河南省文艺评论家协会等单位联合举办。李佩甫、刘震云、阎连科、李洱四人围绕"河南性格"这一主题进行讨论。李佩甫作为其中唯一生活在河南的作家，他说，在北京看河南跟在河南看河南不一样，他将河南性格概括为"底色是12个字，败中求存、小中求活、生生不息。外延是6个字，勤劳、坚毅、包容"。[①]

7月　《羊的门》《城的灯》入选"共和国作家文库"，由作家出版社再版。

按："共和国作家文库"是为庆祝中华人民共和国成立60周年筹备出版的大型文学工程，主要作家作品有王蒙《活动变人形》、铁凝《玫瑰门》、陈忠实《白鹿原》、贾平凹《秦腔》、

[①] 《豫籍作家中原论道：中国人的性格就是河南人的性格》，《东方今报》2009年7月6日。

莫言《生死疲劳》、余华《活着》、张贤亮《男人的一半是女人》、史铁生《务虚笔记》、格非《人面桃花》、霍达《穆斯林的葬礼》和刘庆邦《黄花绣》等。

8月6日 曾凡在当日《文学报》发表书信《叙述的节奏与作家的心态——致李佩甫的一封信》。曾凡是李佩甫的挚友，此信是挚友诤言。这封公开信作为曾凡的知人之论，其恳切言辞对李佩甫走出《羊的门》之后的创作低谷具有指导意义。这一点从后来《生命册》舒缓、沉稳的节奏和表现就可以看出。

按： 曾凡直言不讳地指出李佩甫写作中比如《羊的门》有些"急促"的问题。"我说起这个话题，是因为不只你这一篇作品，而是有一批作品有一批作家，都显示出同样的困境。我觉得这个困境牵涉到究竟为什么写作或以什么心态写作的问题。只以你的几部近作为例，《城的灯》《等等灵魂》，都像是达到了某种境界，但又都似乎未能展示出它原本应有的内涵与力量。我没有很仔细地想，但我直觉可能与两点有关吧：一是心急，想快点拿给别人看，快点表达、表现、告诉别人我的想法我的愿望；二是无法在情感上拉开与生活的距离，无法在文化立场上拉开与自己的描写对象的距离。""心急即急躁、浮躁，是这一二十年来中国文化界的普遍状态，我不想再多言。拉开与生活的距离可能是获得好心态的一种途径。我觉得你的作品中，你个人的情感因素渗透得太多。你总是像生活在主人公身边的一个人物，替他们渴望替他们着急替他们分担爱恨情仇，特别是在理想和人格的层面，希望他们达到你所要求的高度和境界。

而当某些东西不能实现的时候，你的情绪就随着他们一起跌落下来。""所以，我一直想，你和类似的一批已经极为成熟和成功的作家，已经没有必要再为市场为时尚为大众写作，而是应该静下心来为自己、为一个大的历史时空、为心中的精神信仰而写作。我不是说不要激情和个人情感，但我觉得你需要更大的视野更大的耐心。你的笔下，应该出现一部真正的大作品，或者是'伟大的作品'。"

8月 32集长篇电视连续剧《康百万》进行拍摄，后更名为《河洛康家》，由潘军任导演。《河洛康家》2019年在河南卫视播出。李佩甫的长篇小说《河洛图》在此基础上写成。

8月 参加河南省作家协会在郑州召开的李明性作品《家谱》研讨会。与会作家、评论家有李洁非、何向阳、胡玉萍等。

10月28日 在"中国作家看河南"文学交流采风活动启动仪式上致欢迎辞。参加启动仪式的还有河南省文联主席马国强，河南省作家协会副主席郑彦英、邵丽，以及何申、阿成、邓刚、孟繁华等来自全国各地的学者作家。

按："中国作家看河南"文学交流采风活动是为庆祝中华人民共和国成立60周年而举办，也是近年来外省作家走进河南规格最高、规模最大的一次活动。活动以建设社会主义新农村为主题，由中国作家协会和河南省委宣传部、河南省文联主办，河南省作家协会承办。

10月 应《中华读书报》之约为"世界图书日"写散文《古丽雅的道路》，谈早年读书对自己的影响。此文后收入岛石

主编《60 年中国人的阅读心灵史》（中国书籍出版社 2009
版）中。

本年度重要论文：

赵淑芳：《论〈羊的门〉对鲁迅小说的精神传承》，《河南
师范大学学报（哲学社会科学版）》2009 年第 2 期。

曾凡：《叙述的节奏与作家的心态——致李佩甫的一封信》，
《文学报》2009 年 8 月 6 日。

陈英群：《乡村社会权力的流变——李佩甫乡土小说的社会
意义》，《当代文坛》2009 年第 5 期。

陈英群：《挥之不去的乡土眷恋——管窥李佩甫的乡土小说
世界》，《郑州大学学报（哲学社会科学版）》2009 年第 6 期。

王文参：《从〈等等灵魂〉看李佩甫对河洛文化的背离与超
越》，《小说评论》2009 年第 6 期。

张相梅：《逃亡与还乡：寻找人类的栖息地——论李佩甫小
说对"乡村人进城"命运的解析》，山东师范大学 2009 年硕士
学位论文。

申显丽：《人性的悲歌——论李佩甫长篇小说中的人性批
判》，西北师范大学 2009 年硕士学位论文。

2010年　58岁

4月17日，中国作家协会、青海省作家协会联合组织作家赶赴玉树抗震救灾第一线。

10月19日，第五届鲁迅文学奖揭晓。河南作家乔叶的中篇小说《最慢的是活着》获中篇小说奖，郑彦英散文集《风行水上》获散文奖。

11月23—26日，"坚守与突破——2010中原作家群论坛"在河南郑州举行。

1月1日　散文《我的文友吴万夫》刊《金山》2010年第1期。

1月6日　下午，与马国强、墨白等出席《时代报告》创刊及新春联欢会。

1月8日　河南作家网开通，文学豫军网上亮相。采访中，李佩甫告诉记者，河南作家网的开通，为河南作家与外界的交流和与内部的沟通都提供了便利快捷的平台。

1月9日　参加作家段荃法先生追悼会，参加追悼会的有南丁、张一弓、田中禾、孙方友、孙荪、杨东明、何弘、墨白、马新朝、刘学林等。

按：写悼文《长者荃法》，回忆作为同乡、长者的段荃法的为人为文。"我跟他，亦师亦友。他在河南文学界是出了名的忠厚长者，处处与人为善。都说好人一生平安，我们期待着。""早年，他家就是一个文学的聚会场所，像我辈一样的许多文学青年都去他那里求教……无数个夜晚，去了也就去了，有烟有茶有水果招待，从不嫌烦。""段荃法老师早在上世纪50年代就是全国劳动模范，参加过全国的群英会，作为文学界的青年代表，曾受到周恩来总理的接见。他的作品《"状元"搬妻》《雪英学炊》等早在50年代就闻名于全国文坛。改革开放后，他以《天棚趣话录》《乡音》《活宝》《鬼地》《布袋子》为代表的系列小说，深受广大读者的喜爱，他的作品影响了一代又一代人……他常年担任省作协的领导组织工作，他参与创办了河南大型文学期刊《莽原》，并担任首任主编，扶持、培养过无数文学青年，包括我们这一茬在内的很多作家，都曾受到他的指点、教诲和体贴入微的爱护。"①

4月21日　出席侯钰鑫长篇小说《大地》研讨会，与会作家、评论家有南丁、孙荪、孙方友、郑彦英、何弘、刘海燕、冯杰等。

---

① 李佩甫：《长者荃法》，载《写给北中原的情书》（《李佩甫文集·散文卷》），河南文艺出版社，2020，第70—71页。

5月　作为中国作家代表团团长，一行四位作家出访日本。

按：5月26日，日本市川市举办了一场中日研讨会，会议名称为"生态文学"，与会者有李佩甫、范小青、朱晓平、邱华栋等中国作家和几位日本学者。[①]

6月22日　出席在河南大学大礼堂举行的"激扬青春，壮美中原——2010河南青年诗歌朗诵会"。与会人员还有李庚香、何雄、马新朝等。

6月29日　参加由河南省作家协会、作家出版社共同举办的焦述长篇新作《市长女婿》研讨会。与会作家、评论家有张水舟、何镇邦、黄轶、徐志强等。

7月22日　与河南省文联班子成员马国强、何白鸥、郑彦英、宋华平等一同陪同河南省委书记卢展工在河南省文联调研。

8月6日　出席平顶山"三苏杯"全国诗歌大赛颁奖典礼。

按：平顶山的三苏园是宋代文学家苏洵、苏轼、苏辙的归焉之地。平顶山"三苏杯"全国诗歌大赛由中国作家协会、河南省委宣传部和平顶山市委、市政府联合主办，自2010年3月13日至2010年5月30日面向全国作者征稿，2010年6月30日前完成终评，7月初公示。

8月14日　参加由河南省作家协会与中国作家协会创研部、河南文艺出版社等在北京举行的李天岑长篇小说《人道》研讨会。与会作家、评论家有雷达、周大新、何西来、贺绍俊等。

---

① 陈多友、杨晓辉主编《日本生态文学前沿理论研究》，上海交通大学出版社，2016，第4页。

9 月 4 日　评论《种植美丽的人生——介绍柳岸和她的中篇小说集〈燃烧的木头人〉》刊《解放军报》2010 年 9 月 4 日第 8 版。

9 月 29 日　参加河南省作家协会、河南省文学院等联合举办的田中禾长篇小说《父亲和她们》研讨会。与会作家、评论家有吴长忠、南丁、郑彦英、张一弓等。

9 月　姚晓雷专著《乡土与声音——"民间"审视下的新时期以来河南乡土类型小说》由山东教育出版社出版。其中第四章是李佩甫小说专论《李佩甫：泪洒"绵羊地"》。

按：姚晓雷是对李佩甫创作中国民性书写作出深刻解读的评论家。他的论文系统地从乡村统治者和下层民众的性格两方面进行解析，提出中原"绵羊地"和中原民众"绵羊"说，代表性论文有《"绵羊地"和它上面的"绵羊"们——李佩甫小说中百姓一族的一种国民性批判》（《山东社会科学》2004 年第 8 期）和《"绵羊地"里的冷峻剖析——李佩甫小说的主题方面的解读》（《文艺争鸣》2004 年第 2 期）。同时，他的《乡土呈现中的一种知识分子批判——李佩甫小说的一个主题侧面解读》（《平顶山师专学报》2001 年第 3 期）也眼光敏锐地指出李佩甫笔下知识分子形象的独特性。

10 月 23 日　参加在郑州举行的马新朝诗集《低处的光》研讨会。

11 月上旬　在"坚守与突破——2010 中原作家群论坛"召开前夕，接受《河南日报》记者冻凤秋采访。谈到中原作家群，李佩甫认为，生长在中原大地上的作家，深受传统文化的浸润和滋养，具有可贵的坚韧性和包容性，"他们为人低调踏实，不浮躁，不炒作，不张扬，他们耐得住寂寞，总是埋头创作，默默地拿出有分量的作品"，"改革开放 30 年来，河南文学能取得今天的成就，与河南作家的这种可贵品质密切相关。目前，包括豫籍作家在内的整个中原作家群成为全中国最大、最有影响力、最整齐的一个创作群体"。

按：此谈话内容以《中原厚土孕育优秀作家群——访河南省文联副主席、作协主席李佩甫》为题刊《河南日报》2010 年11 月 16 日第 5 版"文娱新闻"，还以《李佩甫：中原厚土孕育优秀作家群》为题收入白烨主编《中国文情报告（2010—2011）》（社会科学文献出版社 2011 年版）第 11 部分"作家身影与文学声音"。

11 月 23—26 日　出席在郑州举行的"坚守与突破——2010 中原作家群论坛"。中国作家协会主席铁凝、中国作家协会党组成员书记处书记李敬泽、河南省委宣传部部长孔玉芳出席并致辞。作为河南省作家协会主席，李佩甫致开幕辞并代表中原作家宣读了以"坚守与突破"为题的中原作家宣言。宣言强调，在网络化、全球化以及社会全面进步的现代化背景下，中原作家将坚守文学传统和文学理念，力争使中原文学成为民族艺术水平和精神高度的标尺。参加此次会议的作家、评论家还有何向阳、周大新、刘庆邦、柳建伟、耿占春、王鸿生、艾云、鲁枢元、南丁、墨白、李洱、行者、张宇等。与会人员会聚一堂，共同讨论在当今全球化、网络化的背景下，文学该往何处去等议题。

12月23日 参加河南作家宋中锋长篇小说《月亮滩》研讨会。

本年度重要论文：

侯运华：《"城的灯"映出人性的阴影——论李佩甫都市题材的小说创作》，《理论与创作》2010年第3期。

邵燕君：《画出中原强者的灵魂——李佩甫和他的〈羊的门〉》，《中国作家》2010年第5期。

孙宝灵：《村支书原型呼天成——文学豫军笔下的村支书与河南人的官本位文化（之一）》，《学理论》2010年第13期。

洪治纲：《"人场"背后的叩问与思考——论李佩甫的〈羊的门〉》，《名作欣赏》2010年第9期（下旬刊）。

孔会侠：《盘旋在乡村上空的历史幽灵——论李佩甫笔下乡村统治者形象》，《三峡文化研究》第十辑。

孟凡东：《病态社会的启示录——李佩甫〈城市白皮书〉散论》，《才智》2010年第28期。

郑真真：《李佩甫乡村权力叙事研究》，扬州大学2010年硕士学位论文。

2011年　59岁

4月27—30日，河南省文学院与河南省作家协会联合在周口淮阳召开了河南文学创作会议。

8月20日，第八届茅盾文学奖评出5部获奖作品，分别为张炜的《你在高原》、刘醒龙的《天行者》、莫言的《蛙》、毕飞宇的《推拿》、刘震云的《一句顶一万句》。

11月24日，中国文联第九届全国委员会第一次会议在京举行，孙家正连任中国文联主席。同日，中国作家协会第八届全国委员会第一次会议在京举行，铁凝连任中国作家协会主席。

1月15日　参加由河南省作家协会和洛阳市作家协会联合举办的忻尚龙长篇小说《北魏的那一段惊弦》研讨会并发言。

2月　张鸿声主编《河南文学史·当代卷》由郑州大学出版社出版。《第十一章　新时期的河南小说》第四节和《第十八章　新时期的河南影视创作》第二节对李佩甫的小说及影视创作进行了评价。

3月1日　参加在河南省文学院举行的鱼禾长篇小说《情意很轻，身体很重》研讨会并发言。研讨会由河南省文学院、河南省文艺评论家协会等主办，与会作家、评论家有郑彦英、南丁、孙荪、张宇、王守国、何弘、墨白、马新朝、乔叶等。

3月15日　参加在郑州举行的杨晶长篇小说《拿钱说事》研讨会。研讨会由河南省作家协会、河南省文学院、焦作市委宣传部等共同举办，与会作家、评论家有南丁、孙荪、郑彦英、何弘、马新朝、邵丽、墨白、乔叶、冯杰、刘海燕、黄轶等。

3月21日　参加由河南省作家协会、河南省文学院、河南省文艺评论家协会、《大河报》、河南省诗歌学会共同主办的萍子诗歌研讨会。与会领导、专家、评论家有河南省委宣传部副部长李庚香，作家张宇、邢军纪，诗人王绶青、马新朝，日本东北大学教授田原等数十位国内外文学界专家、学者。研讨会由何弘主持。

按：李佩甫在发言中谈到了诗人身上的一种"朝气"，在苏金伞、王绶青、王怀让身上都可以看到，认为萍子的《我的二十四节气》中有一种明亮、温暖、善意、厚道，给人以希望，这是萍子诗歌中最好、最健康的部分。

3月　在北京参加中国作家协会七届十一次主席团会议，会上作了《文学的标尺——时代与文学的断想》的发言。发言中，李佩甫将自己多年来对社会生活、文学、文学与社会生活的关系这几个方面的思考作了严肃认真的总结，强调文学要对社会、人心，对国人精神发挥积极的影响作用。

按：李佩甫认为现实生活中文学在"数字化""娱乐化""通俗化""边缘化"的时候，"这说明中国已经进入了精神疾病的高发期，而我们的文学却处于半失语状态"。因此，他认为："文学是一个民族精神的凝固剂，是民族灵魂的铸造剂。""我们知道文学对具象的社会现实没有实际的效用，可我们更知道文学是社会生活方式的先导，文学是人类精神之药，是可以滋润人的心灵的。真正的文学语言应是一个时代的标尺和旗帜。""从某种意义上说，文学是人类精神生活的沙盘，也是人类生活的参照系。在文学意义上，文字也不是文字本身，它是人类思维的智慧结晶，是带有方向性和思维导向性的文本。所以，建设健康的高品质的文学标尺是当务之急。在文学创作方面，我们需要建设的是人类精神意义上的标尺和向度，我们需要的是建设意义上的探索和突破；在文学批评方面，我们需要的是建设意义上的批评。我们更需要本民族文化意义上的建设性的文学批评者——中国式的'别林斯基'。"①

4月2日　参加由河南省作家协会、河南省文学院、河南省诗歌学会共同举办的诗人高治军诗歌研讨会。与会作家、评论家有南丁、王绥青、邵丽、何弘、马新朝等30余人。

4月6日　出席"河南省著名作家看郾城"活动启动暨漯河市诗歌学会成立仪式。活动由漯河市文联、漯河市作家协会联合组织举办。

---

① 李佩甫：《文学的标尺——时代与文学的断想》，《文艺报》2011年4月22日第2版。

4月22日　参加在郑州举行的柳岸新作《我干娘柳司令》《八张脸》研讨会。研讨会由河南省作家协会、河南省文学院、河南文艺出版社、河南省文艺评论家协会、周口市文联联合主办，南丁、郑彦英、何弘、李庚香、单占生、陈枫、邵丽、马新朝、孙方友、墨白等出席。

4月27—30日　参加在周口淮阳举行的"河南文学创作会议暨文学采风活动"。与会作家、评论家有孟繁华、陈福民、田中禾、张宇、邵丽、何弘、陈枫、李静宜、冯杰、黄轶、墨白、王安琪、行者、张晓琳等。河南省委宣传部副部长李庚香、河南省文联党组书记吴长忠等到会并发表讲话，著名评论家孟繁华、陈福民作专题讲座。

6月21日　参加由河南省作家协会、河南省文学院等联合举行的青年作家行者（王遂河）长篇历史小说《对话别廷芳》研讨会。与会作家、评论家有单占生、南丁、张宇、何弘等。

7月20日　参加由中国作家协会创研部、河南省作家协会、河南省文学院等在北京联合主办的韩露长篇处女作《最后一位淑女》研讨会，并作题为《无法企及的岸》的发言。

9月16日　参加由河南省作家协会、河南省文学院联合主办的河南青年作家郭昕作品研讨会。与会作家、评论家有邵丽、孙苏、何弘、陈杰、李静宜、孔会侠①等。

9月 长篇小说《生命册》书稿完成。

10月16日 参加容三惠小说研讨会，与会作家、评论家还有阎晶明、南丁、田中禾、孙方友、乔叶、李静宜、墨白等。

10月 何弘主编的《坚守与突破：中原作家群论丛》由河南文艺出版社出版，内收关于李佩甫的《在"坚守与突破——2010中原作家群论坛"开幕式上的致辞》和张鸿声、刘宏志的《李佩甫小说论》。

10月 马季著《夏娃的花环》由知识出版社出版，作品第四辑"作家现场"收入有关李佩甫的文学评论《李佩甫：物质时代的精神守望》。

11月22—25日 参加在北京举行的中国作家协会第八次全国代表大会。与会的河南省代表团成员还有二月河、马新朝、王钢、王守国、王剑冰、田中禾、乔叶、孙苏、李庚香、何弘、南丁、张宇、张一弓、杨东明、邵丽、墨白、郑彦英、南飞雁等20位作家。

12月16日 参加河南省作家协会、河南省文学院共同举办的青年作家尹新江作品研讨会。

12月 长篇小说《通天人物》由江苏文艺出版社出版。

---

① 孔会侠（1976— ），女，河南漯河人，兰州大学文学博士，郑州师范学院副教授，文学评论家，多年来致力于当代文学的研究，出版专著《李佩甫评传》，在《南方文坛》《小说评论》《当代作家评论》等发表文学评论100余篇。著作《李佩甫评传》获得河南省第七届文学艺术优秀成果奖。

冬 母亲因病去世。

是年 长篇小说《生命册》入选 2011 年中国作家协会重点扶持作品，并将在《人民文学》2012 年第 1 期、第 2 期刊出，该作品也是李佩甫"平原三部曲"的巅峰之作。

本年度重要论文：

陈英群：《浅析李佩甫小说中的下岗女工形象》，《作家》2011 年第 6 期。

艾燕萍：《何为明灯——〈泥鳅〉与〈城的灯〉农民工进城叙事比较》，《青春岁月》2011 年第 10 期。

周阳、周水涛：《冯家昌的进城之旅及其精神困厄——兼谈农民后代进城的精神历程》，《名作欣赏》2011 年第 27 期。

赵柳月、刘保亮：《论李佩甫小说的爱情叙事伦理》，《名作欣赏》2011 年第 27 期。

刘刚：《传奇及其背后——论〈羊的门〉的悲剧意义》，《殷都学刊》2011 年第 3 期。

刘颖：《李佩甫小说论》，郑州大学 2011 年硕士学位论文。

林洁：《匍匐于中原大地的悲悯情怀——论李佩甫乡村小说的权力叙事》，浙江大学 2011 年硕士学位论文。

2012 年　60 岁

　　8 月 28—29 日，由中国作家协会和中共河南省委宣传部共同主办的"中原崛起——中原作家群论坛"在北京举行。

　　10 月 11 日，中国作家莫言获得 2012 年诺贝尔文学奖。

　　11 月 8—14 日，中国共产党第十八次全国代表大会举行。大会通过报告《坚定不移沿着中国特色社会主义道路前进，为全面建成小康社会而奋斗》。

　　11 月 30 日，首届杜甫文学奖颁奖大会暨 2012 年河南省作家协会理事会在郑州召开。

　　12 月 26 日，周大新《安魂》获评《当代》2012 年度最佳长篇小说。

　　是年，河南省作家协会、河南省文学院在河南省委宣传部、河南省文联的支持下启动了"文鼎中原——长篇小说精品工程"。

　　1 月 3 日至 2 月 3 日　长篇小说《生命册》刊《人民文学》2012 年第 1 期、2012 年第 2 期"头题"。《生命册》是"中原三

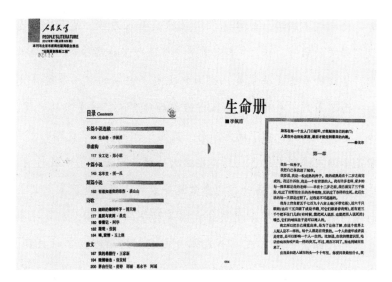

《人民文学》2012年第1期目录和内文首页

部曲"的"收官之作"。《生命册》以从乡到城的吴志鹏为线索,描写了老姑父、梁五方、虫嫂、杜秋月、蔡苇香、春才等乡亲们和与吴志鹏一同打拼的"骆驼"各自不同的人生。小说通过人物各自精彩惨烈的人生,折射出当代社会发生的巨大变化,探讨城乡生态和人生世相。

按:《城的灯》写完后,李佩甫就想再写一部小说,与前两部形成"三部曲"的结构。"不过这本书一开始的合作并不顺利,一年过去了,两年过去了……总也不见书影,我十天半月就打一次电话催他,可他总说找不到感觉,没写好。大概在2007年、2008年,他已经写了七八万字,当我高兴地要拿来看时，他又说不满意，废掉了。"① 废掉这七八万字，是因为没有找到开头的第一句话。"李佩甫是一个很严谨的写作者。在他看来，小说的开头至关重要，因为它决定了全书的风格和整体走向。为了写好一个开头，李佩甫前前后后尝试了一年多的时间，写了很多的开头，都不满意，有一次写了一万多字还是不行。"②于是李佩甫就到农村去，到当年插队的村子侯王住了一段时间，吃了几箱方便面。"当时我的感觉就是乡村已经不是原来意义上的乡村了。有一天早上九点钟我围着村子转了一圈，那是一个有三千人的大村，可我一个人都没有碰到，却碰到了一只狗。这和上世纪50年代、60年代、70年代的乡村真是决然不同了。年轻人都出去打工，村里剩的都是老人，真是发生了巨大的变化。这让我重新体验到生活在城市、乡村的感受，重新唤醒了我的记忆，我就又开始动笔。"③ 回乡住了几个月，在村子里、泥土地上走走、转转，唤醒了心底乡村的记忆，于是写作才继续下去，可是真正下笔写的时候，原来在书房写作的习惯被打破了，"这部小说并不是在书房完成的，因为我的开头都在书房里写的，但是每次开头都写不好，找不到感觉，于是我就搬到

———————————

① 张亚丽：《〈生命册〉：中原的故事就是中国的故事》，《中国青年报》2015年10月23日第11版。

② 张亚丽：《名家力作〈生命册〉开头写了一年多》，《北京晚报》2012年4月14日第26版。

③ 姜妍、江楠：《李佩甫：我们的当代文学落后于时代》，《新京报》2012年3月31日第C13版。

卧室来写，一下子找到了感觉"①。

《生命册》是李佩甫写作花费时间最长的小说，也是他写作内容时间跨度最长的小说，他回头写了50年来的"脚印"史。"从宏观角度来看，我准备了50年，那是一种从生活到创作的长期酝酿、浸泡过程。从具体写作时间来说，也有五六年的光景。最早只是写了几个开头，每次都写到七八千字，找不到语言感觉，就停下了。而后一次次开头，都不满意，废掉了。后来又到乡下住了一段时间……重新写，又写了三年。"②

3月23日　参加由河南省作家协会、河南省文学院组织的纪念杜甫诞辰1300周年暨《杜甫诗传》研讨会。《杜甫诗传》是河南诗人李铁城的长篇诗作。

3月　《生命册》由作家出版社出版。《生命册》的出版在社会上产生广泛反响。各家报道、各方评论纷纷出现。

按一：《生命册》出版之前，《大河报》2012年2月17日第A22版"文娱品鉴"栏目发文《〈生命册〉书写五十年心灵史》，介绍即将出版的新书；《新华书目报》3月19日介绍《生命册》，并发表作家访谈《李佩甫：书写中国版的〈变形记〉》；《生命册》出版并于3月30日在北京召开新书发布会后，《北京日报》3月31日第11版"文化"栏目发文《李佩甫

① 尚新娇：《小说〈生命册〉获茅奖，佩服佩甫》，《郑州晚报》2015年8月17日第A05版。

② 王晓君：《李佩甫：书写中国版的〈变形记〉》，《新华书目报》2012年3月19日第A05版。

《生命册》单行本封面

〈生命册〉把人当植物写》也进行推介；《经济日报》4月8日第7版"文化副刊"栏目刊发《李佩甫新作〈生命册〉面世》；《中国文化报》4月9日第7版"公共阅读"栏目刊发《李佩甫推出新作〈生命册〉》，介绍《生命册》的新书发布会；《图书馆报》4月13日第A04版"出版动态"刊发《〈生命册〉：展现农村与城市的时代变迁》对《生命册》进行介绍。

　　按二：4月2日，《文艺报》连发两篇文学评论和一篇人物访谈——刘意《从乡村到城市的生命"浮世绘"》、姬小琴《一部土地背负者的心灵史诗》和孙竞《知识分子的内省书——访作家李佩甫》，对《生命册》进行高度评价；《中国艺术报》4月9日第7版发表李佩甫的创作谈《让认识照亮生活——河南省作协主席李佩甫谈新作〈生命册〉》；《北京晚报》4月14日第26版"周末阅读"推出张亚丽的《名家力作〈生命册〉开头写了一年多》，介绍《生命册》成书经过；《大众日报》4月20日又连推三篇文章——逢春阶的《"俗心佛胆"李佩甫》《李佩甫："平原声音"的种植者》和潘启雯的《土地孕育忠诚也滋生叛逆——评李佩甫〈生命册〉》，对李佩甫及《生命册》

进行评介；《工人日报》5月7日第7版刊发宋庄的《李佩甫：回头看看自己的脚印，会走得更好》；《羊城晚报》5月13日刊发孙竞的《李佩甫：文学因无用而无价》，后收入白烨主编《中国文情报告（2012—2013）》（社会科学文献出版社2013年版）。《光明日报》持续发表关于李佩甫《生命册》的评论文章：5月29日第13版"光明书榜"栏目刊发安君的《〈生命册〉：背着土地行走》；7月3日第14版"文学评论"栏目刊发何弘的《盘活了现实生活经验——读长篇小说〈生命册〉》；8月31日第5版刊发刘先琴、王国平的《坚守"平原"这片写作领地——河南省文联副主席、作协主席李佩甫谈"中原作家群"》；9月15日第10版刊发姬小琴的《从乡村到城市的生命图册——读李佩甫〈生命册〉》。《文艺报》8月29日发表曾镇南的评论《李佩甫长篇小说〈生命册〉：剧变时世中的畸人列传》。《文艺报》2015年10月9日第8版发表苏鹏的《乡土中国的"人物志"——评李佩甫的长篇小说〈生命册〉》。《中华读书报》舒晋瑜持续关注作家李佩甫及其创作，本年发表三篇与李佩甫的谈话：《中华读书报》4月25日第18版刊舒晋瑜主持的对话《李佩甫：上网写字不能叫创作》；《上海文学》第10期"文学访谈"栏目刊李佩甫、舒晋瑜《看清楚脚下的土地》；《中华读书报》12月26日第17版刊发舒晋瑜《李佩甫：〈生命册〉是我的"内省书"》。

按三：《生命册》在2012年12月获2012年度茅台杯人民文学奖；2013年获中国图书出版长篇小说奖、第二届施耐庵长篇小说大奖；2014 年获人民文学长篇小说"双年奖"，并获得"第三届中国出版政府奖图书奖"；2015 年 8 月，《生命册》获第九届茅盾文学奖。

3 月　散文《我的文友吴万夫》再刊《牡丹》2012 年第 3 期。

4 月 27 日　由河南省作家协会、河南省文学院共同主办的李佩甫长篇小说《生命册》研讨会在郑州举行。河南省文联主席马国强，河南省文联副主席何柏鸥、郑彦英，中国作家协会创研部副主任何向阳等有关领导出席会议并讲话。南丁、田中禾、鲁枢元、张宇等作家、评论家、学者出席会议。

按一：各家报纸纷纷进行报道：《大河报》4 月 28 日第 A25 版"文娱头条"栏目刊《李佩甫用生命写成"生命册"》，《郑州晚报》4 月 28 日第 A32 版"文娱新闻"栏目刊《长篇小说〈生命册〉作品研讨会召开——被誉为"平原三部曲"巅峰之作》，《文学报》5 月 10 日第 5 版"人物"栏目刊《河南研讨李佩甫新作〈生命册〉》，《文艺报》6 月 18 日第 1 版刊《河南研讨李佩甫长篇新作〈生命册〉》。

按二：在研讨会上，"大家一致认为，这是一部植根于平原大地的灵魂之书，是一部书写平原的百科全书，为'平原三部曲'巅峰之作"。专家们认为《生命册》在书写当代中国时代与土地的变迁中展现人物的精神风貌和产生裂变的过程，反映中原文化的独特生存环境，折射中原民心民性，揭示中原文化生态，是追溯城市和乡村时代变迁的"心灵史诗"，更是中原文化的感性表现，是中国文坛上现实主义的又一个高峰，同时，这部作品又具有鲜明的中原风格，是中原作家群的最新成果，是中原文学的一个新高度、新成绩，具有一定的里程碑意义。小说在树状的结构中，借开放式结构包容众多人物之间的关系、土地与人的关系、城市与乡村的关系，不过，作品也存在根深而干不足的缺陷。[①]

5月　散文《乡村记忆》（节选自《生命册》）刊《散文百家》2012年第5期"名家近作"栏目，获《散文选刊》年度优秀散文奖。

6月　散文《无梁的树》《无梁的风》（节选自《生命册》）刊《农村·农业·农民》2012年6月上半月刊。

6月　从《生命册》节选的小说《虫嫂》刊《东京文学》2012年6月刊，同期刊人物访谈《用生命细述"生命"——李佩甫访谈》（苗梅玲、李佩甫）和刘涛的评论文章《一篇乡村女人的史诗——读李佩甫〈虫嫂〉》。

7月初　接待由中国作家协会全委、新疆兵团文联原党组书记丰收带队来河南的采风团并进行亲切交流。

7月6日　参加河南省文学院在郑州举行的墨白的长篇小说《手的十种语言》研讨会。会议由河南省作家协会、河南省文学院、《莽原》杂志社联合召开。与会人员还有南丁、田中禾、张宇、马新朝、李静宜、王鸿生等人。

---

① 尚新娇：《长篇小说〈生命册〉作品研讨会召开》，《郑州晚报》2012年4月28日第A32版。

7月13日　参加在郑州举行的老张斌从事文学创作55周年纪念暨作品研讨会。

7月20日　任中国作家协会小说委员会委员。中国作家协会书记处研究成立中国作家协会各专门委员会。小说委员会主任为陈忠实，副主任为王安忆、莫言等，李佩甫、毕飞宇、刘震云、刘醒龙、劳马、格非、徐坤等任委员。

8月28日至9月1日　率河南作家代表团赴北京参加"中原崛起——中原作家群论坛"。

按：作为第十九届国际图书博览会"中国作家馆"河南主宾省系列主题活动的重头戏之一，由中国作家协会和中共河南省委宣传部共同主办的"中原崛起——中原作家群论坛"在北京举行。29日上午，出席中国作家馆开馆仪式暨"文学中原崛起"新闻发布会；29日下午，出席"中原崛起——中原作家群论坛"并致辞。此后，陆续参加后续活动。活动期间，批评家雷达、李敬泽、吴秉杰、胡平、白烨、孟繁华、陈晓明、贺绍俊，河南作家代表团孙方友、郑彦英、南丁、田中禾、张宇、张赋、邵丽、何弘、马新朝、蓝蓝、刘庆邦、何向阳、李洱、墨白、邱华栋、梁鸿等出席。以整齐阵容参加此次系列主题活动的数十位河南籍作家与部分在京评论家共聚一堂，回顾总结中原作家群的创作成就和经验，分析交流河南作家作品的创作风格、文学特色与时代使命，共同展望中原文学的未来。

8月31日　人物访谈《坚守"平原"这片写作领地——河南省文联副主席、作协主席李佩甫谈"中原作家群"》刊《光明日报》2012 年 8 月 31 日第 5 版。

8 月 《生命册》（长篇小说节选）刊《创作与评论》2012 年第 8 期，同期刊从《生命册》节选的散文《怀念》和孔会侠访谈《以文字敲钟的人——李佩甫访谈录》。

8 月 创作谈《我的"植物说"》刊《文艺报》2012 年 8 月 29 日第 3 版。

9 月 长篇小说《上流人物》由江苏文艺出版社出版。

10 月 22 日至 11 月 9 日 在辽宁文学院为辽宁首届长篇小说创作研讨班授课。一同授课的还有贺绍俊、孟繁华、胡平、白烨、雷达五位国内一线评论家和周大新、柳建伟、毕飞宇、刘庆邦等作家。

10 月 27 日 参加在洛阳召开的第 17 届黄河诗会。与会人员还有河南省文联原主席南丁，河南省作家协会副主席、河南省诗歌学会会长马新朝，诗刊社编辑部主任杨志学，《中国作家》杂志编辑部主任方文等。

11 月 16—18 日 参加由新密市承办的郑州市第 23 届文学笔会，河南省文学院副院长墨白等出席。

11 月 22 日 散文《瓦瓶担石泉》刊《大河报》2012 年 11 月 22 日第 A29 版。

11 月 30 日 出席首届杜甫文学奖颁奖大会暨 2012 年河南省作家协会理事会，并代表主席团作工作报告。

12 月 13 日 上午，"文鼎中原——长篇小说精品工程优秀作品"颁奖典礼在南阳市社旗县举行，李佩甫《生命册》、田中禾《父亲和她们》、乔叶《拆楼记》等河南省22位作家的作品获得优秀奖。下午在社旗召开河南文学创作会议。14日，参会作家在社旗进行了参观采风活动。

按："文鼎中原——长篇小说精品工程"在河南省作家协会、河南省文学院、河南省委宣传部、河南省文联的支持下启动。该工程以冲刺第九届茅盾文学奖为导向，其目的更在全面提高河南文学的创作水平，提升中原作家群的影响力，推动河南文学创作实现新突破。

12月30—31日 同评论家何弘，作家孙方友、王剑冰、冯杰、刘海燕、赵富海等赴宋河酒厂采风。

是年 率河南省文联文学学习交流团访问英国、法国，历时十天。

本年度重要论文：

李中华：《李佩甫小说创作与道家文化》，《名作欣赏》2012年第5期。

李少咏：《楔进城里的乡下"恶"人——〈城的灯〉中"冯家昌"形象分析》，《洛阳理工学院学报（社会科学版）》2012年第2期。

刘涛：《一篇乡村女人的史诗——读李佩甫〈虫嫂〉》，《东京文学》2012年6月刊。

侯耀忠：《一部平原人厚重的"人生哲学"：读李佩甫的长篇小说〈生命册〉》，《党的生活》2012年第6期。

何弘：《盘活了现实生活经验——读长篇小说〈生命册〉》，《光明日报》2012 年 7 月 3 日。

李少咏：《一份独特的文学证词——论〈生命册〉对于当代文学的贡献》，《河南日报》2012 年 7 月 16 日。

曾洪军：《一部批判"权力"现象的力作——重读李佩甫〈羊的门〉》，《名作欣赏》2012 年第 23 期。

刘海燕：《一部作品的精神气象——写于李佩甫长篇新作〈生命册〉研讨会之后》，《莽原》2012 年第 4 期。

汤晨光：《〈羊的门〉和道家思维》，《广西师范学院学报（哲学社会科学版）》2012 年第 4 期。

杨春风：《歌者·思者·忧者——李佩甫精神形象》，《创作与评论》2012 年第 8 期。

甘浩：《轻俏时代的文学忧伤——李佩甫小说的叙事伦理分析》，《创作与评论》2012 年第 8 期。

邓小红：《李佩甫对叙事视角转换的探索》，《平顶山学院学报》2012 年第 4 期。

曾镇南：《李佩甫长篇小说〈生命册〉：剧变时世中的畸人列传》，《文艺报》2012 年 8 月 29 日。

黄轶：《批判下的抟塑——李佩甫"平原三部曲"论》，《当代作家评论》2012 年第 5 期。

程德培：《李佩甫的"两地书"——评〈生命册〉及其他六部长篇小说》，《当代作家评论》2012 年第 5 期。

束辉：《悬念生辉：谈李佩甫〈生命册〉的情节设置特

点》,《平顶山学院学报》2012年第6期。

谢红丽:《论李佩甫的乡土书写》,东北师范大学2012年硕士学位论文。

2013年　61岁

9月7日、10月3日，习近平分别在哈萨克斯坦纳扎尔巴耶夫大学、印度尼西亚国会发表演讲，先后提出共同建设"丝绸之路经济带"与"21世纪海上丝绸之路"，即"一带一路"倡议。

9月24日，全国青年作家创作会议在京开幕。

12月11日下午，2013年茅台杯人民文学奖在鲁迅文学院举行颁奖典礼。乔叶的《认罪书》获得长篇小说优秀奖。

12月26—27日，河南省文学艺术界联合会第七次代表大会在郑州召开。杨杰当选主席。

是年，河南省《莽原》杂志社首设年度文学奖。

1月6日　与南丁、田中禾、墨白、何弘等出席由河南文艺出版社举行的"2013年新春联谊会"。

1月31日　与冯杰、何弘、王绶青、张宇等出席由河南省文学院举行的"2013年新春茶话会"。

2月1日　出席 2013 年河南省文联工作会议。与会领导有河南省委宣传部副部长李庚香，河南省文联党组书记吴长忠，主席马国强，副主席何白鸥、郑彦英、夏挽群等。会议传达了《中共中央办公厅印发习近平同志关于厉行节约反对铺张浪费重要批示的通知》文件。

6月24日　参加在郑州师范学院举行的李洱作品系列首发暨研讨会。出席会议的人员还有白烨、陈福民、邱华栋、曹元勇、张亚丽、田中禾、耿占春、计文君、墨白等。

7月　创作谈《我的"植物说"》刊《扬子江评论》2013年第 4 期。

按： 李佩甫对其文学创作进行总结，以下内容为此文节选：

"多年来，我一直在研究平原。

"在文学创作上，我找到了属于自己的'平原'，就有了一种'家'的感觉。当然，这已经不是具象的'平原'，这是心中的。可以说，我作品中的每一个人物，都是我的'亲人'，当我写他、她们的时候，我是有疼感的。因为，实实在在地说，我就是他、她们中的一个。

"最早从《红蚂蚱　绿蚂蚱》开始……而后至《羊的门》《城的灯》，再到《生命册》，我研究'土壤与植物'的关系，我是把人当作'植物'来写的。

"'平原'是生我养我的地方，是我的精神家园，也是我的写作领地。在一些时间里，我的写作方向一直着力于'人与土地'的对话，或者说是写'土壤与植物'的关系。多年来，我一直关注'平原'的生态。我说过，我是把人当作'植物'来写的。就此，《羊的门》《城的灯》和最新出版的《生命册》这三部长篇组成了一个'平原生态小说'系列，或者叫作平原上的'植物说'。"

8月　中篇小说《寂寞许由》刊《鸭绿江》2013年8月上半月刊。

按：《寂寞许由》被《小说选刊》2013年第9期、《小说月报》2013年第A4期转载。依次被收入中国作协《小说选刊》选编《2013中国年度中篇小说（下）》（漓江出版社2014年版）、谢有顺编选《2013中国中篇小说年选》（花城出版社2014年版）。

9月5日　接受李鲁平的采访，访谈《李佩甫：写透中原大地——五○后作家访谈录之七》刊《芳草（文学杂志）》2013年第5期。

9月27日　关于作家计文君的印象记《时刻准备着》刊《文艺报》2013年9月27日第5版。

9月29日　出席河南省作家协会、河南省文学院、河南省诗歌学会在驻马店市汝南县举办的河南省第十八届黄河诗会。河南省文联原主席、著名作家南丁，河南省文联副主席、著名作家郑彦英等以及省内外的近百名诗人、诗歌评论家也参加了此次诗会。会议围绕"突围·突破——中原诗歌的现状与发展"进行了深入研讨。

10月15日　退休，担任河南省文联巡视员职务。

10月17日　参加作家赵俊杰长篇小说《箕山小吏》研讨会。

10月22—27日　为河南省文学院举办的为期六天的河南省文学创作研修班上课。河南省文学院30余名签约作家以及由各地作协推荐的具有一定创作实力和潜力的学员共100余人参加了学习，李敬泽、何向阳、李佩甫等10多位国内著名作家、诗人、评论家、文学期刊主编以专题讲座的方式为学员授课。

10月30日　参加由河南省作家协会、河南省文学院举行的张宇长篇小说《对不起，南极》研讨会。李佩甫认为这是一部"标尺拉得很高的作品"，"张宇实际上是写精神的朝圣，精神的清洗，叙述质量非常之高"。

10月　短篇小说集《红蚂蚱　绿蚂蚱》由上海文艺出版社出版，属于"中国短经典丛书"之一。收入短篇小说《红蚂蚱　绿蚂蚱》《村魂》《满城荷花》《画匠王——一九八八》《红炕席》《黑蜻蜓》。

按：短篇小说集《红蚂蚱　绿蚂蚱》属于"中国短经典丛书"第2辑，本辑荟萃了当代8位著名作家的短篇小说经典，每人一卷，包括史铁生《我的遥远的清平湾》、阿来《月光下的银匠》、阎连科《奴儿》、宗璞《米家山水》、贾平凹《人极》、陈忠实《日子》、李佩甫《红蚂蚱　绿蚂蚱》、孙甘露《夜晚的语言》。

11月　参加在河南省文学院举行的侯钰鑫《大师的背影》研讨会。

12 月 26 日　出席河南省文学艺术界联合会第七次代表大会。

是年　写散文《一块厚重的土地》《汉魏古都——许昌》《关于散文》。此处散文后均收入《写给北中原的情书》（《李佩甫文集·散文卷》）。

本年度重要论文：

晏杰雄、周刍：《人与土地的融合或背离——〈生命册〉中的人物群像》，《文艺争鸣》2013 年第 1 期。

曾镇南：《中原大地上浴火重生的一代"畸人"：评李佩甫的长篇小说〈生命册〉》，《莽原》2013 年第 1 期。

何弘：《坚忍的探索者和深刻的思想者》，《小说评论》2013 年第 2 期。

王学谦：《李佩甫：一个被低估的作家》，《小说评论》2013 年第 2 期。

周志雄：《论李佩甫长篇小说〈生命册〉》，《小说评论》2013 年第 2 期。

张维阳：《论李佩甫的"平原三部曲"》，《小说评论》2013 年第 2 期。

王海涛、张纪娥：《多维批判视野下的〈生命册〉》，《小说评论》2013 年第 2 期。

申霞艳：《乡土中国的权力结构及其变迁——〈生命册〉与〈羊的门〉对照阅读》，《扬子江评论》2013 年第 2 期。

王学谦：《田园与反田园叙事的混合——论李佩甫〈红蚂蚱 绿蚂蚱〉及现代田园小说审美传统》，《文艺争鸣》2013 年第 6 期。

孔会侠：《写意中原——李佩甫印象》，《扬子江评论》2013 年第 4 期。

刘军：《〈生命册〉："爱欲与文明"的纠葛与疏离》，《扬子江评论》2013 年第 4 期。

王学谦：《人物与灵魂的深度——评李佩甫的长篇小说〈生命册〉》，《芒种》2013 年第 11 期。

何弘：《李佩甫的艺术探索》，《芒种》2013 年第 11 期。

菅伟薇：《论李佩甫乡土小说中的离土叙事》，华中师范大学 2013 年硕士学位论文。

2014 年　62 岁

2 月 19—20 日，中国作家协会第八届全国委员会第四次全体会议在京召开。

10 月，河南省作家协会同河南省文联、共青团河南省委联合举办河南省青年作家创作会议。

11 月 6 日，中共中央办公厅、国务院办公厅印发《关于引导农村土地经营权有序流转发展农业适度规模经营的意见》。

2 月 27 日　赴北京参加中国现代文学馆与作家出版社联合主办的赵富海报告文学《南丁与文学豫军》研讨会。与会作家和专家有廖奔、雷达、梁鸿鹰、程光炜、周大新、李洱、何向阳、邵丽、乔叶等。

4 月 18—19 日　参加在平顶山舞钢市召开的"舞钢之春·2014 莽原笔会"。河南省文学院院长何弘、《莽原》杂志社主编李静宜等知名作家、诗人共 30 余人与会，对《莽原》作品进行研讨。与会期间，田中禾、李佩甫、何弘举行文学创作讲座。

4 月 阎连科、梁鸿著《巫婆的红筷子：阎连科、梁鸿对谈录》由漓江出版社出版。在第七章《"中原突破"的陷阱（二）》第三节《李佩甫：在泥和水中挣扎》谈李佩甫的创作。

按： 对于《羊的门》，阎连科认为："说《羊的门》是'官场小说'有些简单。据我所知，佩甫在写作中是努力要让他的小说和社会现实保持一定距离的，他不会为了某种社会需要而低头写作。佩甫有一颗高贵的写作的心灵。"

5 月 10 日 为河南省首届文讲班老同学南豫见长篇小说《家族荣誉》所写评论《呼唤善意与明亮——读南豫见新作〈家族荣誉〉》刊《河南日报》2014 年 5 月 10 日第 10 版。

5 月 29 日 参加在河南省文学院会议室举行的痖弦、杨稼生《两岸书》研讨会。会议由河南省文学院院长何弘主持。参与研讨的作家、评论家有南丁、崔向东、李静宜、马新朝、墨白、乔叶等 30 多位。

6 月 5 日 "第三届慈溪·《人民文学》长篇小说双年奖"在慈溪揭晓并颁奖。李佩甫的《生命册》、贾平凹的《带灯》、周大新的《安魂》、韩少功的《日夜书》、林白的《北去来辞》获奖。

按： 其中李佩甫《生命册》的授奖辞为："在长篇小说《生命册》中，李佩甫通过对一个大时代中的众生和人性流变的勘察和描绘，尤其是对一个知识分子五十年生活与心路历程的深入探究，较为集中地表达了他对城与乡、历史与现实、理想与欲望等对峙的重大问题的思考。这是背负土地行走的知识分子的一部精神图谱，也是一部逼近历史与生命真实的作家自我省察之书。有鉴于此，特授予李佩甫第三届《人民文学》长篇小说双年奖。"①

6月　参加由山西省旅游局和《香港商报》联合举办的"2014晋善晋美·首届著名作家山西行"活动。此活动开始于6月10日，历时一周，其间参与座谈。②

6月　郑电波主编《中国乡土小说名作大系》由中原农民出版社出版。内收李佩甫五部小说：第3卷收《画匠王》，第4卷收《红蚂蚱　绿蚂蚱》，第23卷收《无边无际的早晨》，第24卷收《豌豆偷树》，第32卷收《败节草》。

8月8—9日　在大连日报社肖正和人民文学出版社胡玉萍的邀请下，到大连獐子岛采风，并写散文《海上生明月》，收入

李佩甫在采风途中

①　《李佩甫〈生命册〉》，《人民文学》2014年第8期。
②　化春光：《全国著名作家　感受晋善晋美》，《旅游时代》2014年第7期。

肖正主编《再进獐子岛：中国作家獐子岛行》（人民文学出版社2016年版）。

9月11日 参加"老家河南：发现美丽乡村"大型旅游推广活动。

按一：活动由河南省旅游局联合河南日报报业集团等单位联合组织发起，由作家、书画家、媒体、网络达人组成的采风团，深入河南信阳郝堂村、鲁山东竹园村、西峡化山村、禹州神垕古镇等，发现河南美丽乡村新典型，推选旅游富农新典范。

按二：《河南日报》2014年10月16日第8版"文化视点"刊《李佩甫：没有人的景，永远不是一个活的景》。其中李佩甫谈到有次去其他地方参会，"会后，我们参观了当地一个修旧如旧的码头古镇，发现所有的人都搬出去了，那是一个空的、没有人的景观。没有人的景，永远不是一个活的景"。对于此次活动，他说："发现河南美丽乡村活动，我觉得非常好。美丽乡村的建设，要大气，要有大思维，要有长远发展的大意识。"

10月15—17日 出席在河南省文联召开的"河南省第五届青年作家创作会议"。作为一名老作家，李佩甫对河南青年作家佳作迭出十分欣慰："五年来，我省青年作家群体在各文学门类方面齐头并进，创作呈现出多元化的态势，在全国的影响力不断增大，网络作家也日渐成熟。河南文坛需要青年作家接棒，并逐渐成为中坚力量。"

11月初 名家谈话在中国社会科学院副院长、教授张江，河南省作家协会主席、作家李佩甫，南京大学文学院教授周宪，中国社会科学院外国文学研究所所长、研究员陈众议，湖南师范大学文学院教授赵炎秋之间进行。众人认真、严肃地交谈生活与文学作品中笑的内容以及笑的"品位问题、取向问题"。李佩甫认为："笑既来自生活的真实，也要作用于真实的生活。要通过对笑的巧妙生发和合理运用，在一种娱乐的气氛中起到臧与否的实际效用，实现美与刺的社会效果。"此次对话后来成文《别让笑声滑向低俗》并刊于《人民日报》2014年11月7日第24版"文艺评论"栏目。

11月30日 参加由中国当代文学研究会、中国现代文学馆和郑州师范学院共同举办的中原论坛启动仪式暨周大新文学创作研讨会。本次活动在郑州师范学院举行，与会作家、评论家有南丁、周大新、李洱等。

12月5日 短篇小说《麻雀在开会》刊《莽原》2014年第6期"头题"，并附创作谈《半句口号》。《麻雀在开会》是《黑蜻蜓》的姊妹篇，是对家乡表姐的再次深情书写。

按：《麻雀在开会》被《中华文学选刊》2015年第2期转载，获《莽原》2014年度文学奖。

12月5日 散文《做一个"麦田的守望者"》刊《文艺报》2014年12月5日第2版。

按：李佩甫认为："在平原，真正意义上的农民已逐渐演变为流动着、迁徙中的一个个'背着土地行走的人'。他们或个体，或家族，或群体，在大变革的潮流中被夹裹着四处奔突，从方方面面改变着旧有的生活方式。""中国在变化中，中国的农民在变化中，中国的乡村在变化中。在城市化进程中，一部分农民虽然进了城，但仍然是精神上的流浪者、漂泊者。一部分留守者也已丧失了再造精神家园的可能。""在这样一个时期，文学已落在了后边。文学是时代的声音，也是人类生活的先导，时代在呼唤文学的黄钟大吕。作家更应该顺应时代的发展，贴近生活，贴近人民，与时代同呼吸共命运。……可我们被时代裹挟着，被互联网裹挟着，我们就像是背着土地行走，却步履艰难。看见了高山，可我们丢失了'金色的麦田'，我们自己的麦田。这一切正是我们要重新思考的。""作为一名文学工作者，通过学习讲话精神，我更愿意踏踏实实做一个坚守文学品格和文学创新精神的探索者，做一个为人民写作的'麦田的守望者'。"

12 月 18—20 日 为河南省文学院在郑州举办的"河南省文学创作主题研修班"授课。

按：研修班围绕"深入生活　扎根人民——我的创作与批评观"展开活动。"李佩甫、南丁、田中禾、张宇等结合自己多年的创作经历为大家授课，就文学创作方面的热点话题谈了自己的亲身感受。之后，大家还组织了座谈研讨。我省文学院专业作家、签约作家、文学期刊主编及网络作家代表 40 余位参加了活动。并根据自己的创作情况，谈了自己对时代精神的理解和感悟。开幕式上，李佩甫与大家分享了自己的写作与行走、思考和困惑，他认为深入生活不是一句空话，不要被生活表象所迷惑。"①

12 月 21 日 出席在信阳师范学院文学院召开的"李佩甫与河南文学"的专题座谈会及专题讲座，与会嘉宾还有河南省文学院院长何弘、河南省作家协会副主席乔叶。信阳师范学院"当代河南文学发展与中原文化建设"协同创新研究人员、文学院部分师生参加了会议。

是年 随《香港商报》采风团到广州，游览珠江和潮汕等地，并写散文《夜游珠江》和《潮汕的信使》。

是年 为奚同发写评论《宽阔与丰富》，对作家奚同发的创作进行评价。

此处文章后均收入《写给北中原的情书》（《李佩甫文集·散文卷》）。

本年度重要论文：

王春林：《"坐标轴"上那些沉重异常的灵魂——评李佩甫长篇小说〈生命册〉》，《文艺评论》2014 年第 1 期。

苗变丽：《〈生命册〉：乡村和城市相继溃败后乡关何处》，《河南大学学报（社会科学版）》2014 年第 1 期。

王萍：《论〈生命册〉城乡叙事中的精神生态》，《兰州学刊》2014 年第 4 期。

孔会侠：《论三位老人形象的现实寓意——从呼天成、夏天

① 尚新娇：《河南作家"把脉问诊"》，《郑州晚报》2014 年 12 月 22 日第 AA08 版。

义、孟八爷的形象谈起》，《小说评论》2014年第3期。

王学谦、汪大贺：《"吃人"悲剧的当代叙事——李佩甫〈送你一朵苦楝花〉与鲁迅〈狂人日记〉的精神联系》，《学术交流》2014年第9期。

肖玉风：《论李佩甫小说中的乡下人进城——以〈城的灯〉和〈生命册〉为例》，《许昌学院学报》2014年第6期。

李媛媛：《从改革家到土皇帝——论蒋子龙、李佩甫笔下的农民卡里斯马》，华中师范大学2014年硕士学位论文。

杨艳全：《乡土守望与城市文化冲突下的精神救赎——论李佩甫对进城乡下人命运出路的探寻》，河南师范大学2014年硕士学位论文。

沈昕苒：《城乡演变背景下李佩甫小说中"离乡知识分子"形象研究》，浙江大学2014年硕士学位论文。

2015 年 63 岁

8月16日，第九届茅盾文学奖在北京揭晓，格非的《江南三部曲》、王蒙的《这边风景》、李佩甫的《生命册》、金宇澄的《繁花》、苏童的《黄雀记》获奖。

9月3日，纪念中国人民抗日战争暨世界反法西斯战争胜利70周年大会和阅兵仪式举行。

11月26—27日，河南省作家协会第六次代表大会、河南省文艺评论家协会第二次会员代表大会在郑州举行。邵丽当选河南省作家协会主席。

12月17日，中国作家协会成立网络文学委员会。

4月　樊会芹编著《李佩甫研究》由河南大学出版社出版，这是全面展示李佩甫研究成果的第一本史料汇编，收入"中原作家群研究资料丛刊"。

按：《史学月刊》2015年第7—10期和《河南大学学报（社会科学版）》2016年第3—4期推出《中原作家群研究资料

丛刊》介绍，《李佩甫研究》是其中之一，其他还有《白桦研究》《刘震云研究》《周大新研究》《张一弓研究》《张宇研究》《阎连科研究》《二月河研究》《田中禾研究》《墨白研究》《李洱研究》《刘庆邦研究》《邵丽、乔叶、计文君研究》。

5 月 21 日 散文《夜游珠江》刊《广州日报》2015 年 5 月 21 日 W4 版。

5 月 30 日 参加在郑州举行的王绶青文学生涯六十年座谈会，与会作家、评论家还有廖奔、南丁、关长忠、杨杰、何弘、冯杰等。

6 月 10 日 在郑州中原图书大厦与贾平凹展开以乡土文学为话题中心的对话。贾平凹认为随着城镇化的进程，乡土文学不会再是文学的主流，或许以后很长时间会消失，但不会消亡，因为大量的乡村还存在，农村文明的思维还在。李佩甫认为："乡村凋敝，所谓的乡情也在变成记忆。但如果没有文字记载，这段历史如果被后人忘却，那是一大损失。乡土文学担起了记录历史的责任，为后世留下了宝贵的精神财富，让我们的后人知道祖先是踏着什么样的足迹一步步走到现在的。"①

按：贾平凹与李佩甫的对话，源于由中原农民出版社出版的《中国乡土小说名作大系》对两位作家作品的收录。二人相聚郑州，交流共同的话题。

8 月 16 日 第九届茅盾文学奖获奖名单公布。李佩甫的

① 刘洋：《贾平凹对话李佩甫：乡土文学或许会消失，但绝不会消亡》，《河南日报》2015 年 6 月 11 日第 9 版。

《生命册》获奖。李佩甫成为获得该奖项的第一位河南本土作家。此前获茅盾文学奖的河南籍作家已经有七位，分别是魏巍、姚雪垠、李準、柳建伟、宗璞、周大新、刘震云。

8月17日 《光明日报》第1版"头条"、《人民日报》第12版"文化"、《人民日报》（海外版）第4版"要闻"、《文艺报》第1版均刊出第九届茅盾文学奖获奖结果，公布获奖名单；《中国青年报》8月17日第3版"要闻"刊出《第九届茅盾文学奖花开五朵——王蒙格非苏童李佩甫金宇澄获奖》、《河南日报·农村版》8月17日第2版"综合新闻"刊出孙雅琳《李佩甫的〈生命册〉获第九届茅盾文学奖——河南本土作家首次获此殊荣》，《郑州日报》8月17日第1版刊出左丽慧《我省作家李佩甫作品〈生命册〉获茅盾文学奖》；8月20日《文学报》第2版"关注"也刊出《第九届茅盾文学奖揭晓——格非、王蒙、李佩甫、金宇澄、苏童获奖》。以上所有文章对第九届茅盾文学奖获奖情况均予以介绍和报道。

8月19日 《河南日报》发表文章《李佩甫：创作永远是重新开始 过程就像"泡豆芽"》。李佩甫谈到了创作《生命册》的过程，也谈到了他持续不断的回乡体验生活增加了自己对土地对农村的感受，将素材放在脑海里浸泡，到一定程度就是思考成熟、可以进行创作的时候。

9月26日 在河南省作家协会与《河南日报》联合举办的"中原风"读书会上谈读书写作，分享读书心得和创作体悟，这是李佩甫获得茅盾文学奖后首次与读者面对面交流互动。与会嘉宾还有河南省作家协会副主席何弘、乔叶。

9月28日　杨庆祥①《〈生命册〉：每一个生命皆可成册》、刘秀娟《李佩甫：文学是社会生活的"沙盘"》（访谈）均发表于《文艺报》2015年9月28日"第九届茅盾文学奖特刊"。

按：杨庆祥将《生命册》置于中国现代文学的一个基本母题即"城乡书写"主题之中，认为"李佩甫的《生命册》可以放在这一文学史的谱系中来予以观照……但《生命册》却不是这样一种线性的现代叙事，它拥有更复杂的层面，李佩甫以动态的而不是静态的方式去展示中国的城乡经验，不仅城市不值得信任，乡村同样不值得信任；不仅城市无法安身立命，乡村同样无法安身立命。这是李佩甫对这一现代母题的拓展。如果说沈从文展示的是单向度的异化，那么李佩甫展示的则是双向度的异化：城市的异化和乡村的异化。总体来说就是，整个现代的异化。这是作为乡村之子的李佩甫从一开始就意识到的残酷，至少，这是对柳青《创业史》中的新农民形象的反写"。此评论指出李佩甫城乡书写在大的文学历史中的成就和地位。

访谈《李佩甫：文学是社会生活的"沙盘"》（刘秀娟）中，李佩甫再次谈到自己对现在社会的认识、思考及忧虑："应该说中国作家生逢其时，遭遇到了社会大变革的时代，巨大的变化使人目不暇接、眼花缭乱，使人失重。上世纪80年代，曾

---

① 杨庆祥（1980—　），男，原籍安徽安庆，现居北京。诗人、文学批评家。中国人民大学文学院教授、博士生导师。著有批评集《新时代文学写作景观》等。

经出现过文学的大繁荣时期，这期间出现了许多优秀作品，好像文学这只‘鹿’就在眼前了，眼看着就要逐到那只‘鹿’了。可走着走着，前方突然失去了目标，一切都与我们想象的不一样了：消费、娱乐、碎片、快速……这对文学构成了巨大的挑战。文学是社会生活的沙盘。作家面对急剧变化中的社会生活时思考的时间还远远不够，如果一个民族的作家不能成为一个民族思维语言先导，是很悲哀也是很痛苦的。"

9月29日晚 第九届茅盾文学奖颁奖典礼在北京中国现代文学馆举行。李佩甫发表获奖感言。

按： 李佩甫《生命册》授奖辞为："《生命册》的主题是时代与人。在从传统乡土到现代都市的巨大跨越中，李佩甫深切

第九届茅盾文学奖颁奖典礼（左二为李佩甫）

关注着那些'背负土地行走'的人们。他怀着经典现实主义的雄心和志向，确信从人的性格和命运中，可以洞见社会意识的深层结构。《生命册》以沉雄老道的笔力塑造了一系列鲜明的人物形象。快与慢、得与失、故土与他乡、物质与精神，灵魂的质地在剧烈的颠簸中经受缜密的测试和考验，他们身上的尖锐矛盾所具有的过渡性特征，与社会生活的转型形成了具体而迫切的呼应。《生命册》正如李佩甫所深爱的大平原，宽阔深厚的土地上，诚恳地留下了时代的足迹。"

李佩甫发表获奖感言："自1977年始，屈指算来，已有38个年头。写过10部长篇，花甲之年，获奖了，应该说，这是一种鼓励和鞭策。""我出身工人家庭，父亲是个鞋匠。父亲自12岁进城当学徒，先是给老板打工，后成了国营鞋厂工人，60岁退休，整整干了48年。父亲生前曾给我做过一双皮棉鞋，22年了，这双皮棉鞋如今还在鞋柜里放着，每年冬天都穿。应该说，父亲是个好鞋匠。我不知道我的作品，22年后还有没有人看……父亲做了48年的鞋，我才写了38年。人一辈子能做好一件事儿，已很不容易。我庆幸的是，写作是我的选择，写作是我喜欢做的事情。""……社会生活的变化令人瞠目，但真正让人纠结的，不是担心被年轻人打败，而是面对变化，自己怎样才能找到准确的、最适合于自己的表达方式。我的努力还远远不够，那就继续努力吧。"

9月30日 散文《潮汕的信使》刊《汕头特区晚报》2015年9月30日第6版。

9月 《李氏家族》由河南文艺出版社再版，属于"中国当代作家长篇小说典藏"丛书之一。

10月5日 孔会侠在《名人传记（上半月）》2015年第10期发表文章《李佩甫："过程是不可超越的"》。她在文中详细地梳理了李佩甫62年的人生经历和38年创作发展的心路历程，以此印证作家经常表达的"过程是不可超越的"观点。

10月21日 散文《做"精神家园"的守护者》刊《人民日报》2015年10月21日第16版。

按：李佩甫在此文中阐明自己的文学观点和文学立场："在这样一个时期，文学是时代的声音，也是人类生活的先导，是民族灵魂的灯。时代在呼唤文学的黄钟大吕，作家更应顺应时代的发展，创作更多贴近生活、贴近时代，无愧于人民的优秀作品。几天前，总书记在文艺工作座谈会上的重要讲话公开发表，非常重要、及时、温暖。特别是'社会主义文艺，从本质上讲，就是人民的文艺''为人民抒写、为人民抒情、为人民抒怀'等谆谆告诫，对每一个文学艺术工作者都显得语重心长、发人深省。我更愿意踏踏实实做一个坚守文学品格和创新精神的探索者，做一个为人民写作的'精神家园'的守望者。"

10月23日 《中国青年报》2015年10月23日第11版发表《生命册》编辑张亚丽的《〈生命册〉：中原的故事就是中国的故事》。文章谈到李佩甫《生命册》的创作过程以及李佩甫对中原的看法，"中原就是中国的缩影，中原的问题就是中国的问题。他对生活其中的平原大地有着独特的情怀"，"他要在这块领地上深深地挖口井，探寻更深的东西"。

11月15日 参加作家焦述的长篇小说《审判》研讨会。研讨会由作家出版社、河南省高级人民法院、《人民日报》、河南省文学院组织。

11月19—21日 由河南省作家协会、河南省文学院、河南省文艺评论家协会共同主办的"2015年河南省文学创作与文艺评论研修班"在郑州开班，李佩甫首讲《小说的开头与布局》。本次研修班为期四天，应邀来授课的批评家、作家还有李建军、孙先科、张云鹏等。

11月25日 何弘《现代化进程中的众生命相——评〈生命册〉兼议当代长篇小说创作》刊《当代作家评论》2015年第6期。

按： 何弘是对李佩甫《城市白皮书》以后创作持续进行关注研究的一位评论家。其研究论文有《坚忍的探索者和深刻的思想者》（《小说评论》2013年第2期）、《李佩甫的艺术探索》（《芒种》2013年第11期）、《盘活了现实生活经验——读长篇小说〈生命册〉》（《光明日报》2012年7月3日第14版）等。论文《现代化进程中的众生命相——评〈生命册〉兼议当代长篇小说创作》的价值在于论述范围比较宽（兼及当代其他长篇小说创作），论述内容比较深（从生活、思想和艺术方面进入深入剖析和挖掘），而且因为《生命册》本身是李佩甫"平原三部曲"的收官之作，何弘的论文也从作家和当代文学现象来评价《生命册》，从而使这篇论文具有深刻的总结性质。何弘指出："综合以上几个方面，可以说，《生命册》是反映当代中国社会最为全面、最为深刻、最具价值的厚重之作，在社会价值、思想价值和艺术价值方面，都有新的突破，体现了中国当代长篇小说创作的最高水平，是当下中国长篇小说创作的重要收获。"

11月26—27日 河南省作家协会第六次会员代表大会、河南省文艺评论家协会第二次会员代表大会在郑州举行。在会议的开幕式上，河南省委、省政府向荣获茅盾文学奖的李佩甫进行特别表彰，授予李佩甫"河南省文学创作杰出贡献奖"，奖金50万元。在本次河南省作家协会换届中，李佩甫当选第六届河南省作家协会名誉主席。

11月 中短篇小说集《败节草》由长江文艺出版社出版，属于"新世纪作家文丛"第一辑。

按： 本丛书由著名评论家、中国当代文学研究会会长白烨主编。第一辑还有李洱《从何说起呢》、王跃文《漫天芦花》、叶广芩《月亮门》、范小青《人群里有没有王元木》、徐则臣《苍声》、宁肯《维格拉姆》、乔叶《取暖》，共8部中短篇小说合集。李佩甫小说集《败节草》收中短篇小说《寂寞许由》《败节草》《学习微笑》《无边无际的早晨》《黑蜻蜓》《画匠王》《满城荷花》《麻雀在开会》《红蚂蚱 绿蚂蚱》和文学评论《他热热地托出来一个世界》）。

12月 吕晓洁、李炎超著《中原文化视阈下的河南当代乡土小说研究》第一章第三节《李佩甫：平原人的心灵史》专论李佩甫小说，从"平原人的生命历程""城与乡的双重批判"和"土壤与植物"三个方面进行评述。

是年 写以下文章：《登山者》是为程韬光的作品《碧霄一鹤——刘禹锡传》所写的评论；《消失的年味》是回忆性散文，回忆父母在时过年的温馨；《童年的小伙伴》是为童年的小伙伴"书生"作品集出版之际所写的评论；《鞋匠的儿子》则是李佩甫在茅盾文学奖颁奖典礼上的获奖感言。尤其值得提及的是回忆性散文《文学启蒙者》，这篇散文深情回忆了最初走上文坛时《河南文艺》的编辑杜道恒老师给予他在文学上的帮助、鼓励和引导。《关于文学语言》是他对自己文学观点的再次强调："所以，我坚持认为写作是作家个人的事情。我坚持认为文学是语言的艺术，文学语言是作家思维的体现。我坚持认为不管怎么写、写什么，都是作家对社会发出的声音。我坚持认为，文学不应是大众的附庸，而应是人类生活的先导。"上述文章后均收入《写给北中原的情书》（《李佩甫文集·散文卷》）。

本年度重要论文：

王治国：《论"中原三部曲"民间书写的多样性及其限度》，《文艺评论》2015年第7期。

孔会侠：《李佩甫："过程是不可超越的"》，《名人传记（上半月）》2015年第10期。

张亚丽：《〈生命册〉：中原的故事就是中国的故事》，《中国青年报》2015年10月23日。

周春英：《论阎连科、李佩甫小说中的乡村干部形象》，《中国现代文学研究丛刊》2015年第11期。

沈嘉达、方拥军：《现代性追求及其"真正的敌人"——李佩甫的"平原三部曲"论略》，《小说评论》2015年第6期。

何弘：《现代化进程中的众生命相——评〈生命册〉兼议当代长篇小说创作》，《当代作家评论》2015年第6期。

张少委：《论李佩甫小说的苦难叙事》，《许昌学院学报》2015年第6期。

艾军：《独特的结构与奇异的意象——李佩甫小说〈生命册〉的研究》，《作家》2015年第24期。

张东旭：《"能人与权力"的失真叙述——论当代河南作家创作的一种局限》，《河南大学学报（社会科学版）》2015年第6期。

陈冲：《从茅奖进入李佩甫的文本》，《文学报》2015年12月3日。

刘超越：《李佩甫小说的复调性》，温州大学2015年硕士学位论文。

2016 年　64 岁

8 月 2 日，河南省网络文学学会成立暨第一次会员代表大会在郑州召开。何弘当选为河南省网络文学学会会长。

8 月 11 日，第二届河南杜甫文学奖颁奖典礼在郑州召开。

11 月 30 日至 12 月 3 日，中国文联十大、中国作协九大在京召开。铁凝当选为中国文联主席，连任中国作协主席。

12 月 7 日，习近平在全国高校思想政治工作会议上讲话指出，要坚持把立德树人作为中心环节，把思想政治工作贯穿教育教学全过程，实现全程育人、全方位育人。

1 月　《羊的门》由华夏出版社再版，收入"典藏文库"。

按：华夏出版社"典藏文库"，致力于展示中国新时期以来当代文学创作与研究的最高成就和学术成果，在题材、风格上表现出无限的丰富性。再版之际，雷达、陈晓明、孟繁华、张炜、贾平凹、白烨六位专家为《羊的门》写出客观、精彩的短评。

中国当代文学研究会会长白烨写下专论《一部不可替代的作品——重读〈羊的门〉》附于书后："十几年以来，涉及乡土现实、乡土政治的作品纷至沓来，林林总总，但无论是从内蕴营造的浑厚上看，还是从艺术手法的老到上比，还鲜有作品能与李佩甫的《羊的门》相提并论……可以说，在当代文学堪称丰富多彩的人物画廊里，像呼天成这样的丰繁得令人难以辨识、复杂得令人咀嚼不尽的人物形象，委实并不多见。也可以说，由于塑造出呼天成这样一个独特而奇崛的人物形象和典型性格，《羊的门》便卓具了自己独特的艺术价值。""李佩甫是我一直很看重的当代作家，他完成《羊的门》以来，先后写出了《城的灯》《等等灵魂》《生命册》等长篇小说，虽然这些作品无论是内蕴考量还是艺术表现，在《羊的门》的基础上，有所拓展，有所出新，但我却一直偏爱《羊的门》，并固执地认为——无论是在乡土生活的深刻透视上，还是独特人物形象的塑造上，《羊的门》都是不可替代的，别的作家不能，李佩甫自己也不能。"

2月18日 出席郑州购书中心举办的作家奚同发小说集《雀儿问答》首发式，一同出席活动的还有作家、评论家南丁、邵丽、乔叶、何弘等。李佩甫认为奚同发的作品对多元、驳杂、无序的当代生活进行近距离的剖解，对都市生活中疼痛并憧憬着的各样人生进行类似于心理切片式的分析与研究，尤其是对当代都市青年的焦虑与茫然等精神生态，以及他们在互联网上虚拟生活的解读分析常有独到之处，下手很准，分析透彻，有的细节可以说是入木三分。

2月29日　《奔跑中的刀子——序奚同发小说集〈雀儿问答〉》刊《大河报》2016年2月29日第A16版。

2月　中短篇小说集《中国好小说·李佩甫》由中国青年出版社出版。

按：此小说集属于《中国好小说》书系的"第三季"，同为第三季出版的还有池莉、范小青、肖克凡、叶兆言的小说集。《中国好小说·李佩甫》收入李佩甫的6部作品《学习微笑》《败节草》《红蚂蚱　绿蚂蚱》《画匠王》《寂寞许由》《麻雀在开会》。

3月20日　2015"河南文化年度人物"颁奖典礼在河南电视台举行。李佩甫、周俊杰等10位优秀文化工作者当选。

4月1日　散文《"登山者"程韬光》刊《文艺报》2016年4月1日第7版。

4月30日　参加在河南省文学院举行的陈德龙长篇小说《龙兴年代》研讨会。与会作家、评论家还有南丁、何弘、乔叶、冯杰、李静宜等。

5月27日　出席由河南省作家协会、河南省报告文学学会、时代报告杂志社、奔流编辑部主办的2016奔流作家改稿班开班典礼，并担任本次改稿班讲师。活动在河南睢县举行，担任讲师的还有乔叶、王剑冰、单占生等。

6月16—17日　参加河南省中原八金刚作品研讨会。

按：河南省文学院根据当下一批中青年作家的创作状况，

择优选取陈宏伟、安庆、尉然、宫林、张运涛、赵文辉、李清源、南飞雁八位小说家，在郑州举行中原八金刚作品研讨会，对"八金刚"创作给予较高的评价并指出需要弥补的不足。与会作家、评论家还有张燕玲、李国平、陈福民、邵丽、何弘、孙先科、刘恪、鱼禾、王剑冰、冯杰等。

6月　接受郑州师范学院孔会侠采访，访谈以《情感是写作的灵魂——对话李佩甫》为题刊《江南》2016年第5期，同期刊李佩甫创作谈《守望"精神家园"》。

6月　短篇小说《满城荷花》再刊《长江文艺》2016年第6期。节选自《满城荷花》的微型小说《圆圈》转载于《微型小说选刊》2017年第3期。

7月　杂文《真正的文学》刊《杂文月刊（文摘版）》2016年第7期。

7月　《羊的门》《城的灯》《生命册》作为"平原三部曲"由作家出版社出版。

8月11日　出席第二届河南杜甫文学奖颁奖仪式并为获奖作家颁奖。

9月4日　创作谈《一棵大树》刊《青年报》2016年9月4日第A05版。

9月　为河南省书法家协会副主席云平作品集所写的序言《清水里的刀子》刊《青少年书法（青年版）》2016年第9期。

10月　短篇小说《人面橘》（节选自《满城荷花》）刊《喜剧世界》2016年10月下半月刊。

11 月　悼念南丁的文章《我们的旗》刊《河南日报》2016年11月16日第15版。《大河报》2016年11月19日第AI14版和《时代报告》2016年第12期予以转载。

按：文中李佩甫详述了南丁为河南文学所作的巨大贡献。"在改革开放之前，河南文学在长篇领域里几乎是个空白：30年只有一部半长篇（据说一部是《黄水传》，半部是当时没出版的《差半车麦秸》）。南丁先生可以说是当之无愧的河南文学改革开放后的奠基者。作为河南大型文学期刊《莽原》的筹办人，当年南丁先生曾提出一个响亮的口号：'拉起一支中篇创作队伍，为河南的长篇创作打好基础。'……于是，河南省文联有了七家供作者发表作品的刊物，有了一支四代同堂的文学豫军，有了每年上百部、集作品的涌现。""他的微笑，成了一个时代的标志。"

11 月 28 日至 12 月 4 日　赴北京出席中国作家协会第九次全国代表大会。被推选为中国作家协会委员。河南代表团由二月河、王守国、王剑冰、冯杰、乔叶、刘先琴、孙荪、李清源、李静宜、杨晓敏、吴元成、何弘、邵丽等21人组成。

12 月 3 日　为杜立新长篇新作《圣人开花》所写书评《圣人开花》刊《大河报》2016年12月3日第AI14版。

是年　在山西太原采风后写散文《漫步山西》；为梁文贤《闻弦漫谈》写评论《精神的家园》。此处文章后均收入《写给北中原的情书》（《李佩甫文集·散文卷》）。

本年度重要论文：

唐小林：《躲在土地背后：李佩甫〈生命册〉的形式分析》，《许昌学院学报》2016 年第 1 期。

李振：《抵达故乡，我即胜利？——读〈生命册〉》，《中国现代文学研究丛刊》2016 年第 2 期。

黄高锋：《〈生命册〉：生态忧虑与人文关怀》，《当代作家评论》2016 年第 4 期。

吴圣刚：《李佩甫平原叙事的社会学意义》，《小说评论》2016 年第 4 期。

常如瑜：《论〈生命册〉中的生态意识》，《河南师范大学学报（哲学社会科学版）》2016 年第 4 期。

吴圣刚：《李佩甫与中原文化的叙述方式》，《中州学刊》2016 年第 8 期。

孔会侠：《李佩甫小说论》，《小说评论》2016 年第 5 期。

欧阳灿灿：《沉重的肉身：论"平原三部曲"的身体情境性存在》，《文艺评论》2016 年第 10 期。

唐小林：《李佩甫小说的"配方"》，《文学自由谈》2016 年第 5 期。

张欢：《古代文论视域下的〈生命册〉》，《文艺评论》2016 年第 5 期。

华珉朗：《李佩甫〈生命册〉中农民文化心理解析》，《新文学评论》2016 年第 4 期。

焦俊成：《李佩甫"平原三部曲"的中原书写》，河北师范大学 2016 年硕士学位论文。

刘丽英：《李佩甫小说悬念艺术研究》，信阳师范学院 2016 年硕士学位论文。

王丹丹：《论李佩甫笔下的权力叙事与人性异化》，江南大学 2016 年硕士学位论文。

李玲：《李佩甫小说的修辞特色》，闽南师范大学 2016 年硕士学位论文。

郭文毅：《由身心入城到精神返乡——论 90 年代以来李佩甫小说中的城市书写》，河南师范大学 2016 年硕士学位论文。

王辉：《民俗描写：历史文化与现实生活的交汇——论李佩甫小说中民俗描写的表达功能》，温州大学 2016 年硕士学位论文。

2017年　65岁

4月18日，中国作家协会党组召开扩大会议，扎实推进"两学一做"学习教育常态化制度化。

5月22—25日，河南省文联主办、河南省作家协会承办的"喜迎十九大　中原更出彩——著名作家看河南"采风活动顺利举行。

10月18—24日，中国共产党第十九次全国代表大会举行。大会通过报告《决胜全面建成小康社会，夺取新时代中国特色社会主义伟大胜利》。

3月5日　长篇小说《平原客》刊《花城》2017年第3期"头题"。《平原客》通过原本勤奋努力、正直向上的知识分子李德林进入官场之后在权力、金钱的腐蚀下迷失自我最终沦为杀人犯的故事，辅之以刘金鼎这一农村青年畸形的奋斗史，完成对官场异化人性的批判。

按一：《平原客》先后被《长篇小说选刊》2017年第4期、

《中华文学选刊》2017年第8期、《当代·长篇小说选刊》2018年第1期予以转载。《长篇小说选刊》2017年第4期选载《平原客》，同期附作家创作谈《蝴蝶的鼾声》和孔会侠的评论《就这样，做次过客?》

按二：《花城》刊出的长篇小说《平原客》末尾对小说内容进行说明："有删节，图书将由花城出版社出版。"

3月 受四川文学院邀请，到四川阿坝藏族羌族自治州金川县去采风，体会异地风情，写散文《神秘的东方女儿国——金川记行》，刊《青年作家》2017年第8期。

5月22日 参加由河南省文联、河南省作家协会主办的"喜迎十九大 中原更出彩——著名作家看河南"采风活动，并去焦作、兰考、开封、洛阳等地。其间，与有着20年友谊的湖北文联作家刘醒龙再次相聚。

按：李佩甫与刘醒龙的友谊开始于多年以前一次在北京开会，其间人民文学出版社宴请作家，李佩甫接到邀请却不知道出版社在哪儿，也不知道怎么去，此时遇到了湖北作家刘醒龙。刘醒龙笑说你书都在人家出版社出版了，还不知道出版社门朝哪儿开，他很热心地带李佩甫去。后来，因多次开会相遇，两人遂成为多年的好友。此次作为参会者，刘醒龙在接受采访时说："中国文坛可以作为榜样的作家不多，李佩甫可以算一个。佩甫为人安静，从不搞喧嚣那一套，多少年如一日，除了文学，别的都不在乎。最近事情特别多，参加这次采风，也是为了与佩甫多一次见面的机会。如果让我选择，我觉得佩甫最能代表河南人，佩甫为人处世，是中原文化的最好体现。"①

6月3日　参加在郑州举行的何弘、吴元成长篇报告文学《命脉》研讨会。与会作家、评论家有胡平、周大新、何向阳等30余位。《命脉》是一部全景式地描述南水北调中线工程建设的大型报告文学。

6月9日　为报告文学《命脉》所写评论《一部值得尊重的大书》刊《文艺报》2017年6月9日第6版。

6月12日　对话《广阔平原是我的领地，而那里的人物就是我的植物》（李佩甫、刘雅麒）刊《北京青年报》2017年6月12日第B03版。

6月　散文《写给"北中国"的情书——记"诗画"冯杰》刊《名人传记（下半月）》2017年第11期"大收藏"栏目。

8月　《平原客》单行本由花城出版社出版。2020年1月花城出版社再版，出精装典藏本。

按：单行本《平原客》后记《蝴蝶的鼾声》谈到小说创作意图："我说过，我一直在写'土壤与植物的关系'，我把人当'植物'来写的。我这部长篇小说先后写作时间两年多一点，准备时间却长达十年。从表面上看，这应是一部'反腐'题材的作品，我写的是平原的一个涉及官员的案件。其实我写的是一个特定地域的精神生态。这部长篇，我是从一个'花客'写起的。这部长篇的所有内容，都是由这么一个'花客'引发出来

---

① 冻凤秋：《刘醒龙：立足中原大地　书写天下文章》，《时代报告》2017年第7期。

的，一个卖'花'的人，从一个小镇的花市出发，引出了一连串的人和故事……所以，这部长篇的名字叫：《平原客》。"

9月28日 山东理工大学文学院张艳梅教授主持了一场关于李佩甫长篇小说《平原客》的讨论，参与人有山东理工大学文学院教授吕逸新、王晓梦、唐长华，博士李晓伟以及部分研究生和本科生，讨论内容以《乡土中国的透视与成像——关于李佩甫长篇小说〈平原客〉的讨论》为题刊《百家评论》2018年第6期。

11月26日 参加由河南省文联、河南省文学院等联合举办的南丁逝世一周年追思会暨《经七路34号》研讨会。

12月27日 舒晋瑜《李佩甫：我想写出日子的"缓"》刊《中华读书报》2017年12月27日第18版。

按：舒晋瑜详细叙述了李佩甫创作《平原客》的过程。就《平原客》来说，李佩甫说"我研究的是一批'潮头人物'，这些人大多也是从社会生活的底部杀出来的，是改革开放给了他们'机遇'，于是，他们的生活轨迹发生了变化"。为了能在这样一个"杀妻案"中写出人在时代发展变革中的精神异变，李佩甫"前后准备了有十多年的时间"，他曾经关注过各省的十多个杀妻的案例，也曾经长期关注过一个"审案高手"，"在写《平原客》之前，李佩甫也先后采访过十多个区县一级反贪局的检察官，对他们的生活、工作情况有了一定程度的了解。比如那个用烟头烫伤犯人的案例，就来自真实的生活"。

"《平原客》的写作缓慢、平和。不是因为此作有社会生活的真人真事为依托，而是李佩甫要写出一种感觉：'麦子黄的时候是没有声音的。'这是一种'有毒而不自知'的日子。他要写出我们生活在一种有毒的日子里而没有自觉，我们正被一种毒素浸泡着，这是一种很缓慢的过程。他想写出这种日子的'缓'。""从历史上说，平原是一块最适宜人类生存的地方。这里一马平川，四季分明，平均气温十六七摄氏度，土壤肥沃，可以说插根棍子都可以发芽。同时也是儒家文化浸润最深的一块土地，是'羊气'最重的一块土地。正因为一马平川，这里无险可守，凡有'金戈铁马'打进来，于是就'得中原者得天下'了……所以这块土壤是精华和糟粕共存的。是含有毒素的。这是一种慢毒，让人浑然不觉。在这块土地上，'土壤'与'植物'的关系极为密切。李佩甫一直在呼唤一个民族的神性，期望能把这种'羊气'换成'骨气'。点一盏灯，照亮他人，也照亮自己。"

是年 写有以下文章：《有诗的生活》是为同乡诗人杨文潭写的评论；《文坛老友》是对许昌老作家张长安老师为人为文进行的回忆；《我的平原》则是对自己一直以来所耕耘写作的平原的书写和思考。此处文章后均收入《写给北中原的情书》（《李佩甫文集·散文卷》）。

本年度重要论文：

潘磊、黄鋆鋆：《沉重的底色与狂欢的突围——从李佩甫〈生命册〉看河南作家的乡土叙事》，《殷都学刊》2017年第2期。

李勇、宋木子：《这焦虑而忧郁的"平原"——论李佩甫新作〈平原客〉》，《长沙大学学报》2017年第4期。

李明刚：《李佩甫小说的艺术发展与精神寻绎》，《中国文学批评》2017年第3期。

张丛皞：《城市文化本位的"城乡叙事"——李佩甫小说的一个侧面》，《吉林大学社会科学学报》2017年第5期。

樊会芹：《李佩甫文学年谱》，《东吴学术》2017年第5期。

贾迪扉：《李佩甫作品的方言自觉》，《南都学坛（人文社会科学学报）》2017年第6期。

张娟：《李佩甫的女性想象——以"平原三部曲"为中心》，天津师范大学2017年硕士学位论文。

李洋：《论李佩甫小说的创作模式》，河南师范大学2017年硕士学位论文。

徐玉娜：《论李佩甫小说中的城乡对立模式》，广西师范大学2017年硕士学位论文。

付星：《李佩甫小说创作的乡土情结研究》，辽宁大学2017年硕士学位论文。

黄鏊鏊：《新时期以来乡土小说中女性形象的符号意义——以刘庆邦、贾平凹、李佩甫的创作为例》，郑州大学2017年硕士学位论文。

曹献方：《以欲望之轻叩问灵魂之重——论李佩甫小说的"欲望书写"》，安徽大学2017年硕士学位论文。

姚龙雪：《路遥与李佩甫小说人物形象比较研究》，陕西师范大学 2017 年硕士学位论文。

张冰：《李佩甫小说复调特征刍议》，辽宁师范大学 2017 年硕士学位论文。

肖潇：《权力·城乡关系·市场化：李佩甫"平原三部曲"小说研究》，海南大学 2017 年硕士学位论文。

谢仪梅：《李佩甫小说中的女性形象塑造及意义研究》，湖南大学 2017 年硕士学位论文。

关斯琦：《李佩甫小说中的叙事分析》，辽宁师范大学 2017 年硕士学位论文。

孟令佳：《论李佩甫的小说创作》，河南师范大学 2017 年硕士学位论文。

2018年　66岁

7月19—20日，中国作家协会举办加强现实题材创作座谈会。

8月11日，第七届鲁迅文学奖揭晓。河南诗人杜涯的诗集《落日与朝霞》获诗歌奖。

9月20日，由中国作家协会和共青团中央共同举办的全国青年作家创作会议在北京召开。

10月15—17日，由中国作家协会创研部、河南省文联主办，河南省作家协会、河南省文学院承办的第三届中原作家群论坛在郑州举行。

1月23日　　《平原客》入选2017年度五佳作品。

按：第十四届《当代》长篇小说论坛暨第十九届《当代》文学拉力赛颁奖仪式在北京举行。"2017年度五佳作品"另外四部是张翎的《劳燕》、严歌苓的《芳华》、梁鸿的《梁光正的光》、范稳的《重庆之眼》。

4月23日　长篇小说《平原客》入选"2017中国好书"图书书目，获"中国好书奖"。

4月　参加在中牟举办的第六届奔流作家研修班并为学员授课。

5月9—10日　参加中国作家协会第九届全国委员会第三次全体会议，被选为中国作家协会第九届全国委员会委员。

8月　孔会侠著《李佩甫评传》由河南文艺出版社出版。

按：《李佩甫评传》是李佩甫研究的重要成果。作者孔会侠博士在深入了解李佩甫生平及创作的基础上，详细地描绘出作家的成长史，梳理出作家创作发展变化的轨迹。《李佩甫评传》是对作家及其创作的全面解读，是李佩甫研究的重要参考资料。

10月15—17日　出席在郑州举行的第三届中原作家群论坛。全国文学界的知名专家学者和豫籍作家代表会聚一堂，围绕"新时代、新突破、新高峰"这一主题，研究探讨河南文学创作繁荣发展的途径，推动中原作家群取得更好的成绩。与会作家、评论家有李敬泽、何向阳、周大新、刘庆邦、张宇等。

10月27日　出席在中牟县党校举行的第七届"雁鸣湖金秋笔会"暨《雁鸣金秋》诗歌卷、散文卷首发仪式。其他与会作家、诗人、评论家有毕淑敏、孙荪、何向阳等。

10月31日　散文《中国有一个地方叫：中牟》刊《河南日报》2018年10月31日第29版。

11月28日　出席在海南召开的第三届中国文学博鳌论坛。

按：当日中午，李佩甫就其写作人生接受了《海南日报》记者专访。"采访结束，当《海南日报》记者提及自己也在尝试写小说时，李佩甫很诚恳地建议：写自己熟悉、热爱的这个地方。一个作家只有在最熟悉、最有感情的领域写作，才能写出好作品"。①

12月1日 参加在河南省文学院举行的孔会侠《李佩甫评传》作品研讨会。

是年 写《北方的树》（为杨杰书法写的评论）、《我的自述》和《第四人称写作》。后均收入《写给北中原的情书》（《李佩甫文集·散文卷》）。

按：《第四人称写作》提出在"我""你""他"之外的第四人称"我们"，这是一个从乡进城的群体，不是个体，"由此，我把它称为'第四人称'写作"。《第四人称写作》后作为中篇小说《杏的眼》的创作谈在《小说选刊》2019年第1期发表。

本年度重要论文：

徐洪军：《从〈平原客〉看李佩甫自我超越的努力与困难》，《郑州师范教育》2018年第2期。

高俊林：《〈平原客〉：权力文化的迷思与自省》，《南腔北调》2018年第2期。

张喜田：《李佩甫小说的时空轮转与情感历程》，《小说评论》2018年第4期。

---

① 杨道：《平原是我的写作领地》，《海南日报》2018年12月2日第15版。

沈思涵：《李佩甫"平原系列"的灵魂叙事》，《小说评论》2018 年第 4 期。

吕东亮：《经验的贫乏及其并发症——论〈平原客〉〈藏珠记〉》，《小说评论》2018 年第 4 期。

宋木子：《"植物"书写：国民性批判与理想人格的载体——李佩甫小说的植物意象分析》，《信阳师范学院学报（哲学社会科学版）》2018 年第 4 期。

张丽：《"后启蒙"语境下李佩甫小说的现实主义书写》，山东师范大学 2018 年硕士学位论文。

王长燕：《李佩甫小说中的重复艺术研究》，西南大学 2018 年硕士学位论文。

张姗姗：《论李佩甫小说的人性书写》，黑龙江大学 2018 年硕士学位论文。

李子君：《李佩甫小说中乡贤形象建构研究》，广西大学 2018 年硕士学位论文。

陈鸿燕：《论李佩甫小说中的焦虑意识》，江南大学 2018 年硕士学位论文。

孟丽莎：《李佩甫小说创作的现代性反思》，广西师范学院 2018 年硕士学位论文。

杨毅伟：《李佩甫小说中的"异乡人"形象研究》，河北大学 2018 年硕士学位论文。

丁成：《残酷的"圣王"——论李佩甫〈羊的门〉对儒家"内圣外王"的批判》，吉林大学 2018 年硕士学位论文。

2019年 67岁

1月16—17日，中国文联第十届全国委员会第四次会议在京召开。

4月1—2日，河南省文学艺术界联合会第八次代表大会在郑州召开。邵丽当选为河南省文联第八届委员会主席。

8月16日，第十届茅盾文学奖揭晓，梁晓声的《人世间》、徐怀中的《牵风记》、徐则臣的《北上》、陈彦的《主角》、李洱的《应物兄》五部长篇小说获奖。

9月29日上午，王蒙获"人民艺术家"国家荣誉称号。

1月1日 中篇小说《杏的眼》刊《小说月报·原创版》2019年第1期。

按：《杏的眼》被《小说选刊》2019年第1期转载，并附创作谈《第四人称写作》；被《北京文学·中篇小说月报》2019年第2期转载，并附创作谈《被修饰的乡音》；被《长江文艺》2019年第4期转载；被《中华文学选刊》2019年第2期选载。

《杏的眼》被收入中国作协创研部选编《2019 年中国中篇小说精选》（长江文艺出版社 2020 年版），中国作协《小说选刊》选编《2019 中国年度中篇小说（上）》（漓江出版社 2020 年版），小说选刊选编《2019—2020 中国好小说·中篇卷》（中国书籍出版社 2021 年版）。《杏的眼》上榜"2019 年中国当代文学最新作品排行榜"，并获"《北京文学》2019 年度优秀作品"转载作品奖。

1 月 5 日 时隔 33 年，短篇小说《红蚂蚱 绿蚂蚱》在《莽原》2019 年第 1 期"重温经典"栏目再次刊出，同栏目刊出的还有铁凝的《棉花垛》和刘海燕的评论《评点》。

1 月 25 日 出席河南文艺出版社 2019 年团拜会，同行的作家有张宇、冯杰、乔叶、鱼禾、李清源、墨白等。

4 月 27 日 出席河南省第六次青年作家创作会议并发言。

按：李佩甫在开幕会上结合自身创作经历，给来自河南省的 100 多位青年作家和文艺工作者讲创作体会："我的创作生涯已经 40 多年了，我年轻时常常觉得自己写得不够好，常常看到别人写得好，很恐惧，很害怕，……有很长时间，我像狼一样在郑州街头走来走去，觉得自己一点办法也没，几乎崩溃。所以不要恐惧，不要害怕，只要你努力，只要你坚持走下去，在大时间的概念里，短时期的聪明不起作用。"他给青年作家讲了三句话："第一句话是，年轻真好……第二句话是，文学是一份高尚的事业……第三句话是，在大时间的概念里，任何聪明都是不起作用的。"①

6 月 22 日 出席在郑州购书中心举行的作家奚同发小说集《你敢说你没做》首发式暨捐赠仪式，与其他文艺界人士赵钢、墨白、张鲜明、冯杰、鱼禾等围绕新书进行研讨。李佩甫指出奚同发是位关注时代与社会的作家，他的作品密切关注当代青年的精神生态，写作极具个人特色。

7 月 15 日 张懿《来自大地的声音——〈平原客〉出版的前前后后》刊《全国新书目》2019 年第 7 期，介绍《平原客》出版过程。

7 月 《长江文艺》2019 年 7 月下半月刊在"自在说"栏目发表李佩甫的散文《独一无二的"声音"》，在"再发现"栏目转载中篇小说《乡村蒙太奇》，同栏目刊发的还有李佩甫的创作谈《亦真亦幻的光》。

8 月 《平原客》获得第七届花城文学奖长篇小说奖。

9 月 参加由营口市委宣传部和《香港商报》共同主办的"百年商埠国际港城——2019 首届中国著名作家营口行"活动。历时一周，近距离感知国际港城之美。一同参加采风的作家有谭谈、阿城、刘兆林、李贯通等人。9 月 19 日，作家们和当地文联座谈。后写出《营口印象》一文，刊于《辽河》2020 年第 11 期。

9 月 长篇小说《生命册》入选"新中国 70 年 70 部长篇

---

① 张丛博：《河南省第六次青创会开幕，李佩甫对青年作家说了三句肺腑之言》，《大河报》2019 年 4 月 27 日。

小说典藏"。

按："新中国 70 年 70 部长篇小说典藏"是为庆祝中华人民共和国成立 70 周年，全面展现新中国文学发展水平的一套丛书。丛书收录了从 1949 年至今，描写中国人民生活图景、展现社会全方位变革、反映社会现实的 70 部原创长篇小说精品。其他作品还有《创业史》《山乡巨变》《沉重的翅膀》《平凡的世界》《白鹿原》等。

9 月 28 日　散文《一件白衬衫》刊《人民日报》（海外版）2019 年 9 月 28 日第 7 版。

按：《一件白衬衫》被《意林文汇》2019 年第 16 期转载，被《小品文选刊》2019 年 12 月上半月刊"品物"栏目转载，后收入贾兴安主编《2019 中国年度作品.散文》（现代出版社 2020 年版）。

11 月 9 日　出席在黄河科技学院国际会议中心隆重举行的豫籍"茅盾文学奖"和"鲁迅文学奖"获奖作家座谈会并发言。豫籍两奖获奖作家与河南本土学者、诗人、作家会聚，一起畅谈"文学与生态""作家与人类纪"等文学发展前沿话题。

11 月　长篇小说《河洛图》由河南文艺出版社出版。《河洛图》是李佩甫在电视剧剧本《河洛康家》基础上写成的长篇小说。《河洛图》以中原豫商康百万家族几代的盛衰为线索，描写了康家三代人，秉承河洛文化传统教诲，为人处世践行"仁义""诚信""留余"原则，最终成为"中原财神"，家业得以长久流传。这一家族历史既有家业发达长久的秘诀，又蕴藏着厚重的河洛文化。

是年 为作家杨伟利作品集《穿越黄昏小巷》写评论《有翅膀的文字》；为好朋友赵立功写印象记《一双诚实的眼睛》。以上文章均收入《写给北中原的情书》（《李佩甫文集·散文卷》）。

本年度重要论文：

刘海燕：《从此找到作为作家的那个自己——李佩甫的〈红蚂蚱 绿蚂蚱〉和铁凝的〈棉花垛〉比较研究》，《中州大学学报》2019 第 2 期。

禹权恒：《植物书写与中原文化的隐喻方式——李佩甫"平原系列"小说述论》，《信阳师范学院学报（哲学社会科学版）》2019 年第 2 期。

李丹梦：《新中国道德构建的地方契机——论李佩甫》，《中国现代文学研究丛刊》2019 年第 8 期。

申霞艳：《大地之子李佩甫——从〈平原客〉说起》，《中国当代文学研究》2019 年第 5 期。

杜秋实：《论李佩甫小说中的疾病书写》，深圳大学 2019 年硕士学位论文。

董明明：《李佩甫小说的生命美学》，广西大学 2019 年硕士学位论文。

庞冰冰：《李佩甫小说"重复"研究》，广西师范大学 2019 年硕士学位论文。

郭奕辰：《论李佩甫小说的城乡叙事》，辽宁师范大学2019年硕士学位论文。

姚璎晏：《论李佩甫小说的乡村世界》，湖南师范大学2019年硕士学位论文。

马瑗应：《李佩甫长篇小说城乡叙事研究》，西北师范大学2019年硕士学位论文。

张佳雨：《李佩甫城乡书写研究——以"平原三部曲"为例》，郑州大学2019年硕士学位论文。

宋木子：《新世纪小说中的乡村强人形象研究》，郑州大学2019年硕士学位论文。

吴成熙：《李佩甫小说的人性书写研究》，信阳师范学院2019年硕士学位论文。

王亚丽：《论李佩甫小说写作的中原意识——以"平原三部曲"为例》，湖北师范大学2019年硕士学位论文。

唐梦薇：《李佩甫小说的人与土地叙事》，吉林大学2019年硕士学位论文。

李星星：《论李佩甫小说中的乡土世界》，天津师范大学2019年硕士学位论文。

2020年　68岁

1月，新冠疫情暴发。

1月29日，人民网联合《中国作家》杂志社向全国作家、网友发出邀约，发起"人民战'疫'"征文活动。

7月15日，中国作家协会在北京召开全国新时代乡村题材创作会议。

11月13日，首届河南文学期刊奖颁奖暨"作家看中牟"活动在河南省郑州市中牟县举行。

1月1日　长篇小说《河洛图（上）》刊《小说月报·原创版》2020年第1期。

1月1日　邵丽《风流河洛　大哉中原——评李佩甫新作〈河洛图〉》刊《河南日报》2020年1月1日第7版"中原风"栏目。

按：邵丽认为："他的作品始终关注着中原大地，他对这里的人民、土地以及一草一木都饱含着深情。从《羊的门》《城的灯》《李氏家族》《等等灵魂》到《生命册》，每一部作品都注入了他的深情，丰沛而饱满，也可以说他是在用自己的生命书写。""佩甫老师把康家的发家历程放在社会变革的大时代下认真审视，在历史的缝隙里寻找康家发达的历史密码。既反映了在急剧的社会变革中国运的兴衰治乱，也反映了个人之于时代的抗拒和顺应，具有极大的思想张力。尤其是书中对康秀才、周亭兰、康悔文为中心的三代人以及仓爷、泡爷、马从龙、念念、断指乔等众多有血有肉有个性的人物的描写，让整部作品八面出锋，气象万千，读起来令人荡气回肠。把康家'留余''仁信'的治家传统放大到于国尽忠、于民尽仁、达则兼济天下的家国情怀，也可见作者的胸襟和怀抱。"

1月21日　《中国出版传媒商报》2020年1月21日刊《河洛图》介绍："茅盾文学奖得主李佩甫最新长篇力作《河洛图》，历经十年打磨而成。《河洛图》以河南巩义康百万家族人物为原型，描写了在河洛文化孕育下，一个家族的命运沉浮；不仅是一部关于中国'活财神'的创富传奇与心灵秘史，也蕴藏着解读中国历史与未来命运的密码。"同期刊作家访谈《李佩甫：〈河洛图〉研究的是一个特定地域的"活法"》。

1月　散文集《写给北中原的情书》由河南文艺出版社出版，属于"小说家的散文"丛书之一。

1月　写散文《月坛北街2号》。

按："月坛北街2号"是《北京文学》编辑部的旧址，此文详述了李佩甫作为编辑、作家与《北京文学》编辑部的交往渊源。此文后收入《写给北中原的情书》（《李佩甫文集·散文卷》）。

2月1日 长篇小说《河洛图（中）》刊《小说月报·原创版》2020年第2期。

2月 与作家傅小平①对话交谈。访谈内容以《现在还不是谈"伟大的中国小说"的时候》为题刊《野草》2020年第2期。

按一：李佩甫在谈话中表达了自己的文学观点："多元化是好事，全民写作也是好事。但文学创作不只是写一个故事，或者说写一种经历。文学创作也不是生活本身，作家只有用认识的眼光照亮生活、用悲悯的眼光认识生活，用独一无二的方式表达生活，在作品中键入意义的创造，融入自己的思想，才能成就真正的文学作品。文学一旦失去了应有的水准和品格，失去了应有的境界和探索精神，失去了文学语言应有的思辨性和想象力，结果必然是庸俗化的泛滥。一个民族的作家不能成为一个民族思维语言的先导，是很悲哀，也是很痛苦的。所以我觉得，现在还不是谈'伟大的中国小说'的时候。"

按二：谈话内容还以《李佩甫："平原"是我的精神家园，也是我的写作领地》为题发表于《文学报》2020年2月20日第3版，并收入《写给北中原的情书》（《李佩甫文集·散文卷》）。

2月5日 文学访谈《李佩甫谈枕边书》刊《中华读书报》

---

① 傅小平（1978— ），男，祖籍浙江磐安，现居上海。写小说、评论，做对话访谈等。出版有《四分之三的沉默：当代文学对话录》等专著。

2020 年 2 月 5 日第 3 版。

3 月 1 日　长篇小说《河洛图（下）》刊《小说月报·原创版》2020 年第 3 期。

3 月 27 日　《文艺报》第 3 版同时刊出白烨关于《河洛图》的评论文章《家族传奇中的家国情怀》和李佩甫《河洛图》创作谈《追寻平原的"神性"》。

按一：白烨认为："长篇小说《河洛图》是李佩甫在 10 年前撰写的《河洛康家》的电视剧本基础上，历经多年打磨而成的。剧本有巩义康家的原型，小说有《河洛康家》的依托，按说在此基础上完成小说创作并不困难，但作者却为此花费了很长时间，耗费了很多精力。有一篇见诸报端的访谈，其中谈到李佩甫全力投入作品而不顾其他时说：'这证明他对于打造个人精神世界的专注与忘我。'这句话，我深以为然。在如今这个喧嚣的时代，静下心来去埋头创作，构筑自己的一方世界，是需要特别的能耐、特殊的定力的。正是由于潜心创作、不问东西，李佩甫才能再度写出《河洛图》这样具有历史纵深感、又具有精神丰厚度的小说力作来。""豫商康家所以讲究'字墨'，崇尚儒家，正是在以他们的方式体现着建立在生命自觉和家教传承基础上的经世济民的家国情怀，这是康氏家族走向致富的最大秘诀所在，也是中原文化的根本内核所在。"

按二：李佩甫在《追寻平原的"神性"》中回忆道："记得童年里，姥姥每晚临睡前都会给我讲一些'瞎话儿'。她讲的'瞎话儿'大多来自民间的神神鬼鬼的故事，且多是很吓人的。

曾记得，在各样的'瞎话儿'里，姥姥也曾给我讲过民间的三大财神：沈万三、康百万、阮子兰。""稍大一些我才知道，这些'瞎话儿'也不过是一些哄孩子的民间神话故事而已。""可是，多年之后，当我来到巩义，看到那座城堡似的'康百万庄园'时，童年的记忆一下子点醒了我。河南还真有这样一个财神'康百万'呢！就此，我发现，大地是有神性的，人类的所有神话都是有根的。那是历史在时间或记忆中产生变异（或飞跃）的结果。在时间中，它由生活演化成传说，传说演化成故事，故事演化成寓言，寓言演化成神话……于是，这也就成了我对'康百万'感兴趣的最初动机。""创作《河洛图》这部长篇，我前前后后花了十多年的时间。最初，我想当然地以为，在中原大地上，一般是不可能出现所谓'财神'的。历史上，这里战乱频繁，加上黄河连年泛滥，民不聊生。可以说，中原是灾难深重的一块土地，同时也是儒家文化浸润最深的土地，是块'绵羊地'。原本，我以为在这块土地上，除了'忍'和'韧'，再也没有什么了。特别是在过去的一些时间里，我所看到的、听到的、国内有些名号和影响的商帮，有晋商、徽商、浙商、闽商等等，却很少听说过豫商。可让我惊讶的是，一个活生生的'康百万'就在眼前，他竟然还是民间口口相传的'活财神'。那么，在中原大地上，一个家族连续富了十几代，且留下了一座城堡式的庄园，这个家族是怎样发展起来的呢？这块紧靠邙山河洛交汇之地，且诞生过大诗人杜甫的地域，它的神性何在？这正是我想要探究的，也是我创作《河洛图》的第二个原因。""我一直把'平原'当作我的写作领地。当然，这个'平原'已不是具象的某个地方，而是我心中的'平原'。它是深受儒家文化浸润的一块土地，是生我养我的地方。这里的一草一木都与我有很深的感情。我说过，我写生活在这里的人们的生命状态，着重写一个特定地域的精神生态，研究的是一个特定地域的'生存法则'。《河洛图》所阐释的最重要的主题是：时间。在大时间的概念里，可以说，任何聪明和算计都是不起作用的。""由此，《河洛图》的创作当是我追寻平原'神性'思维的一个过程。"

3 月 长篇小说《河洛图》登《中华读书报》2020 年 3 月月度好书榜。

按：《郑州日报》2020 年 3 月 26 日第 8 版"综合新闻"栏目刊《李佩甫〈河洛图〉上榜》："记者昨日从河南文艺出版社获悉，《中华读书报》日前发布 2020 年 3 月好书榜，茅盾文学奖得主、河南作家李佩甫的长篇新作《河洛图》上榜。《中华读书报》编辑部的推荐理由如下：李佩甫的这部新作以河南巩义康百万家族人物为原型，描写了在河洛文化孕育下，以康秀才、周亭兰、康悔文为中心的三代人，由'耕读人家'走向'中原财神'的创业史。其惊心动魄、峰回路转的艰辛历程，折射出晚清到民国的国运家境。《河洛图》不仅是一部关于中国'活财神'的创富传奇与心灵秘史，同时也蕴藏着解读中国历史与未来的密码。"

4 月 散文《带豁口的月亮》转载于《牡丹》2020 年第 4

期"头条"栏目。

5 月 20 日　《文艺报》总编辑梁鸿鹰在《光明日报》2020年 5 月 20 日第 14 版发文《李佩甫长篇小说〈河洛图〉：彰显中原热土"以气作骨"的情怀》，指出："作者思接千载，八面出锋，令作品杂花生树、万千气象，围绕着康秀才、周亭兰、康悔文，各色人物、各种传奇纷至沓来，情节、故事、人物与矛盾，像是土地与植物的复杂纠缠生长一样，沿着社会历史的轨迹自然发展，演绎着中原沃土上的悲欢离合。"

5 月 25 日　中篇小说《无边无际的早晨》再刊于《北京文学·中篇小说月报》2020 年第 5 期（《无边无际的早晨》原载《北京文学》1990 年第 9 期），同期发表何向阳的评论《何以无边无际？——重读李佩甫〈无边无际的早晨〉》。

按：2020 年是《北京文学》创刊 70 周年，杂志社推出"《北京文学》创刊 70 周年经典丛书"共四卷六册，其中中篇小说卷两卷，编选的中篇是 12 位作家的 12 部作品。中篇小说卷《人间逍遥客》收入李佩甫《无边无际的早晨》。

7 月 25 日　在河南省洛阳市新安县的古井镇华洋会议中心为奔流文学院第十二期作家研修班学员授课，作"从生活到创作"的讲座。

7 月　中篇小说集《无边无际的早晨》由河南文艺出版社出版，属于"百年中篇小说名家经典"丛书之一，收录李佩甫三部中篇小说《无边无际的早晨》《豌豆偷树》《黑蜻蜓》。

8 月 7 日　在南阳市财政局举办的"弘扬传统文化　建设

书香财政"主题讲座上作《传统文化与中原文化》的专题报告。报告会结束后，进行了读者见面会和新书《河洛图》的签售活动。

8月 15卷本《李佩甫文集》由河南文艺出版社出版。

《李佩甫文集》书影

按：《李佩甫文集》共15卷，时间跨度30余年，是李佩甫40多年创作的结晶，较为全面地反映了李佩甫的文学成就。有长篇小说12部，包括《生命册》《羊的门》《城的灯》《李氏家族》《金屋》《河洛图》《平原客》《等等灵魂》《城市白皮书》《底色》《申凤梅》《兄弟啊兄弟》；中篇小说集1部《学习微笑》；短篇小说集1部《红蚂蚱 绿蚂蚱》；散文集1部《写给北中原的情书》。

10月24日 应平顶山市作家协会之邀，在平顶山日报社与读者见面，交流、分享长篇小说创作的经验。

11月22日 与总政话剧团原导演宫晓东、陕西人民艺术剧院院长李宣、总政话剧团剧作家李宝群、中国国家话剧院舞美设计张武一行七人来到郏县，为话剧《生命册》视频片段拍摄实地选点。

11月27日 河南省文联和中原出版传媒集团主办的李佩甫文集发布会暨研讨会在郑州隆重举行。参加研讨会的有河南省文学界领导、作家、评论家、出版家等，以及央视"中国作家文库"节目组等媒体记者。会议由河南文艺出版社总编辑马达主持。与会作家、评论家有孙荪、王守国、张宇、乔叶、冯杰、赵瑜、李清源、刘海燕、杨莉①、孔会侠等30多人。

按一：研讨会上，专家们认为李佩甫是当代中国最重要的现实主义作家，是当代中国文坛极少数具有大责任、大情怀的品质型、厚重型作家（刘海燕）。多年以来，他立足中原，坚守中原，书写中原，"对这块土地的叙事极具地域性，但是又超越了地域性，击中了中国文化的内核"（杨莉）。对于中原人民，"他对人所遭遇的辛苦、矛盾、异化，怀着深切的理解和同情，他对承载人们的这片土地，和这里沉重的过去、迷茫的未来，

---

① 杨莉（1974— ），女，河南商城人。毕业于郑州大学，文学硕士，河南文艺出版社副社长。在《诗刊》《天涯》《天津文学》《山花》等刊物发表小说、散文、诗歌多篇。

也常流露出忧虑和哀伤"（孔会侠）。"他的书写其实也是对中原人格的发掘，对中原文化密码的一种呈现"（刘宏志）。李佩甫"以他本质化的文学表达和内在化的书写，为我们这个时代和这块土地留下了独属于他自己的一份记录"（杨莉）。最后，河南文艺出版社总编辑马达总结道："佩甫先生的人生是书写的一生，他的乡土记忆始终与现代社会相伴而行。他对乡土经验的开掘和重构，担负起他内心的重要使命——立足乡土，超乎乡土；坚持写作，超乎写作；在脚步丈量和文字的游走中感受中原沃土的深沉与广博，表达对城市文明与传统乡土社会的留恋和缅怀；以个体经验为主轴，整合了历史素材和日常思考，纵横捭阖地开拓出一个令人耳目一新的话语场域，从而完成了一次又一次深情的大地书写，成就了皇皇15卷的《李佩甫文集》。"

按二：《文艺报》2020年12月11日第1版刊发《河南研讨〈李佩甫文集〉》，《中州大学学报》2021年第1期刊发张丽、杨莉《见证一个作家40年的文学历程——"〈李佩甫文集〉发布会暨研讨会"纪要》，对此次研讨会进行报道。

12月1日 奚同发《李佩甫：一个工人与〈郑州文艺〉的结缘》刊《百花园》2020年第12期"创刊七十周年"特刊"我和《百花园》"栏目，详述李佩甫创作早期与《郑州文艺》的渊源。

12月4日 《河南日报》第19版刊发赵立功文章《根植中原的文学硕果——〈李佩甫文集〉出版》。

按：文章评价李佩甫"坚持以理想光芒照耀下的批判精神来透析社会、剖析人性，对时代变迁进行深入思考和表达，体现了一个作家的使命感和担当精神"。

12月13日　长篇小说《河洛图》获得第三届南丁文学奖，并获得奖金10万元。颁奖当天，李佩甫决定捐出全部奖金，用于支持"南丁纪念文集"的出版以及对于本届提名奖作家的奖励。

本年度重要论文：

马春光：《〈平原客〉："植物叙事"的小说诗学》，《今古文创》2020年第4期。

李勇：《田园将芜胡不归？——论城乡之间的李佩甫》，《文学评论》2020年第2期。

吕东亮：《传奇的表与里——论李佩甫的长篇小说新作〈河洛图〉》，《小说评论》2020年第3期。

杜若松：《胡归，胡不归？——读李佩甫新乡土叙事作品〈生命册〉〈平原客〉》，《文艺争鸣》2020年第5期。

何向阳：《何以无边无际？——重读李佩甫〈无边无际的早晨〉》，《北京文学·中篇小说月报》2020年第5期。

马治军：《黄河文化的形象演绎与精神生态的道德救赎——评李佩甫长篇新作〈河洛图〉》，《中国当代文学研究》2020年第4期。

袁恒雷：《财富神话与人性史诗——论李佩甫长篇小说〈河

洛图〉》，《南腔北调》2020 年第 9 期。

樊会芹：《论李佩甫创作的心理嬗变》，《中国文学研究》2020 年第 4 期。

孙肃弈：《论李佩甫乡土小说的叙事艺术》，宁波大学 2020 年硕士学位论文。

王玲丽：《李佩甫小说中的"离乡者"形象研究》，浙江师范大学 2020 年硕士学位论文。

孙蒙蒙：《论李佩甫小说的豫中平原生态书写》，华中科技大学 2020 年硕士学位论文。

乔雪茹：《新时期以来河南作家笔下的"进城"书写》，湖南师范大学 2020 年硕士学位论文。

邱凤鸣：《论李佩甫小说中的怨恨书写》，湖南师范大学 2020 年硕士学位论文。

王倩倩：《论李佩甫小说中的村庄书写》，辽宁师范大学 2020 年硕士学位论文。

刘丽倩：《李佩甫小说孤独书写研究》，河北大学 2020 年硕士学位论文。

孙梦嘉：《李佩甫小说女性书写研究》，华中师范大学 2020 年硕士学位论文。

王雪然：《李佩甫"平原三部曲"创作研究》，伊犁师范大学 2020 年硕士学位论文。

魏腾飞：《论李佩甫小说中的城乡书写》，湖北大学 2020 年硕士学位论文。

2021年 69岁

1月16—17日，中国文联第十届全国委员会第六次会议在北京召开。

7月1日，庆祝中国共产党成立100周年大会在天安门广场隆重举行。习近平庄严宣告中华大地全面建成小康社会。

7月，郑州发生特大暴雨灾害。

9月2日，中国作家协会向广大文艺工作者发出《关于进一步加强文学工作者职业道德建设的意见》。

9月27—28日，河南省作家协会第七次代表大会召开。邵丽当选主席。

12月14日，中国作家协会第十次全国代表大会在京召开。

1月5日 散文《瓦瓶担石泉》再刊于《莽原》2021年第2期。

1月12日 《李佩甫文集》（全15卷）在2021年1月评选"2020年度影响力图书"中胜出，入选文学类年度榜单。

3月25日　到郑州商学院作"中原文化漫谈"的专题报告，属于"书香校园阅读经典工程系列活动——大家讲书"第一讲。

3月30日　《李佩甫文集》捐赠仪式在中国现代文学馆举行。

5月29日　应邀做客郑州青风院子"院子·传承课堂"，展开一场"河洛文化与家族传承"的分享会。在接受记者采访时李佩甫说，他的写作是在平原大地的滋养之下完成的，而平原就是他的写作领地、精神家园，未来的创作也不会离开平原，将在这块厚重的平原上，"种好自己的地"。①

7月　受《啄木鸟》杂志社邀请，参加由国家移民管理局联合中国人民公安出版社共同举办"寻找最美国门名片"大型采风活动，采访国家移民管理系统首届"十大国门卫士"之一——满洲里移民管理警察曹慧敏，后写出《额尔古纳河上的白云——记全国移民管理机构首届"十大国门卫士"曹慧敏》一文，刊《啄木鸟》2021年第1期增刊，收入2022年3月群众出版社出版的图书《最美国门名片》。

按：此次活动外出七八天，一路向北到中苏边境的满洲里。而这几天也正是"7·20郑州特大暴雨"发生之时。

11月4日　散文《汉魏故都需要更多文化成果来匹配》刊《许昌日报》2021年11月4日第4版。

---

① 梁新慧：《作家李佩甫：好好"种地"种好自己的地》，《东方今报》2021年6月8日第A12版。

12月18日 赴天津参加首届"荣程·百花文艺周"暨第十九届百花文学奖颁奖典礼。《河洛图》获长篇小说奖。

在天津第十九届百花文学奖颁奖典礼上与《小说月报·原创版》主编韩新枝合影

按一:"百花文学奖"拥有30多年历史,前身为百花文艺出版社1984年创立的《小说月报》百花奖,每两年一届。李佩甫说,自己的第一部长篇小说是由百花文艺出版社出版的,自己的第十二部长篇小说获得了本届百花文学奖,他因此充满着深深的感谢。

按二:同届获奖的河南作家作品还有邵丽的《黄河故事》

（中篇小说奖）、乔叶的《给母亲洗澡》（短篇小说奖）。

本年度重要论文：

高春民：《个体化的历史叙事与精神图景——论李佩甫长篇小说〈河洛图〉》，《当代作家评论》2021 年第 1 期。

孔会侠：《李佩甫的"文学启蒙"追求及其方法——兼论〈城的灯〉的意义和问题》，《中州大学学报》2021 年第 1 期。

刘海燕：《我们应向作家李佩甫学习什么?》，《中州大学学报》2021 年第 1 期。

刘宏志：《"平原"、李佩甫及文学呈现的可能性》，《中州大学学报》2021 年第 1 期。

叶君：《执着的城乡两地书——论李佩甫笔下的"乡下人进城"叙事》，《中州学刊》2021 年第 2 期。

魏华莹：《城市的文学气质及其内涵——以李佩甫、乔叶、南飞雁的创作为例》，《文学评论》2021 年第 3 期。

缪文青：《新世纪小说中的"进城"青年形象研究——以李佩甫、石一枫作品为中心》，东华理工大学 2021 年硕士学位论文。

夏雪：《论李佩甫的乡土小说》，青岛大学 2021 年硕士学位论文。

吴康平：《文化批判视野中的李佩甫小说论》，安庆师范大学 2021 年硕士学位论文。

畅子莲：《论李佩甫小说中的创伤书写》，南宁师范大学

2021 年硕士学位论文。

闫少婧：《李佩甫小说的叙事研究》，南京师范大学 2021 年硕士学位论文。

段杰茹：《李佩甫小说的焦虑体验研究》，华中师范大学 2021 年硕士学位论文。

姚碧璇：《论李佩甫乡土小说的伦理书写》，兰州大学 2021 年硕士学位论文。

2022 年　70 岁

4 月，"21 世纪河南作家系列研究工程"开始启动。

10 月 16 日，中国共产党第二十次全国代表大会在北京人民大会堂开幕。

12 月，疫情防控政策调整，各地"非必要不做核酸"。

2 月 28 日　出席河南省文学学会小说研究会（简称河南省小说研究会）第一次会员大会。因为疫情，会议采取线上形式。河南省直机关、省内高校及各地市的 200 余名会员代表参加。与会代表选举了第一届领导班子，墨白当选为会长。大会还聘请田中禾、李佩甫、孙先科、卫绍生、李伟昉、孙保营六人为首届顾问团成员。

3 月　接受《钱江晚报》记者张瑾华的采访。

按：十年前，也就是 2012 年《生命册》获得了《钱江晚报》所设的第一届"白银图书奖（虚构类）"，李佩甫到杭州领奖。之后笔耕不辍，推出《平原客》和《河洛图》两部长篇小说。十年后，接受《钱江晚报》记者采访，认为写作依然是自己的生命状态："每一次，都是重新开始。"①

3月 任中国作家协会第十届专门委员会委员。

按：中国作家协会2022年第1号公报公布了中国作家协会第十届专门委员会组成人员名单。其中中国作家协会小说委员会有河南籍作家刘震云、李佩甫、乔叶、何向阳、梁鸿等。

5月 河南文艺出版社"小说家的散文"（自2014年出版）于2022年5月出版豫籍作家系列，有李佩甫、二月河、李洱、邵丽、刘庆邦、张宇、南丁、乔叶、墨白九位作家的散文集。

7月 参加在洛阳市老君山举办的第十六期作家研修班开班仪式并为学员授课。

10月12日 评论《让人吃惊的〈鲤鱼拐弯儿〉》刊《中华读书报》2022年10月12日第3版。

按：《鲤鱼拐弯儿》是河南作家冯杰2022年9月在河南文艺出版社出版的散文集。

本年度重要论文：

赵曼宇：《中原地域文化下的历史叙事——论李佩甫〈河洛图〉》，《新纪实》2022年第2期。

王柳：《负重前行的时代奋斗者——浅析李佩甫"平原三部曲"》，《南腔北调》2022年第4期。

---

① 张瑾华：《李佩甫:〈生命册〉获奖之后，每一次书写，都是重新开始》，《钱江晚报》百家号2022年3月24日。

李超：《从以乡观城到城乡互看——李佩甫小说中的城乡关系书写》,《中国文学批评》2022年第3期。

宋木子、文洁：《以不尽之巧以还造化——论李佩甫的〈河洛图〉》,《青年文学家》2022年第32期。

姜迎香：《李佩甫小说的"平原"书写研究》,西北大学2022年硕士学位论文。

王若兰：《论李佩甫小说中的国民性书写——以"平原三部曲"为例》,南昌大学2022年硕士学位论文。

马佳妮：《论李佩甫小说中的乡村书写》,东北师范大学2022年硕士学位论文。

刘俊蔓：《论李佩甫小说的传奇性》,扬州大学2022年硕士学位论文。

韩冰莹：《李佩甫小说的开头艺术研究》,信阳师范学院2022年硕士学位论文。

姬玉洁：《追逐权力的中原男性——论李佩甫小说的男性形象》,中南民族大学2022年硕士学位论文。

田娅：《李佩甫小说中的救赎意识》,西南交通大学2022年硕士学位论文。

2023年　71岁

2月9日，中国作家协会国际文学交流中心（南京）揭牌仪式在南京举行。

4月15日，由人民文学出版社、中共河南省委宣传部、河南日报社、河南省文学艺术界联合会主办的"寻文明之根　攀文学之峰——2023当代文学论坛暨颁奖盛典"在郑州举行。这是该论坛举办以来首次在北京以外的城市举行。葛亮的《燕食记》、孙甘露的《千里江山图》、王跃文的《家山》、魏微的《烟霞里》、邵丽的《金枝（全本）》获本届《当代》长篇论坛2022年度长篇五佳作品。

8月11日，第十一届茅盾文学奖揭晓，杨志军的《雪山大地》、乔叶的《宝水》、刘亮程的《本巴》、孙甘露的《千里江山图》、东西的《回响》五部长篇小说获此殊荣。

1月　与阎连科、张宇联袂推荐洛阳市作家吴云骊散文集《止于慈悲》。

4月8日　发视频祝贺2022年度莽原文学奖暨第二届河南文学期刊奖颁奖典礼大会的召开。本次会议在巩义举办，采取线上线下同时进行的方式。

按：莽原文学奖是《莽原》杂志社主办的年度文学奖，也是具有全国影响力和号召力的文学奖项之一。河南文学期刊奖是河南文学期刊联盟设立的双年奖，奖励发表在本省七家刊物（《莽原》《散文选刊》《百花园》《小小说选刊》《大观》《牡丹》《躬耕》）上的河南籍作家作品。

4月21日　《新华每日电讯》2023年4月21日第10版刊记者对李佩甫的访谈：《"阅读是对生活最长情的告白"李佩甫：写作就是把生活的黄豆，泡成长着根须又有着翅膀的豆芽》。

按：李佩甫在访谈中再次强调他的观点："真正的文学应是一个时代的标尺和旗帜，我坚持认为，文学不应是大众的附庸，而应是人类生活的先导。我们要有灯。"

5月14—19日　话剧《生命册》在陕西人民艺术剧院首次与观众见面。

按：这是陕西人民艺术剧院"茅奖"系列继《白鹿原》《平凡的世界》《主角》之后的第四部作品，历经五年时间打磨而成，获得第七届华语戏剧盛典"最佳年度剧目""最佳编剧"两项荣誉。

本年度重要论文：

郝璐：《论李佩甫小说的意象叙事》，《洛阳理工学院学报

（社会科学版）》2023年第2期。

　　孔盼君：《在场·人民·历史——李佩甫"平原三部曲"的人民史观研究》，《阴山学刊》2023年第2期。

　　司方维：《黄河故事的历史记忆与现代重叙——论李佩甫的长篇小说〈河洛图〉》，《许昌学院学报》2023年第3期。

　　吕豪爽：《直抵人性深处——论李佩甫小说的人物塑造》，《绵阳师范学院学报（社会科学版）》2023年第6期。

　　罗晗：《李佩甫小说民俗书写研究》，长江大学2023年硕士学位论文。

　　王宇洁：《李佩甫小说"平原书写"研究》，黑龙江大学2023年硕士学位论文。

　　邓莹：《失衡与救赎——论李佩甫小说中的精神生态》，江西师范大学2023年硕士学位论文。

　　张琳煜：《论李佩甫小说中的植物书写》，南宁师范大学2023年硕士学位论文。

　　樊会婷：《李佩甫小说的"畸形"人物形象研究》，信阳师范学院2023年硕士学位论文。

参考资料

一、作品

李佩甫：《李佩甫》（中国当代作家选集丛书），人民文学出版社，1996年。

李佩甫：《无边无际的早晨——李佩甫中短篇小说自选集》，华夏出版社，1997年。

李佩甫：《李佩甫小说自选集》（中原作家文丛），河南文艺出版社，1999年。

李佩甫：《李佩甫文集》（全15卷），河南文艺出版社，2020年。

二、学术著作

鲁枢元：《创作心理研究》，黄河文艺出版社，1985年。

李允豹主编《河南新文学大系·史料卷》，河南大学出版社，1996年。

王忠厚主编《河南优秀专家略传》，河南人民出版社，1998年。

王永宽主编《河南当代文化名人大辞典》，中州古籍出版社，1999年。

河南省电影电视艺术家协会编《河南文苑英华·电影电视卷》，大众文艺出版社，2000年。

孟繁华：《想像的盛宴》，云南人民出版社，2001年。

刘增杰、王文金主编《精神中原——20世纪河南文学》，河南大学出版社，2002年。

王庆生主编《中国当代文学史》，高等教育出版社，2003年。

姚晓雷：《世纪末的文学精神》，广西师范大学出版社，2004年。

李振邦等：《河南籍著名文学家评传》，大众文艺出版社，2004年。

刘学林主编《河南作家词典》，河南大学出版社，2005年。

河南省直作家协会编《南丁文集　评论卷　微调》，河南文艺出版社，2006年。

李丹梦：《"文学豫军"的主体精神图像——关于农民叙事伦理学的探讨》，春风文艺出版社，2006年。

王增如、李向东编《丁玲年谱长编》，天津人民出版社，

2006 年。

姚晓雷：《灵魂的守护》，吉林出版集团有限责任公司，2009 年。

何向阳：《立虹为记》，作家出版社，2009 年。

姚晓雷：《乡土与声音——"民间"审视下的新时期以来河南乡土类型小说》，山东教育出版社，2010 年。

张鸿声主编《河南文学史·当代卷》，郑州大学出版社，2011 年。

何弘主编《坚守与突破：中原作家群论丛》，河南文艺出版社，2011 年。

邵燕君：《新世纪文学脉像》，安徽教育出版社，2011 年。

刘保亮：《河洛文化视野下新时期河南文学的乡土风骚》，河南人民出版社，2012 年。

邢勇：《镜像·重塑·嬗变——河南区域形象的媒介建构》，河南大学出版社，2013 年。

阎连科、梁鸿：《巫婆的红筷子：阎连科、梁鸿对谈录》，漓江出版社，2014 年。

樊会芹编著：《李佩甫研究》，河南大学出版社，2015 年。

梁鸿编著：《阎连科文学年谱》，复旦大学出版社，2015 年。

王刚编著：《路遥年谱》，北京时代华文书局，2016 年。

［澳］黄惟群：《偏见集》，海南出版社，2016 年。

李佩甫著、何弘点评：《人面橘——何弘点评李佩甫中篇小说》，安徽文艺出版社，2018 年。

吕晓洁：《河南当代乡土小说研究》，郑州大学出版社，2018年。

孔会侠：《李佩甫评传》，河南文艺出版社，2018年。

孔会侠：《写意中原》，河南大学出版社，2018年。

李勇：《新世纪文学的河南映像》，人民文学出版社，2019年。

张颖：《昌耀年谱》，中国青年出版社，2021年。

三、大事记与地方志

河南省社会科学学会联合会编《河南省社会科学年鉴（1987年）》，河南大学出版社，1989年。

许昌县志编纂委员会编《许昌县志》，南开大学出版社，1993年。

白烨主编、文波等著：《中国年度文坛纪事·'99卷》，漓江出版社，1999年。

郑州市地方史志编纂委员会编《郑州市志》（全8册），中州古籍出版社，2000年。

中共中央党史和文献研究院编《中华人民共和国大事记（1949年10月—2019年9月）》，人民出版社，2019年。

中国社会科学院文学研究所、《中国文学年鉴》编辑委员会编《中国文学年鉴》，作家出版社，1993—2000年。

中国社会科学院文学研究所、《中国文学年鉴》编辑委员会编《中国文学年鉴》（2002），2003 年。

白烨主编《中国文情报告》，社会科学文献出版社，2004—2018 年。

河南省作家协会主编《河南作家通讯》，1982—2007 年。

河南省作家协会主编《河南作家》，2010—2018 年。

河南省作家协会主编《河南作家资讯》，2019—2022 年。

四、其他

燕治国：《人生小景》，百花文艺出版社，1992 年。

张锲：《张锲散文选》，解放军文艺出版社，1995 年。

周熠：《水之湄》，文心出版社，1996 年。

张理阁主编《书人夜话》，汕头大学出版社，1997 年。

陈松锋：《旅途点墨》，中国国际广播出版社，2000 年。

葛道吉：《太阳和月亮》，大众文艺出版社，2001 年。

李少咏：《倾听与阐释》，远方出版社，2002 年。

唐顺兴：《大道在水》，中国工人出版社，2002 年。

王剑冰主编、《散文选刊》编辑部选编《2001 中国年度最佳散文》，漓江出版社，2002 年。

许建平：《雨人的夜晚》，海燕出版社，2002 年。

李建树：《越说越近》，宁波出版社，2003 年。

刘放：《刘放小说散文选》，中国知识产权出版社，2004 年。

周百义：《书旅留痕》，湖北人民出版社，2004 年。

贾玉民主编《对话：与当代文艺名家面对面》，远方出版社，2005年。

查建英主编《八十年代：访谈录》，生活·读书·新知三联书店，2006年。

赵立功：《编外文谈》，中州古籍出版社，2007年。

黄亚洲：《外婆家的曙光》，浙江文艺出版社，2008年。

岛石主编《60年中国人的阅读心灵史》，中国书籍出版社，2009年。

李敬泽主编《中国新文学大系1976—2000第十三集·短篇小说卷一》，上海文艺出版社，2009年。

邢桂轮：《回望编辑生涯》，中国青年出版社，2010年。

大雨：《乔典运传》，中国青年出版社，2011年。

李敬泽主编《2013年中国中篇小说排行榜》，百花洲文艺出版社，2013年。

文艺报社编《小说里的中国》，青岛出版社，2013年。

张延文编《马新朝研究》，大象出版社，2013年。

赵富海：《南丁与文学豫军》，作家出版社，2013年。

鲁枢元：《梦里潮音》，海天出版社，2013年。

林建法主编《说劳马》，辽宁人民出版社，2014年。

南豫见：《漯河文学地图》，河南人民出版社，2015年。

赵富海：《我的花石纲》，河南人民出版社，2015年。

黄发有：《跨媒体风尚》，海峡文艺出版社，2016年。

刘学林：《鬼境：刘学林自选集》，河南大学出版社，

2016 年。

南丁：《经七路 34 号》，河南文艺出版社，2017 年。

文艺报社主编《绽放的荣光：74 位中国作家创作历程全记录》，安徽文艺出版社，2018 年。

附录 李佩甫创作年表

按：本年表根据"诗""小说""剧本""散文、随笔、杂文""报告文学""文论、访谈、对话、创作谈""连环画改编"等分类并排序，每类作品内部依照发表时间排序。另外，依据文学史分类惯例，"小说"只标明长、中、短篇；"剧本"以电影、电视剧播出时间为收录标准，其创作、拍摄时间文中有交代，在此不赘述。因"访谈"数量较多，不一一收录，而是选择重要访谈录入。特此说明。

1975 年

诗

《战洪图》（长诗），未刊。

1978 年

小说

《青年建设者》（短篇小说），《河南文艺》1978 年第 1 期；

《在大干的年月里》（短篇小说），《河南文艺》1978 年第
5 期；

《谢谢老师们》（短篇小说），《河南文艺》1978 年第 10 期。

1979 年

小说

《小小老百姓》（短篇小说），《郑州文艺》1979 年第 5 期；

《品质》（短篇小说），《小西湖》1979 年第 2 期；

《两个年青人》（短篇小说），《小西湖》1979 年第 3 期。

1980 年

小说

《疑问》（短篇小说），《郑州文艺》1980 年第 4 期。

报告文学

《有这样一个厂长》，《奔流》1980 年第 5 期。

1981 年

小说

《夜长长》（短篇小说），《百花园》1981 年第 1 期；

《憨哥儿》（短篇小说），《奔流》1981 年第 11 期；

《二怪的画》（短篇小说），《莽原》1981 年第 3 期。

1982 年

小说

《多犁了一沟儿田》（短篇小说），《奔流》1982 年第 2 期；

《我们锻工班》（短篇小说），《奔流》1982 年第 9 期；

《十辈陈轶事》（短篇小说），《奔流》1982 年第 12 期。

1983 年

小说

《小城书柬》（书信体中篇小说），《莽原》1983 年第 1 期；

《青春的螺旋线》（日记体中篇小说），《奔流》1983 年第 7 期；

《蛐蛐》（短篇小说），《长江文艺》1983 年第 9 期。

1984 年

小说

《森林》（短篇小说），《奔流》1984 年第 5 期、第 6 期合刊。

文论、访谈、对话、创作谈

《这里会出现森林》，《奔流》1984 年第 5 期、第 6 期合刊。

1985 年

小说

《车上没有座位》（短篇小说），《广州文艺》1985 年第

10 期；

《小小吉兆村》（中篇小说），《奔流》1985 年第 10 期。

1986 年

小说

《红蚂蚱　绿蚂蚱》（短篇小说），《莽原》1986 年第 1 期；

《李氏家族的第十七代玄孙》（长篇小说），《小说家》1986 年第 5 期。

1987 年

小说

《女犯》（纪实小说），《莽原》1987 年第 2 期；

《李氏家族第十七代玄孙》（长篇小说，单行本），百花文艺出版社 1987 年 11 月；

《李氏家族的第十七代玄孙》（续篇）（长篇小说），《小说家》1987 年第 6 期。

1988 年

小说

《金屋》（长篇小说），《当代作家》1988 年第 6 期；

《红炕席》（短篇小说），《奔流》1988 年第 12 期。

文论、访谈、对话、创作谈

《湛建新与〈娘娘泉〉——编辑札记》，《中州文坛》1988

年第 1 期；

李佩甫：《象征的金屋与〈金屋〉的象征——一次没有结束的讨论》（与庄众、曾凡对话），《小说评论》1989 年第 6 期。

连环画改编

《蛐蛐》（李佩甫原著，马建刚编绘），《连环画报》1988 年第 3 期。

1989 年

小说

《送你一朵苦楝花》（中篇小说），《莽原》1989 年第 3 期。

文论、访谈、对话、创作谈

《关于〈苦〉稿的自白》，《莽原》1989 年第 3 期；

《在"瞎话儿"中长大》，《中篇小说选刊》1989 年第 4 期。

1990 年

小说

《画匠王——一九八八》（中篇小说），《上海文学》1990 年第 1 期；

《金屋》（长篇小说，单行本），长江文艺出版社 1990 年7 月；

《无边无际的早晨》（中篇小说），《北京文学》1990 年第 9 期；

《村魂》（中篇小说），《时代文学》1990 年第 5 期；

《黑蜻蜓》（中篇小说），《中国作家》1990 年第 5 期。

文论、访谈、对话、创作谈

《找一块自留地》，《新闻爱好者》1990 年第 8 期。

1991 年

小说

《田园》（中篇小说），《小说家》1991 年第 2 期。

文论、访谈、对话、创作谈

《一抔"老娘土"》，《中篇小说选刊》1991 年第 1 期。

1992 年

小说

《豌豆偷树》（中篇小说），《长城》1992 年第 2 期。

文论、访谈、对话、创作谈

《泡"豌豆"》，《中篇小说选刊》1992 年第 4 期。

1993 年

小说

《乡村蒙太奇——一九九二》（中篇小说），《小说家》1993
年第 5 期。

剧本

《颖河故事》 （18 集电视连续剧），河南电视台 1993 年
首播。

1994 年

小说

《满城荷花》（中篇小说），《上海文学》1994 年第 3 期；

《钢婚》（短篇小说），《天津文学》1994 年第 4 期；

《红蚊子——城市白皮书之一》（长篇小说《城市白皮书》节选），《时代文学》1994 年第 4 期。

散文、随笔、杂文

《麦穗意识》，《公安月刊》1994 年第 1 期；

《西峡，一个"伏"字》，收入张一弓主编《最忆是西峡——文学创作西峡笔会集锦》，中原农民出版社 1994 年 3 月。

文论、访谈、对话、创作谈

《关于文学与精神生态的对话》（与鲁枢元对话），《莽原》1994 年第 4 期；

1995 年

小说

《夏天的病历——城市白皮书之二》（长篇小说《城市白皮书》节选），《莽原》1995 年第 1 期；

《桃毛——特异功能诊所病历之三》（长篇小说《城市白皮书》节选），《牡丹》1995 年第 5 期；

《城市白皮书》（长篇小说，单行本，探索者丛书），人民文学出版社 1995 年 12 月。

散文、随笔、杂文

《种植"声音"》，《公安月刊》1995 年第 3 期；

《放逐城市的田园游子——张宇散记》，《中国作家》1995 年第 2 期。

文论、访谈、对话、创作谈

《小说李凯小说》，《莽原》1995 年第 5 期。

1996 年

小说

《长眼睛的树叶——城市白皮书之四》（长篇小说《城市白皮书》节选），《钟山》1996 年第 2 期；

《学习微笑》（中篇小说），《青年文学》1996 年第 6 期；

《李佩甫》（中短篇小说集，中国当代作家选集丛书），人民文学出版社 1996 年 12 月。

散文、随笔、杂文

《读山》，《牡丹》1996 年第 3 期；

《一个老警察的故事》，《公安月刊》1996 年第 7 期。

文论、访谈、对话、创作谈

《拾来的"微笑"》，《中篇小说选刊》1996 年第 6 期；

《对话：文学与人的神话》（与何向阳对话），《莽原》1996 年第 3 期。

1997 年

小说

《底色——电视连续剧〈平平常常的故事〉文学版》（长篇小说），河南文艺出版社 1997 年 3 月；

《无边无际的早晨——李佩甫中短篇小说自选集》（中短篇小说集，中国当代作家文库），华夏出版社 1997 年 8 月。

剧本

《平平常常的故事》（20 集电视连续剧），中央电视台 8 频道 1997 年播出；

《挺立潮头》（电影剧本），1997 年上映。

散文、随笔、杂文

《从读书到写书》，收入张理阁主编《书人夜话》，汕头大学出版社 1997 年 5 月。

文论、访谈、对话、创作谈

《树立精品意识　编好"筐"和"篓"》，《河南作家通讯》1997 年第 1 期；

《生命的呐喊——感觉正渠》，《热风》1997 年第 2 期。

1998 年

小说

《败节草》（中篇小说），《十月》1998 年第 5 期。

剧本

《难忘岁月——红旗渠故事》（14 集电视连续剧），中央电视台 1 频道 1998 年黄金档首播。

文论、访谈、对话、创作谈

《一种植物》，《中篇小说选刊》1998 年第 6 期。

1999 年

小说

《李佩甫小说自选集》（中短篇小说集，中原作家文丛），河南文艺出版社 1999 年 2 月；

《李氏家族》（长篇小说），百花文艺出版社 1999 年 4 月；

《羊的门》（长篇小说），《中国作家》1999 年第 4 期；

《羊的门》（长篇小说，单行本，中国当代作家文库），华夏出版社 1999 年 7 月。

散文、随笔、杂文

《带豁口的月亮》，《中国青年》1999 年第 10 期。

2000 年

小说

《败节草》（中篇小说），《农村·农业·农民》2000 年第 1—3 期连载；

《李佩甫世纪精品》（长篇小说集），百花文艺出版社 2000 年 3 月；

《李佩甫文集》（长篇小说集），长江文艺出版社 2000 年 4 月；

《李佩甫小说精品》（中篇小说集），南方出版社 2000 年 9 月。

散文、随笔、杂文

《渐入佳境》，《时代文学》2000 年第 4 期。

文论、访谈、对话、创作谈

《劳动与创造即是美——著名作家李佩甫谈美与人生》（与宋华震对话），《美与时代》2000 年第 7 期；

《贫穷是万恶之源》，《美与时代》2000 年第 7 期；

《创作札记》，收入《小说月报》编辑部编《小说月报第八届百花奖获奖作品集》，百花文艺出版社 2000 年 5 月；

《生活的丝结出了文学的茧》，《河南日报》2000 年 6 月 30 日；

《打磨"中国之中"的家族盛衰故事》，《中国青年报》2000 年 10 月 12 日。

2001 年

小说

《黑蜻蜓》（中短篇小说集，中国经典乡土小说六家丛书），解放军文艺出版社 2001 年 4 月；

《李佩甫文集》（四卷本小说集），长江文艺出版社 2001 年 6 月。

散文、随笔、杂文

《从莫斯科到彼得堡——访俄散记》，《小说家》2001 年第

1 期；

《从莫斯科到彼得堡》，《热风》2001 年第 1 期；

《从莫斯科到彼得堡——访俄散记之二》，《小说家》2001 年第 2 期；

《访俄散记：从莫斯科到彼得堡（上）》，《中州统战》2001 年第 3 期；

《访俄散记：从莫斯科到彼得堡（下）》，《中州统战》2001 年第 4 期；

《从莫斯科到彼得堡——访俄散记之三》，《小说家》2001 年第 3 期；

《在和平的日子里》，《公安月刊》2001 年第 9 期。

2002 年

小说

《中国作家经典文库·李佩甫卷》（上、下），光明日报出版社 2002 年 6 月。

散文、随笔、杂文

《城市守望——序许建平中短篇小说集〈雨人的夜晚〉》，收入许建平《雨人的夜晚》，海燕出版社 2002 年 7 月。

文论、访谈、对话、创作谈

《一个时代的标本——读〈风中之树〉》，《人民日报》2002 年 12 月 14 日。

2003 年

小说

《城的灯》（长篇小说，单行本，九头鸟长篇小说文库），长江文艺出版社 2003 年 3 月；

《会跑的树》（中篇小说，长篇小说《城的灯》节选），《小说月报·原创版》2003 年第 2 期。

散文、随笔、杂文

《大山的秋天——陈天然印象记》，收入张啸东编《守望故园——陈天然艺术研究文集》，荣宝斋出版社 2003 年 3 月。

文论、访谈、对话、创作谈

《李佩甫：我一直在研究"土壤"》（周百义访谈），《中国文化报》2003 年 3 月 20 日；

《李佩甫用激情点燃"城市之灯"——关于长篇小说〈城的灯〉与作者的对话》（与周百义、秦文仲对话），《人民日报》（海外版）2003 年 4 月 22 日；

《背上的土地》，《中篇小说选刊》2003 年第 3 期。

2004 年

小说

《会跑的树》（长篇小说，单行本），长江文艺出版社 2004 年 4 月。

文论、访谈、对话、创作谈

《纵论中原崛起，推进文化建设——河南作家文化建设座谈会发言纪要》，《河南日报》2004 年 5 月 27 日；

《走向丰富——读奚同发小小说有感》，《大河报》2004 年
12 月 14 日。

2005 年
小说
《钢婚》（中短篇小说集），江苏文艺出版社 2005 年 1 月。

2007 年
小说
《等等灵魂》（长篇小说，单行本），花城出版社 2007 年
1 月；

《等等灵魂》（长篇小说），《十月·长篇小说》2007 年第
1 期。

剧本
《红旗渠的儿女们》（24 集电视连续剧），中央电视台电视
剧频道 2007 年 2 月 10 日黄金时间首播。

文论、访谈、对话、创作谈
《一个时代的口号：等等灵魂》（黎延玮访谈），《大河报》
2007 年 1 月 5 日；

《离我们很近》，《长篇小说选刊》2007 年第 3 期；

《点评：走向丰富》，收入奚同发《最后一颗子弹》（小小
说精选集），河南文艺出版社 2007 年 8 月；

《为人们的心灵缀上星星：对话新任河南省作家协会主席李佩甫》，《东方今报》2007年9月3日。

2008 年

文论、访谈、对话、创作谈

《时间中的纯粹》，《人民公安报》2008年6月14日，《边防警察报》2008年11月29日。

2009 年

小说

《羊的门》（长篇小说，共和国作家文库），作家出版社2009年7月；

《城的灯》（长篇小说，共和国作家文库），作家出版社2009年7月。

散文、随笔、杂文

《古丽雅的道路》，收入岛石主编《60年中国人的阅读心灵史》，中国书籍出版社2009年10月。

2010 年

散文、随笔、杂文

《我的文友吴万夫》，《金山》2010年第1期。

文论、访谈、对话、创作谈

《种植美丽的人生——介绍柳岸和她的中篇小说集〈燃烧的

木头人〉》，《解放军报》2010 年 9 月 4 日。

2011 年
小说
《通天人物》（长篇小说），江苏文艺出版社 2011 年 12 月。
散文、随笔、杂文
《文学的标尺——时代与文学的断想》，《文艺报》2011 年 4 月 22 日。

2012 年
小说
《生命册》（长篇小说），《人民文学》2012 年第 1 期、第 2 期；

《生命册》（长篇小说，单行本），作家出版社 2012 年 3 月；

《虫嫂》（《生命册》节选），《东京文学》2012 年 6 月刊；

《生命册》（长篇小说节选），《创作与评论》2012 年第 8 期；

《上流人物》（长篇小说），江苏文艺出版社 2012 年 9 月。
散文、随笔、杂文
《乡村记忆》（《生命册》节选），《散文百家》2012 年第 5 期；

《无梁的树》《无梁的风》（《生命册》节选），《农村·农业·农民》2012 年 6 月上半月刊；

《怀念》（《生命册》节选），《创作与评论》2012 年第 8 期；

《瓦瓶担石泉》，《大河报》2012 年 11 月 22 日。

文论、访谈、对话、创作谈

《知识分子的内省书——访作家李佩甫》（孙竞访谈），《文艺报》2012 年 4 月 2 日；

《让认识照亮生活——河南省作协主席李佩甫谈新作〈生命册〉》，《中国艺术报》2012 年 4 月 9 日；

《李佩甫：上网写字不能叫创作》（与舒晋瑜对话），《中华读书报》2012 年 4 月 25 日；

《李佩甫：文学因无用而无价》（孙竞访谈），《羊城晚报》2012 年 5 月 13 日；

《以文字敲钟的人——李佩甫访谈录》（孔会侠访谈），《创作与评论》2012 年第 8 期；

《我的"植物说"》，《文艺报》2012 年 8 月 29 日；

《坚守"平原"这片写作领地——河南省文联副主席、作协主席李佩甫谈"中原作家群"》，《光明日报》2012 年 8 月 31 日；

《看清楚脚下的土地》（与舒晋瑜对话），《上海文学》2012 年第 10 期；

《李佩甫：〈生命册〉是我的"内省书"》，《中华读书报》2012 年 12 月 26 日。

2013 年

小说

《寂寞许由》（中篇小说），《鸭绿江》2013 年 8 月上半月刊；

《红蚂蚱　绿蚂蚱》（短篇小说集，中国短经典丛书），上海文艺出版社 2013 年 10 月。

散文、随笔、杂文

《时刻准备着》，《文艺报》2013 年 9 月 27 日。

文论、访谈、对话、创作谈

《我的"植物说"》，《扬子江评论》2013 年第 4 期；

《李佩甫：写透中原大地——五〇后作家访谈录之七》，《芳草（文学杂志）》2013 年第 5 期。

2014 年

小说

《麻雀在开会》（短篇小说），《莽原》2014 年第 6 期。

散文、随笔、杂文

《做一个"麦田的守望者"》，《文艺报》2014 年 12 月 5 日。

文论、访谈、对话、创作谈

《呼唤善意与明亮——读南豫见新作〈家族荣誉〉》，《河南日报》2014 年 5 月 10 日；

《半句口号》，《莽原》2014 年第 6 期；

《别让笑声滑向低俗》（李佩甫、周宪、张江、陈众议、赵炎秋对话），《人民日报》2014 年 11 月 7 日。

2015 年

小说

《李氏家族》（长篇小说，中国当代作家长篇小说典藏），河南文艺出版社 2015 年 9 月；

《败节草》（中短篇小说集，"新世纪作家文丛"第一辑），长江文艺出版社 2015 年 11 月。

散文、随笔、杂文

《夜游珠江》，《广州日报》2015 年 5 月 21 日；

《潮汕的信使》，《汕头特区晚报》2015 年 9 月 30 日；

《做"精神家园"的守护者》，《人民日报》2015 年 10 月 21 日。

文论、访谈、对话、创作谈

《贾平凹对话李佩甫：乡土文学或许会消失，但绝不会消亡》，《河南日报》2015 年 6 月 11 日；

《李佩甫：创作永远是重新开始　过程就像"泡豆芽"》，《河南日报》2015 年 8 月 19 日；

《李佩甫：文学是社会生活的"沙盘"》（刘秀娟访谈），《文艺报》2015 年 9 月 28 日。

2016 年

小说

《羊的门》（长篇小说，典藏文库），华夏出版社 2016 年 1 月；

《中国好小说·李佩甫》（中短篇小说集），中国青年出版社 2016 年 2 月；

《满城荷花》（短篇小说），《长江文艺》2016 年第 6 期；

《羊的门》《城的灯》《生命册》（长篇小说，平原三部曲），作家出版社 2016 年 7 月；

《人面橘》（短篇小说《满城荷花》节选），《喜剧世界》2016 年 10 月下半月刊。

散文、随笔、杂文

《海上生明月》，收入肖正主编《再进獐子岛：中国作家獐子岛行》，人民文学出版社 2016 年 1 月；

《"登山者"程韬光》，《文艺报》2016 年 4 月 1 日；

《真正的文学》，《杂文月刊（文摘版）》2016 年第 7 期；

《清水里的刀子》，《青少年书法（青年版）》2016 年第 9 期；

《我们的旗》，《河南日报》2016 年 11 月 16 日。

文论、访谈、对话、创作谈

《奔跑中的刀子——序奚同发小说集〈雀儿问答〉》，《大河报》2016 年 2 月 29 日；

《情感是写作的灵魂——对话李佩甫》（与孔会侠对话），

《江南》2016 年第 5 期；

《守望"精神家园"》，《江南》2016 年第 5 期；

《一棵大树》，《青年报》2016 年 9 月 4 日；

《圣人开花》，《大河报》2016 年 12 月 3 日。

2017 年

小说

《平原客》（长篇小说），《花城》2017 年第 3 期；

《圆圈》（微型小说，《满城荷花》节选），《微型小说选刊》2017 年第 3 期；

《平原客》（长篇小说，单行本），花城出版社 2017 年 8 月。

散文、随笔、杂文

《神秘的东方女儿国——金川记行》，《青年作家》2017 年第 8 期；

《写给"北中国"的情书——记"诗画"冯杰》，《名人传记（下半月）》2017 年第 11 期。

文论、访谈、对话、创作谈

《一部值得尊重的大书》，《文艺报》2017 年 6 月 9 日；

《广阔平原是我的领地，而那里的人物就是我的植物》（与刘雅麟对话），《北京青年报》2017 年 6 月 12 日；

《蝴蝶的鼾声》，《长篇小说选刊》2017 年第 4 期；

《李佩甫：我想写出日子的"缓"》（与舒晋瑜对话），《中华读书报》2017 年 12 月 27 日。

2018

散文、随笔、杂文

《中国有一个地方叫：中牟》，《河南日报》2018 年 10 月 31 日。

2019 年

小说

《杏的眼》（中篇小说），《小说月报·原创版》2019 年第 1 期；

《红蚂蚱　绿蚂蚱》（短篇小说），《莽原》2019 年第 1 期"重温经典"栏目再次刊出；

《乡村蒙太奇》（中篇小说），《长江文艺》2019 年 7 月下半月刊"再发现"栏目转载；

《生命册》（新中国 70 年 70 部长篇小说典藏），人民文学出版社 2019 年 9 月；

《河洛图》（长篇小说），河南文艺出版社 2019 年 11 月。

剧本

《河洛康家》（原名《康百万》，32 集电视连续剧），河南卫视 2019 年 7 月首播。

散文、随笔、杂文

《独一无二的"声音"》，《长江文艺》2019 年 7 月下半月刊；

《一件白衬衫》，《人民日报》（海外版）2019 年 9 月 28 日。

文论、访谈、对话、创作谈

《第四人称写作》，《小说选刊》2019 年第 1 期；

《被修饰的乡音》，《北京文学·中篇小说月报》2019 年第 2 期；

《亦真亦幻的光》，《长江文艺》2019 年 7 月下半月刊。

2020 年

小说

《河洛图（上）》（长篇小说），《小说月报·原创版》2020 年第 1 期；

《河洛图（中）》（长篇小说），《小说月报·原创版》2020 年第 2 期；

《河洛图（下）》（长篇小说），《小说月报·原创版》2020 年第 3 期；

《无边无际的早晨》，《北京文学·中篇小说月报》2020 年第 5 期；

《无边无际的早晨》（中篇小说集，"百年中篇小说名家经典"丛书），河南文艺出版社 2020 年 7 月。

散文、随笔、杂文

《写给北中原的情书》（散文集，"小说家的散文"丛书），河南文艺出版社 2020 年 1 月；

《营口印象》，《辽河》2020 年第 11 期。

文论、访谈、对话、创作谈

《李佩甫：〈河洛图〉研究的是一个特定地域的"活法"》，《中国出版传媒商报》2020 年 1 月 21 日；

《现在还不是谈"伟大的中国小说"的时候》（与傅小平对话），《野草》2020 年第 2 期；

《李佩甫谈枕边书》，《中华读书报》2020 年 2 月 5 日；

《追寻平原的"神性"》，《文艺报》2020 年 3 月 27 日。

作品集

《李佩甫文集》（全 15 卷），河南文艺出版社 2020 年 8 月。

2021 年

散文、随笔、杂文

《额尔古纳河上的白云——记全国移民管理机构首届"十大国门卫士"曹慧敏》，《啄木鸟》2021 年第 1 期增刊；

《汉魏故都需要更多文化成果来匹配》，《许昌日报》2021 年 11 月 4 日。

2022 年

文论、访谈、对话、创作谈

《让人吃惊的〈鲤鱼拐弯儿〉》，《中华读书报》2022 年 10 月 12 日。

后记

对于整理作家年谱的想法，开始于 2014 年《李佩甫研究》"资料汇编"工作完成之后。因为当时对李佩甫文学创作资料不太熟悉，所以最初形成的成果尚为简单，只是一篇研究论文《李佩甫文学年谱》，刊发于《东吴学术》2017 年第 5 期。在此基础上，才斗胆有了编著较为全面的《李佩甫年谱》的构想。此后陆陆续续搜集了一些资料，为《李佩甫年谱》做准备工作，但因日常事务繁多，并未正式开始。直到 2021 年，"中原作家群研究团队"进一步推进河南当代作家研究的工作，《李佩甫年谱》的编著工作才正式开始，其间经过资料的全面搜集、梳理、甄别、整合，以及和李佩甫老师的多次交流，直到 2023 年 8 月，整部书稿才最终编写完成。

读李佩甫的作品，一直为他在作品中所倾注的对中原热切而深沉的情感所感动。从他的成名作《红蚂蚱　绿蚂蚱》到代表作《生命册》，平原大地上的一个个村庄，一声声问候，一草一木，一花一叶，无一不是作家心底最柔软的部分。李佩甫深爱这片沃土，但他又是一个具有强烈责任感和使命感的知识分子，他并没有耽于对中原大地的爱和颂扬，而是把审视的目光投放在广阔无垠的大平原和中原民众身上。生于斯长于斯，爱于此恨于此，李佩甫感恩平原的厚重、包容，又痛心于它的痼疾、绵软，400多万字的文学创作承担了作家对中原所有复杂的感情。李佩甫是一个在创作上有追求有理想的作家，他始终坚守着文学高贵的品性，坚守着文学改善人心的话语启蒙，力求在"妙手著文章"中实现自己"铁肩担道义"的文学理想。他密切关注时代变革中人们的精神生态，回望过去，反思现实，找寻喧嚣社会的出路。他的赤诚已经不再仅仅囿于中原大地，而是扩展到整个民族，他的写作已经不仅仅是现实的具象反映，而是透达至生命终极的哲理追问。在物欲横流的社会中，他愿意做一个"麦田的守望者"，做一个坚守文学品格和文学创新精神的探索者，而他那满蕴着人文主义情怀、承担着历史使命的创作也越来越厚重大气。

本书在写作中力求全面梳理李佩甫的生平事迹和创作历程，也期待拙著能为读者了解、研究李佩甫及其文学创作提供一定的参考。非常感谢李佩甫老师耐心地接受我一次又一次地打扰，不厌其烦地回答我的问题并为书稿最后把关；非常感谢河南省文联和河南省作协的几位老师于百忙之中向我提供河南省文联及河南省作协活动的诸多资料；非常感谢本书编辑刘老师多次认真、耐心、细致的核对；非常感谢在本书撰写过程中来自同人和我的几位学生的帮助；最后，也非常感谢我的家人在我写作《李佩甫年谱》过程中给予我的支持。由于诸多原因，现还有一些材料没来得及收入书中，在书本即将出版之际，还是有着深深的歉意，在此我也对《李佩甫年谱》中的不足和疏漏表示惭愧，恳请广大读者批评指正，希望以后有机会加以弥补。

樊会芹

2023 年 9 月